解读质量经营

那宝魁　编著

北　京
冶　金　工　业　出　版　社
2015

内 容 简 介

质量经营是指在市场经济条件下，企业的经营管理应以顾客为中心，追求卓越绩效的一种经营模式。本书结合钢铁企业实际情况对质量经营进行了比较详细的阐述，主要内容包括：质量经营概念、发挥领导作用、明确发展战略、满足顾客要求、人力资源管理、采购和供方管理、加强技术创新、标准化管理、生产过程管理、安全生产管理、重视环境管理、加强能源管理、管理体系整合、过程设备管理、无形资产管理、质量成本管理、信息化管理、生产现场管理、坚持持续改进等。

本书可供企业领导和从事质量工作的管理人员及技术人员阅读，也可供大专院校相关专业的师生参考。

图书在版编目(CIP)数据

解读质量经营/那宝魁编著．—北京：冶金工业出版社，2015.2
ISBN 978-7-5024-6845-3

Ⅰ.①解… Ⅱ.①那… Ⅲ.①钢铁企业—工业企业管理—质量管理—中国 Ⅳ.①F426.31

中国版本图书馆 CIP 数据核字(2015)第 030993 号

出 版 人 谭学余
地　　址 北京市东城区嵩祝院北巷 39 号 邮编 100009 电话 (010)64027926
网　　址 www.cnmip.com.cn 电子信箱 yjcbs@cnmip.com.cn
责任编辑 李培禄 美术编辑 吕欣童 版式设计 孙跃红
责任校对 郑 娟 责任印制 李玉山
ISBN 978-7-5024-6845-3
冶金工业出版社出版发行；各地新华书店经销；三河市双峰印刷装订有限公司印刷
2015 年 2 月第 1 版，2015 年 2 月第 1 次印刷
169mm×239mm；15.5 印张；268 千字；229 页
48.00 元

冶金工业出版社 投稿电话 (010)64027932 投稿信箱 tougao@cnmip.com.cn
冶金工业出版社营销中心 电话 (010)64044283 传真 (010)64027893
冶金书店 地址 北京市东四西大街 46 号(100010) 电话 (010)65289081(兼传真)
冶金工业出版社天猫旗舰店 yjgy.tmall.com

（本书如有印装质量问题，本社营销中心负责退换）

序　言

当前我国宏观经济已经进入到了一种“新常态”——经济成长环境改变、经济增速“换挡”回落、经济结构优化改善。这就是说中国经济已经开始从粗放型增长进入到了质量型增长的轨道。中国的钢铁产业是中国宏观经济的缩影，目前也正处于转型的痛苦期——产能过剩严重、环境压力严峻、经济效益低迷。中国钢铁行业过去那种需求高速增长时代伴随着中国经济增速的“换挡”回落也已终结，我们现在面对的是一个需求低增长、零增长甚至是负增长的全球最庞大和臃肿的钢铁行业，这样的境况迫使我们全行业重新审视我们过去的发展模式。中国钢铁行业到了不得不改革创新、转型升级的时候，行业中的企业谁能率先抓住改革的新机遇，从体制、机制、技术、管理和商业模式上实现创新，谁就能率先走出这个“寒冬”进入新的春天。我认为中国钢铁业转型升级的核心就是从粗放型的数量扩张回归到内涵式的质量经营上来。

由此可见，当前钢铁行业面临的形势十分严峻，钢铁行业当前任务十分艰巨。只有积极适应新常态，努力把握新机遇，才能为促进我国钢铁工业实现创新发展，做出更大的贡献。在这一过程中，加强钢铁企业的质量管理和质量经营，对于应对上述形势具有非常积极的作用。当然质量管理是以提高产品质量和服务质量为重点，其关注点在于系统内部。而质量经营主要强调领导的作用，特别是战略、方针、目标和应对措施。质量经营既以满足顾客要求为关注焦点，也强调对供方和外包方的控制。质量经营既重视有形资产管理，也强调无形资产管理的作用；不仅应提高产品质量和服务质量，也重视节能减排和安全生产以及整合管理的作用；既重视人力、物力、财力的作用，也重视信息化与工业化融合；既强调过程控制，也重视现场管理。质量经营更重视降低质量成本和提高经营效益。对钢铁企业面临的风险和挑战，质量经营比质量管理具有更大的应对作用。

那宝魁同志是原冶金工业部质量司司长和冶金工业质量管理协会的常务副理事长，对推广武钢质量效益型经验和贯彻实施ISO9000质量管理体系曾经发挥了重要作用。他在退休以后仍然关心钢铁企业的质量管理，曾经编著《解读质量管理》一书。吴溪淳同志在该书序言中提出："《解读质量管理》是针对钢铁企业把实施质量管理的原则如何具体地体现在产品生产过程控制中，作了科学的、详细的论述，可以说是他对我国冶金行业质量管理工作的又一新贡献。"

那宝魁同志认为，在市场激烈竞争的形势下，企业的关注焦点不仅仅是顾客，而应是所有相关方的利益和社会责任。因此质量管理不应只局限于产品和服务的质量，而应扩大到企业所有的经营过程，对于由"钢铁大国"向"钢铁强国"过渡的中国钢铁行业来说，质量管理应向质量经营过渡，这也是企业管理发展的必然趋势。他编写的这本《解读质量经营》，不仅叙述了质量经营理念，而且阐述了领导作用和经营战略的重要性，将营销和采购、质量管理、节能减排、安全生产、现场管理、质量成本、人力资源、无形资产和信息化管理等也列入质量经营范畴。我相信质量经营对钢铁企业应对面临的风险和挑战以及持续健康发展具有重要作用。我对这位年龄超过八旬的老同志一直关心钢铁企业发展和质量经营运行，感到非常高兴。为此，我为《解读质量经营》写一个简单的序言，既赞同他的质量经营观点，也对他的老年著作表示欣赏和敬佩。

中国钢铁工业协会会长
宝钢集团有限公司董事长　徐乐江
2014 年 11 月 4 日

前　言

2013 年全球粗钢产量达到 16.07 亿吨，同比增长 3.5%，创历史新高。而 2013 年我国粗钢产量达到 7.79 亿吨，同比增长 7.5%，占全球产量的 48.5%，位居世界第一。2014 年我国的钢产量有可能达到 8 亿吨左右。

但是，钢铁行业 2013 年的销售利润率仍然处于我国工业行业的最低水平，2014 年钢铁行业提高经济效益的形势依然十分困难。在这种形势下，我们更应认真进行客观分析，应对新的形势，包括机遇和挑战。2014 年，有的钢铁企业为了改善效益而注意控制产量，尤其是处于亏损状态的钢铁企业，按照“没有订单不生产、低于成本不生产”的原则组织生产，避免陷入“越生产越亏损、越亏损越生产”的局面。另外，也主张拓宽融资渠道、降低融资成本、控制财务费用等，对钢铁企业扭亏为盈发挥了一定的作用。近年来，我国钢铁行业产能过剩问题逐步显现。为改变钢铁行业面临的产能过剩、产业结构不合理的现状，政府相关部门相继出台了一系列政策措施，推动钢铁企业兼并重组，限制新增产能并加大淘汰落后产能的力度，实现产品结构升级，以推动钢铁行业做大做强。

据中国钢铁工业协会统计，2013 年，我国大中型钢铁企业实现利润 228.86 亿元，与 2012 年亏损 12.70 亿元相比，利润增长了 241.56 亿元。这主要是源于广大钢铁企业加快结构调整、转变发展方式、加强管理创新和挖潜增效的不懈努力。2013 年盈利排名前十位的大中型钢铁企业的盈利总额达到 223.82 亿元，但是其中宝钢盈利 102.27 亿元，占大中型钢铁企业实现利润的 44.69%，接近一半。我认为宝钢盈利的主要原因不仅仅是拓宽融资渠道、降低融资成本、控制财务费用等方面的工作做得好，更重要的原因是宝钢盈利能力的优势主要体现在产品的品种特殊和质量水平高。宝钢是围绕“技术领先、服务先行、环境经营、产融结合、数字化宝钢”五个方面提升竞争力，也可以说质量经营发挥了重要作用。

中国钢铁工业协会名誉会长吴溪淳同志认为，2008 年国际金融危机爆发后，中国钢铁行业的效益一直在下降。他认为解决中国钢铁行业空前困难必须化解钢铁产能过剩，依靠改革创新使钢铁行业脱困图强。

中国钢铁工业协会会长徐乐江同志认为，中国钢铁行业面临产能过剩、供大于求，自有资金不足、股市融资困难，矿石供应受控、权益矿比例低，环保投入少、环保成本有压力，上缴增值税率高、出口外贸摩擦多等问题。因此，他提出钢铁企业应抓紧转型发展和改革创新，抓住需求结构变化和发展绿色钢铁的新机遇，以改革创新推动我国钢铁工业转型新发展。

由此可见，我国钢铁企业面临转变发展方式的严峻形势，质量管理也必须有所创新，质量经营应是转变发展方式的重要管理模式之一。质量管理与其他管理科学一样，也在不断地创新和发展，从质量检验阶段、统计质量控制阶段和全面质量管理阶段正在向质量经营发展，包括生产系统化、工序标准化、量度精细化、管理规范化、产品异性化、品种特殊化、改进持续化和员工职业化等。

在日本和美国已经将“质量管理”发展为“质量经营”，企业不仅应提高产品质量、服务质量和工作质量，更重要的是应提高经营质量（包括领导质量、管理质量、工作质量、作业质量），把提高企业的市场竞争力和经营绩效作为质量经营的主要目标。

为了贯彻落实钢铁工业“十二五”规划，中国钢铁工业要加快四个转变，即在生产经营上，要由追求产量扩张，靠增加资源投入的粗放经营，向注重品种质量效益提高，靠技术进步、科学管理、人才成长的集约化经营转变；在企业发展上，要由只注重钢铁主业发展，向既做强钢铁主业又向钢铁上下游产业链延伸，适度发展相关多元产业转变；在新增产能和产业布局调整上，要由过多在内陆发展，向沿海和靠近原料、靠近用户的地区发展转变；在科技创新上，要由消化引进技术集成创新，逐步向更多的原始发明创新、能引导行业发展转变。

特别是当前，全球市场快速膨胀，国际竞争日益激烈。质量不再是企业给予的，而是市场和顾客要求的。质量概念不仅包括使用功能，也包括应用价值。顾客对质量的要求在不断地变化和提高。质量经营是指在市场经济条件下，企业的经营管理应以顾客为中心，追求卓越绩效的一种经营模式。质量经营中的“质量”是一个广义的质量概念，包括企业所有过程和活动的质量；质量经营中的“经营”包括经营的理念、战略、过程、方法、资源和结果。

在20世纪80年代后期，美国提出卓越绩效管理模式，其核心是强调组织的顾客意识和创新活动，追求卓越的经营绩效。卓越绩效模式不仅得到了美国企业界的认可，也得到了世界范围的赞同。特别是日本，已经将质量经营作为企业的主要管理模式，因为这种模式有助于推动企业获得明显的经营效果，质量管理逐步与经营相结合。这种结合表现了“质量”概念的新变化，“质量”不再只是表示狭义的产品和服务的质量，“质量”已经成为“追求卓越的经营质量”。“质量经营”是以追求企业效率最大化和顾客与相关方的价值最大化为目标，作为企业系统运营的质量管理模式。

21世纪初，我发现日本开始将质量管理向质量经营转移，这也许是日本应对金融危机的措施之一。美国也在把质量管理从产品生产过程逐步转移到企业的所有管理过程。我对此非常感兴趣，并坚持学习和解读。我有时在《中国冶金报》上发表一些理解和收获，并与一些钢铁企业沟通，使我认识到企业的任何管理都应讲究质量。质量管理不仅限于保证产品质量，也应为企业所有的经营管理服务，于是我就不断地收集和整理质量经营的资料，在编写和出版了《钢铁企业质量经营》后，我继续学习和理解，扩大了质量经营内容，又编写了本书。

我已年过八旬，记忆力和理解力逐渐减弱，我这本书的内容和形式也可能不是很全面或很准确。“夕阳无限好，毕竟是黄昏”，心气很高，但能力有限，只能把自己的认识和理解再写下来，作为我晚年从事质量管理工作的收获。如果对钢铁企业的质量管理工作者有参考价值的话，我将感到非常高兴。认识有误或理解有错，在所难免，希望得到指导和纠正，让我老有所学和老有所乐。

中国钢铁工业协会会长、宝钢集团有限公司董事长徐乐江同志在百忙之中为我这本书写了“序言”。在“序言”中，他对我国国民经济和钢铁工业发展提出了深刻和准确的分析，并认为“中国钢铁业转型升级的核心就是从粗放型的数量扩张回归到内涵式的质量经营上来”。他对我编写的这本书给予了热情支持，对我的晚年学习和写作给予鼓励，对此我非常高兴，并表示衷心感谢。

那宝魁

2014年11月

目　录

第1章 质量经营概念

1.1 什么是质量经营

质量经营的英文叫法有两种，一种叫“Quality Operation”；另一种叫“Management by Quality”。

日本管理专家、东京大学教授久米均先生在其《质量经营入门》一书中说：“使企业能保持中长期稳定发展的经营叫做好经营”，“质量经营作为实现以上定义的好的经营的方法”，“通过质量确立产生获得效益的事业基础，通过质量持续发展企业的经营”。用通俗一点的语言来解释就是用质量来运行企业，用质量去管理经营。久米均先生将质量经营定义为：质量经营 = TQM + α。TQM 是英文 Total Quality Management 的缩写，是质量管理，α 是超过质量管理的卓越绩效的经营。

2005 年久米均先生在其《质量经营》一书提出：“为了实现经营革新，必须有相应的力量，制定出发生变化的方法策略，同时还要具有展开贯彻到末端的执行力、持续力的保证，才有可能进行革新。锻炼这个力量的是质量经营。”

质量经营与质量管理在目的、范围、重点、形态、形式和趋势等方面具有一定的区别。质量经营是以市场和顾客需求为目标，以产品和服务为手段，为了实现企业的发展战略、方针和目标，使企业的投资、生产、技术和营销等活动与企业外部环境保持动态均衡而开展的一系列有组织的活动。

质量经营是以质量为对象的经营概念。但不仅仅是质量管理的内容，而且是把质量管理提升到一个新的阶段。质量经营是适应市场经济而发展的企业管理的重要组成部分。在市场经济发展阶段，企业在市场竞争中的关键因素是产品质量和生产技术，以往的规模经营转移到质量经营，即以顾客满意为企业经营的理念，并重视进一步加强领导、明确发展战略、以顾客为关注焦点、以员工为竞争实力，重视技术创新和资产经营，提高产品质量水平、降低生产成本、提高企业在市场竞争中的优势。

1.2 质量管理的形成和发展过程

质量管理大致经历了4个阶段：

（1）质量检验阶段。在20世纪前，产品质量主要依靠操作者的技能和经验来保证，属于“操作者的质量管理”。20世纪初，使产品的质量检验从加工制造中分离出来，但也属于事后检验的质量管理方式。

（2）统计质量控制（SQC）阶段。1924年，美国数理统计学家W. A. 休哈特提出控制和预防缺陷的概念，即运用数理统计的原理解决产品质量问题。以数理统计理论为基础的统计质量控制，在第二次世界大战期间得到了应用和推广。

（3）全面质量管理（TQC）阶段。在20世纪60年代初，美国人A. V. 费根鲍姆提出全面质量管理的概念。全面质量管理是在充分满足顾客要求的前提下进行生产和提供服务控制，并把企业各部门的质量管理过程构成为一个质量管理体系。

（4）统计过程控制（SPC）阶段。在20世纪60年代美国又提倡统计过程控制。在生产过程中，产品特性参数的波动有正常波动和异常波动两种。统计过程控制就是应用统计分析技术对生产过程进行实时监控，科学地区分出生产过程中产品质量的随机波动与异常波动，从而对生产过程的异常趋势提出预警，以便使生产管理人员及时采取措施，消除异常，恢复过程的稳定，从而达到提高和控制质量的目的。

在20世纪60年代，在费根鲍姆的《Total Quality Control》一书中，就曾经提出“TQC是为了能够在最经济的水平上，并考虑到充分满足用户的条件下，进行市场研究、设计、生产和服务，把企业的研制质量、维持质量和提高质量的活动构成为一体的有效体系”。强调质量管理应与市场动向、设计开发、产品生产和服务提供过程一体化。

在20世纪80年代初，费根鲍姆在其《Total Quality Control》第三版中，又提出全面质量管理还应关注产品质量的经营决策和战略目标的制定与实施。在20世纪80年代后期，美国又提出卓越绩效管理模式，美国著名质量专家朱兰认为，卓越绩效模式的本质是对全面质量管理的标准化、规范化和具体化。质量管理逐步与经营相结合。这种结合表现了“质量”概念的新变化，“质量”不再只是表示狭义的产品和服务的质量，而且也不再仅仅包含工作质量，“质量”已经成为“追求卓越的经营质量”。

日本从2005年开始由日本科技连盟主办企业质量经营度调查。日本企业质量经营的主要内容包括经营者的承诺、质量教育和人才培育、标准化和管理体系、现场管理和改进、应对顾客和质量保证、新产品开发等6个因子。质量经营在日本已经成为顶尖级企业的一种重要的经营模式。

现在已经进入21世纪，质量管理应向深度和广度发展。目前，质量管理的理论和实践已经超越了产品质量管理和企业内部管理的范畴，与企业的发展战略、经营思路和经营结果紧密结合，向质量经营发展，质量经营是质量管理理念和方法的提升。

1.3 质量经营和质量管理的关系

质量管理最初是以提高产品质量或服务质量为目的的，强调关注顾客要求（产品标准）和生产过程控制（操作规程）。

但是，随着时代的进展、技术的进步和国际市场的一体化，只重视产品质量或服务质量和工作质量是不行的，必须将质量管理发展和提升到经营质量管理，有的专家认为“质量经营是全社会质量管理”。

但是，质量经营并不是一种固定的管理模式，各行业、各企事业单位，可根据各自的特点，开展质量经营，并相互交流，完善质量经营的内涵和经验，逐步形成一种比GB/T 19001和卓越绩效更先进、更实用和更有效的质量管理方法。

质量管理不能只局限于产品生产或服务提供过程，应向经营管理中渗透。关注的焦点，不仅是顾客和向顾客提供的产品或服务，还应关注相关方（投资方、员工、供方和社会）的要求、工作质量和经营业绩，也就是说今后的质量管理应向质量经营方向发展，包括发挥领导作用、确定发展战略和方针目标管理过程、满足顾客要求的过程、供方和外包方管理过程、人财物等资源管理过程、无形资产管理过程、技术创新过程、产品生产和服务提供过程、节能减排和安全生产过程、信息化管理过程和持续改进过程等。质量经营是企业转变发展方式的重要管理模式之一。质量经营与质量管理相比，更具有社会性、经济性和系统性。

1.4 质量经营强调卓越领导作用

卓越的领导者作用是质量经营最主要的、基本的和核心的因素。在质量管理体系中，领导者的作用主要是代表企业应对顾客的要求，制定质量方针、质量目标，领导建立并保证质量管理体系有效运行。而在质量经营过程中，领导者的作用是强调建立创新、学习、激励和沟通的机制，满足对顾客和各相关方的承诺。质量经营更强调领导者的人生价值观、道德行为、远见卓识、经营艺术和人格魅力。也就是说质量经营更强调领导承担质量责任和提升领导素质。

卓越领导能力是明确企业的发展战略、发展方向、方针和目标，并带领员工实现企业的发展战略、发展方向、方针和目标的卓越能力。卓越领导力包括认真学习不断提高领导水平的能力、深刻分析机遇和风险而认真确定决策的能力、用适当语言和优秀行动带队育人的能力、正确建立管理机构和选贤任能的组织能力、带头按方针目标认真工作的执行能力和以模范行为进行经营管理并带动员工的感召能力。

日本原新日铁的副社长相原满寿美先生曾经写过一本书，书名是《管理者是组织的太阳》。在翻译成中文出版时将书名改为《管理者是企业的核心》。他认为企业领导的使命是实现经营理念，促进企业繁荣，保证员工幸福，为社会做出贡献。

1.5 质量经营重视企业发展战略

“企业战略”是企业基本性、整体性和长期性战略，包括企业发展战略、经营战略、融资战略、竞争战略，品牌战略、技术开发与创新战略、资源

（人才、物力和财力）开发战略和信息化发展战略等。企业战略虽然有多种，但基本属性是相同的，都是对企业的谋略。

企业发展战略的目的是解决企业的发展问题，实现企业快速、健康和持续发展。企业发展战略是企业在某一时期的发展方向、发展速度、发展质量和发展能力的策略。企业发展战略有助于企业明确发展方向、发展方针和目标、发展重点和发展能力。

企业发展战略的特点是具有整体性、长期性和创新性。所谓整体性是指企业战略策划时应考虑企业的整体性问题，而不是局部性问题；所谓长期性是指企业的战略是长期的策划，而不是短期计划；所谓创新性是指企业的战略具有创新思路，而不是保守观念。

明确企业发展战略，特别是经营战略是质量经营的重要组成部分。经营战略是企业面对激烈变化和严峻挑战的环境，为求得长期生存和不断发展而进行的总体性谋划。例如，对现有产品来说，应扩大现有市场，开拓新市场；对新产品来说，不仅要适应现有市场的要求，更应满足新市场的多元化要求。

经营战略是企业面对激烈的竞争和严峻的挑战，争取企业长期生存和不断发展而进行的总体性谋划。海尔针对市场形势，明确企业的发展战略，在20世纪80年代是以创名牌、保名牌为核心，带动整个企业向持续、稳定、健康方向发展的名牌战略；到90年代，便谋划多元化战略，包括产品的多元化、市场的多元化、投资区域的多元化和资本的多元化；在20世纪末则发展为国际化战略，即企业产品与服务在本土之外的发展战略；到了21世纪初，发展为全球化品牌战略，即立足于全球市场发展自己的品牌，从而成为全球性知名品牌；现在海尔的发展战略是网络化战略，体现在三个方面：企业无边界、管理无领导、供应链无尺度，即发展为互联网时代的平台型企业，大规模定制、按需求设计、按需求制造、按需求配送。

1.6 质量经营是市场竞争的产物

企业面对激烈的市场竞争，为了提高竞争力和经济效益，必须依靠科技进步，采用先进技术和设备，提高职工质量意识和劳动技能，并采用现代化管理方法，提高企业经营管理水平和劳动生产率，以最少的消耗生产出最多的适应市场需要的产品和服务。

现代科学技术和经济社会的发展，加速了与世界经济一体化的进程。各国的经济发展对外贸易的依存度日益增强，人类社会正在步入国际化的新时代。在这种形势下，企业应具有适宜的经营战略。质量经营就是针对竞争环境和企业实际决定经营战略的。经营战略的核心是提高竞争力，提高竞争力的关键是质量，不仅是产品和服务质量，也包括领导质量、管理质量和经营质量，只有产品或服务质量提高了，才能充分体现其价值；只有领导、管理和经营质量提高了，才能具备贸易的优势，提高在国际贸易中的地位，增强在国际市场中的竞争能力。企业为了提高市场竞争能力，必须把经营绩效提升到一个新的水平。

1.7 质量经营的特点是改革和创新

质量经营与质量管理不同之处在于质量经营的特点是改革和创新。质量经营首先需要高层领导积极推动和参与创新活动，建立改革和创新活动的激励机制，营造勇于承担风险的企业文化，与所有相关方和受益者建立合作互利的伙伴关系，有利于提高市场竞争能力。

质量经营的改革创新与技术创新一样，也注重过程管理的创新，包括创新决策管理、计划管理、适时管理和信息管理等。

决策管理是指在信息管理的基础上对改革创新机遇的把握，对投资能力、盈利水平、资源能力、技术开发能力、生产制造能力、营销能力等进行综合分析与判断，保证决策的正确性。计划管理是在决策后的计划、组织和协调工作。适时管理（Just in Time）是改革创新过程管理。信息管理主要是质量经营的改革创新信息的获取、整理、分析和传递，也是质量经营改革的最重要管理方法之一。

1.8 质量经营注重人力资源管理

人力资源是推动企业健康发展和提高经济效益的智力和体力劳动者的总和。人力资源的管理应包括认真招聘、优化选择、注重培训、公平竞争和激励考核。现代人力资源管理是“以人为本”，主要关心员工本身、员工与员工的关系、员工与工作的关系、员工与环境的关系、员工与组织的关系等。

为了充分发挥人力资源作用，培训非常重要。培训包括技术和业务培训、法律法规培训、企业文明培训、质量意识和能力培训等。

质量经营更强调对员工的培训，提高人力资源的质量意识和能力，包括质量文化、质量知识、质量工具和质量方法等，使企业的员工具有质量意识、质量职责和质量能力。质量文化是企业文化的重要组成部分，是提高企业质量经营和竞争力的关键。质量意识的核心是产品和服务质量应满足顾客要求，认真执行质量职责和提高质量能力，准确使用质量工具和方法。

例如海尔集团在企业文化建设中，非常重视对员工质量意识方面的培养。海尔集团认为："用户永远是对的"，"高质量的产品是由高素质的员工生产出来的，只有员工的高质量才能保证产品的高质量"。

1.9 质量经营更强调持续改进

"质量改进永无止境"是质量经营的基本信念。持续改进也是质量经营的基本原则之一，是企业永恒的主题。

质量经营的持续改进与质量管理的持续改进相比，范围更宽、档次更高、速度更快、成果更大。质量经营特别重视经营管理层的持续改进，不限于解决现场问题，更重要的是解决和改进经营管理中存在的问题。质量经营的持续改进包括提高产量、降低成本、提高质量、节能减排和安全生产。

通过持续改进能够使质量形成过程的各环节水平有所改进，使产品、服务质量不断提高，从而使企业不断地保持竞争的优势。

质量经营的持续改进，不仅仅是员工参与改进的方法，也应当是部门、单位以及管理者持续改进经营和绩效的方法。将持续改进从全员参与提升到领导作用中去，成为质量经营的持续改进。

1.10 质量经营是企业的重要管理模式

我国钢铁企业面临转变发展方式的严峻形势。在这种形势下，质量管理不能再只局限于产品生产或服务提供过程，应向经营管理中渗透。关注的焦点，不仅是顾客和向顾客提供的产品或服务，还应关注相关方（投资方、员工、供方和社会）的要求、工作质量和经营业绩，也就是说今后的质量管理应向质量经营方向发展，包括方针目标管理过程、与顾客有关的过程、供方和外包方管理过程、人财物资源管理过程、无形资产管理、设计和开发过程、产品生产和服务提供过程、产品和服务检验过程、节能减排和安全生产过程、信息化管理和持续改进过程等。质量经营将用市场竞争力和经营业绩来衡量企业的产品质量、服务质量、工作质量和经营质量。质量经营应是转变发展方式的重要管理模式之一。为了将质量管理向质量经营转变，应做到以下几点：

(1) 树立先进的质量理念。质量经营中的质量不仅包括产品和服务质量，还应包括作业质量、管理质量和经营质量。产品和服务质量也不仅仅是符合或满足标准或合同要求，而是考虑到产品和服务的适用性、变化性、超值性、差异性和综合性等要求，向顾客提供增值和满意的产品和服务。质量不仅涉及顾客利益，也对投资方的收益、员工的待遇、相关方的互利共赢关系、社会责任具有重要影响。不是只追求企业效益最大化，而是保证相关方的利益最大化。例如鞍钢的发展战略提出鞍钢的使命是“以钢铁强国为己任，为股东、为客户、为员工、为社会创造价值”。

(2) 充分发挥领导作用。质量经营要求企业领导组织制定愿景、理念、使命、战略、方针和目标，并履行对顾客和其他相关方的承诺，在企业内部建立创新、学习、激励和沟通的机制，特别是学习与创新型组织机制。学习与创新是提升企业核心竞争力的主要途径。企业领导应履行对各相关方的承诺，并通过激励、创新和沟通等机制带领员工从为顾客提供使用价值提升到为顾客创造价值，并进一步提升到为相关方创造价值。领导者还应带头树立适应建立和谐社会的人生价值观、道德行为、经营能力和素质。

(3) 加强质量教育和开发。人才培养开发有助于提升公司质量经营水平和企业核心竞争力。对质量经营来说，人力是重要的资源。不仅应重视人才选择（人员招聘和调配）、使用（绩效评估和能力分析）、稳定（报酬和奖励）和提升（发展机遇），更重要的是教育和开发。教育和开发的重要内容是培育和提升质量经营能力和质量文化水平。质量教育和开发既是质量经营的核心内容，又是质量经营其他要素发挥作用的必要条件。质量经营能力和质量文化水平虽然是比较抽象的概念，但是不同行业和不同企业基于各自的特点和所处的环境，应创建和形成各具特色的质量经营能力和质量文化水平。

（4）建立质量经营供应链。原辅材料的供方是供应链源头，是产品或服务形成过程的第一个环节，是钢铁企业质量体系的组成部分。质量经营模式要求企业与供方和顾客建立长期战略合作关系。目前，我国钢铁企业多数已经建立了比较稳定的供应链，但是有些企业还没有形成长期战略合作关系。能够维持这种关系的关键是互利共赢。如果缺乏正常的互利双赢的关系，会使部分冶金辅料企业陷入困境，而一些浪费能源和资源的供方又应运而生，甚至假冒伪劣产品也会进入钢铁企业。究其原因正是企业如何处理供应链上的关系问题。从供方-企业-顾客的供应链来分析，为了企业与顾客的长期战略伙伴关系，必须建立供方与企业的长期战略伙伴关系。任何短视行为，必然损害与顾客的关系，最后殃及企业自身。

（5）技术创新提高经营竞争力。近年来我国钢铁企业设备更新很快，有相当一部分装备具有国际先进水平。我国是世界上钢材消费量最大的市场，虽然产能总量过剩，但是还有相当一部分产品，特别是高技术含量和高质量等级的钢材仍然依赖进口。目前我国进出口钢材结构差异较大，进口高技术含量和高质量等级的钢材比例高，出口中低档钢材比例高。这表明我国钢铁企业技术创新能力仍然有一定的差距。为了提高国际和国内市场的占有率和竞争力，技术创新是关键。技术创新关键在于对未来市场的判断，质量经营要求做到“前期介入”，使企业的经营从销售当今的产品转移到对顾客未来需求的识别，并为企业技术创新找到切入点，从而牵动技术创新，研发核心技术和原创技术，开发高档次产品，提高企业经营竞争力。

（6）质量经营提升信息化水平。质量经营要求信息准确和灵通，并做到及时传递与沟通。国外有的企业把 OA 和 ERP 整合，有的企业将 CRM 与 ERP 整合，并将每天的经营信息可视化。把合同数量变化、应收应付资金、交付期的准时率、产品产销率、销售利润率、顾客满意率、高端用户使用率、设备完好率和运转率等信息统计分析并形成企业生产经营“晴雨表”。让企业每位员工在视频设备上看到本企业今天是“晴天”还是“阴天”，从而与自己的工作联系起来，持续改进。目前，我国钢铁企业已建立起信息管理系统，但是多数局限于企业内部，缺乏与顾客、供应商、分销商集成和协同的企业间供应链系统。“信息孤岛”问题影响数据、功能和流程集成。业务运行系统多，决策支持系统少，普通信息系统多，战略信息系统少。质量经营要求提升信息化水平，将与质量经营有关的信息系统化和数字化，成为发展方式转变和战略经营决策的依据。

宝钢的经营理念是：以创新为主旋律，“确立全员创新观念，推进全面创新实践”，实施 CS（用户满意）战略，实行 TSM（全方位满意管理），形成独特的“用户满意文化”，建设“服务高质量、技能高水平、工作高效率、言行高格调”的员工队伍，按用户需求组织生产。“宝钢现代化管理概论”、“宝钢的组织体制”、“宝钢的基层管理”、“宝钢的人力资源开发”、“宝钢的经营战略管理”、“宝钢的生产管理”、“宝钢的一贯质量管理”、“宝钢的标准化管理”、“宝钢的自主管理活动”等现代化管理模式，具有质量经营的明确特征。

鞍钢的经营理念是：客户是衣食父母，是企业生存发展的基础，企业的基本使命就是提供客户需要的产品和服务，客户的需求就是企业的追求。鞍钢作为特大型钢铁企业集团，每年生产数以千万吨的钢材产品，向客户提供具有卓越品质的产品。鞍钢人在经营活动中维护企业的信誉，坚持诚信为本，把客户作为企业价值链中的重要组成部分，通过诚信经营使客户受益，实现鞍钢价值与客户价值的共同增值。

武钢的经营理念是：落实科学发展观，走质量效益型发展道路。具体内容是“一三五”的转型发展战略。“一三五”转型发展战略的内容是：围绕建设具有国际竞争力的世界一流企业目标，加快推进企业由单纯的生产经营型向质量效益型转变，由一业为主向一业特强、适度多元化转变，由内陆发展向沿海、国外发展转变，着力打造质量武钢、创新武钢、数字武钢、绿色武钢、幸福武钢。

沙钢的经营理念是：坚持科学发展观和可持续发展战略，走新型工业化道路，大力推进产品结构、技术结构和装备结构的调整升级，大力开展节能减排，发展循环经济，通过并购联合、资产重组，进一步提高产业集中度，建设具有强大核心竞争力和鲜明特色的精品板材、精品长材生产基地，成为资源高效利用、生产与环境、企业与社会和谐友好的绿色钢城，年销售收入超千亿，努力跻身世界钢铁前十强。

唐钢以理念创新为导向的钢铁企业转型发展模式，即以科学发展观为指导，结合企业生产建设实际，积极转变思路、提高标准，加快转变发展方式。坚持走“低碳经济、绿色转型”的新型工业化道路。唐钢现代企业管理历程大体经历了三个发展阶段（第一阶段是“可靠运行阶段”，第二阶段是“可控运行阶段”，第三阶段是“经济运行阶段”），全面分析这三个阶段，对唐钢“十二五”发展有着重要意义。在实现长周期稳定运行的基础上，唐钢的管理重点逐步转入减少资源占用、提高资源利用效率上来。通过延伸产业链，发展产品深加工和非钢产业，大幅度提高人均吨钢劳效，全面提升企业核心竞争力。

第2章

发挥领导作用

经营理念是企业领导追求企业绩效的思路，经营理念也是企业领导的经营意图和价值判断。经营理念的构成要素，包括企业使命、价值观、企业文化、发展战略、方针和目标等内容。企业领导在树立经营理念时应关注时代潮流的发展、社会形势的变化、企业的强项和弱项、追求的发展方向和渴望实现的愿景。质量经营也是企业领导经营理念、愿景、使命、价值观、发展战略、方针和目标的体现。质量经营是企业领导在以顾客为关注焦点的基础上，考虑到企业投资方、员工、供方等相关方的利益和社会责任，而推出的经营原则、方针、目标和方法。在质量经营中的领导作用主要体现在以下几个方面。

2.1 建立先进的经营理念

质量经营理念的核心是质量不仅是产品的特性，也包括工作和经营的特性，只关注产品质量，不注意工作质量和经营质量，企业不可能取得卓越绩效。质量管理不仅要满足顾客和投资方要求，也应满足员工和相关方要求，并履行社会责任。质量经营不仅以质量为经营过程的出发点和落脚点，也同时关注环境保护和安全生产。与北京奥运会曾经提出的“绿色奥运，人文奥运，科技奥运”三大理念相似，质量经营的理念也应是“绿色质量，人文质量，科技质量”。

日本东芝的质量经营理念是“永远追求质量”；富士通的质量经营理念

是“追求无限的质量”；有的企业将“顾客至上、地球为友”作为经营理念，把“永远优先以顾客的观点来看待产品和服务质量”作为质量理念。还有的企业提倡“从内心质量到公司质量全面树立质量第一的理念”。

质量经营的理念关键内容有以下4条：

（1）以顾客的质量观点思考质量，顾客的质量观点不仅仅限于满足明示的要求、隐含的要求和增值的要求，而且包括适用性、多变性、差异性、经济性和综合性的要求。

（2）产品和服务质量必须让顾客高兴，为此必须保证顾客采购后的成本（TCO，Total Cost of Ownership）仍然低，使顾客有增值空间。

（3）工作质量就是要求员工站在顾客的立场做好本职工作，为向顾客提供满意的和高兴的产品或服务而行动，员工必须有这样的意识。

（4）公司质量是依靠员工的内心质量打造的，使质量持续改进和改革创新，始终贯彻“质量第一”的理念。

现在，我国提倡研究、开发、生产和提供环境友好型和资源节约型的产品和技术，体现了质量的社会责任，但是与以顾客需求和利益为出发点和落脚点的理念仍然有一定的差距，追求企业本身效益的最大化仍然占主要地位。

宝钢秉承“打造服务最好、速度最快、成本最低的最优营销价值链”的服务理念，长期以来一直坚持以用户需求为导向，坚持三个“就是”的承诺，即用户的标准就是宝钢的标准、用户的计划就是宝钢的计划、用户的利益就是宝钢的利益。宝钢致力于与用户结为战略伙伴，强化与用户的协同效应，重视服务增值对最优营销价值链的贡献，追求与用户实现共赢。宝钢的这种经营理念实际上就是质量经营理念。

2.2 描绘企业的发展愿景

“愿景”原来在港台地区使用较多。愿景现在也成为大陆企业领导者必备的一种承诺和责任。企业领导在经营中非常重要的一点就是确定企业未来的发展方向和前景。愿景就是企业的发展方向和向往与追求的前景，是最高管理者对企业未来的设想和企业的发展蓝图。美国的吉姆·柯林斯在其《基业长青》一书中讲道：“愿景已成为最滥用，却最不为人理解的词汇之一”，“一个构思良好的愿景包括两个主要方面——核心理念和未来前景”，“追求愿景意味着实现组织和战略的协调，用以保存核心理念，刺激进步，以实现展望中的未来。只有两者的协调才可以把梦想变成真实，把好的意愿变成具体的现实。”

宝钢领导徐乐江同志认为：“宝钢新一轮规划到2015年，形成6000万吨的产能，但是我们的目标后面加了一个α。之所以用α，就是说具有不确定性。第一，整个行业发展的趋势到底如何？这个和宏观经济有关系；第二，宝钢实施兼并扩张后的掌控能力到底如何？如果重组后不但对方竞争力没提高，还把宝钢自己给拖下去了，这个显然不是我们的目的。所以，这个α是根据宏观经济、行业发展还有宝钢的能力提升来确定的。在上一轮发展目标制订的时候，我们提出过8000万吨。国际金融危机以后，我们更冷静了，更谨慎了，一定要按经济规律办事。”

鞍钢的愿景是成为钢铁行业的“排头兵”。宝钢的愿景是“成为绿色产业的驱动者、钢铁技术的领先者、员工与企业共同发展的公司典范”。武钢的愿景是“建钢铁精品基地，创国际知名品牌，跻身世界500强行列，成为自主创新能力和市场竞争力强大的国际一流企业”。沙钢的愿景是“建设具有强大核心竞争力和鲜明特色的精品板材、精品长材生产基地，成为资源高效利用、生产与环境、企业与社会和谐友好的绿色钢城，争取年销售收入超1500亿元，奋力跻身世界500强”。

目前，我国不少企业还没有明示的愿景，多数企业没有把愿景当成企业向往和追求的蓝图，发展方向和目标不清楚，走一步算一步。还有的企业虽然也有“愿景”，但是比较空洞，例如“采用高水平技术，生产高附加值产品，为高科技顾客服务，赢得企业最大经济效益”。质量经营要求企业领导根据企业自身特点、市场和顾客需求形势，关注相关方的利益，策划与践行具有发展前途的蓝图，为社会展示企业的发展方向，鼓励员工为实现企业追求的前景而共同努力。

2.3 明确企业承担的使命

使命指企业的角色，企业使命是企业在社会经济发展中所应担当的角色和责任，企业致力于完成的是什么，是企业生存发展的作用定位。使命界定的内涵不仅是所服务的顾客或市场，也包括与众不同的能力，或所运用的技术，使命永远刺激企业不断地变革和持续地进步。

鞍钢将“以钢铁强国为己任，为股东、为客户、为员工、为社会创造价值”作为企业的使命。宝钢的使命是主动承担促进经济增长、社会进步、环境保护三者协调与和谐发展的社会责任。这种社会责任集中表现为兼顾股东、用户、供应商、员工与社会等利益相关者的需求，实现共同发展。

使命不仅是对本企业的，更重要的是对社会的责任和义务。本企业的存在和发展，对社会应有所贡献。认清使命，责任在身，对最高管理者来说，是一种不可推卸的责任，完成使命，做出贡献，是企业成功的表现之一。只考虑企业本身利益和发展而忽略对社会的责任和使命，例如企业经济效益很高，但对环境污染严重，或安全事故频发，特别是产品结构和质量水平不符合产业政策，没有对国家或地方的可持续发展做出贡献，这样的企业及其最高管理者的经营管理水平是低档次的，忽略了企业应有的使命。吉姆·柯林斯在其《基业长青》一书中也说：“使命是永远不能实现的，意味着一个公司要完全投身于它的使命，就要永远刺激变革和进步。”

2.4 树立企业的价值观

价值观指期望企业及其员工精神、行动或行为的准则。企业价值观是企业员工所共有的，支持员工精神的主要价值观。企业价值观是企业生存发展的内在动力，是企业行为规范制度的基础。企业价值观是企业决策者对企业性质、方针目标、经营方式的取向做出的选择，是员工所接受的共同观念。企业价值观有助于帮助企业完成其使命，达成其愿景。质量经营所倡导的企业价值观，要求领导具有远见卓识，不仅认识到顾客驱动卓越，而且尊重员工和合作伙伴的作用，重视社会责任和公民义务，坚持学习、促进创新，快速灵活反应和基于事实决策，运用过程方法和系统方法，创造企业价值和社会价值。企业的价值观是企业的精神和指导原则，有的专家认为价值观是不需要外部调整的永恒的指导原则，是企业固有的，不是出于当时的环境，而是出于自己的需要。真正的价值观是经过时间磨炼而成的，即使环境变化价值观也不一定改变。

鞍钢的核心价值是钢铁强国，造福社会。也就是说，鞍钢的领导认为鞍钢存在的价值是为打造钢铁强国和造福社会服务的。不论环境如何变化，追求创新和改进质量，打造钢铁强国和造福社会是永恒不变的。

新闻媒体曾经报道，西安有的民营企业把钢筋“瘦身”来“创造价值”，其实是靠牺牲顾客和社会利益来索取企业效益，这种价值观不仅违反职业道德，也违反法律法规。现在也有部分企业在市场紧俏时，为了提高经济效益，把负公差降到了极限；为了降低生产成本，把不合格品“让步放行”。在产品畅销时不能按期交付，使顾客停工待料；在产品滞销时提前交付，使中间商库存增多。忽视相关方的利益，损害了上游的合作对象。有些企业对社会责任的意识不强，除了纳税以外对节能减排等仍然缺乏主动性和责任心。这样的企业的价值观暴露了他们的理念存在严重问题，他们没有将为社会福祉、技术进步和持续发展做出贡献纳入其核心价值观。

2.5 形成有特色的企业文化

企业文化是由企业的理念、使命和价值观等组成的文化形象。企业文化是企业在实践中，逐步形成的、为全体员工所理解和遵守的、带有本企业特色的价值观念、经营作风、企业精神和道德规范。例如宝钢的企业文化是：严格苛求是基础，学习创新是关键，争创一流是目标。“严格苛求”就是要求全体员工树立从严和实干的精神，坚持认真和敬业的作风，培育忠诚和诚信的态度，这是宝钢发展的基础。“学习创新”就是鼓励全体员工解放思想、尊重科学、勤于学习、勇于创新，这是宝钢发展的关键。“争创一流”就是引领全体员工面向全球，为振兴民族经济和提高竞争力而追求卓越，这是宝钢的发展目标。鞍钢的企业文化与宝钢相似，是“创新、求实、拼争、奉献”。鞍钢的经营理念决定了企业必须坚持创新，只有创新才能为建设钢铁强国做出贡献，只有求实和拼争才能成为行业“排头兵”，只有奉献才能为股东、为客户、为员工、为社会创造价值。沙钢以“自力更生、艰苦奋斗、勇于创新、不断登攀”作为企业文化，这是沙钢从生产钢窗料的小型乡镇企业发展为生产高附加值产品的大型民营企业的精神财富。企业文化表征企业素质，决定产品和服务水平，也必然影响企业的经营和形象。

2.6 制定企业的发展战略

战略起源于军事，并逐渐扩散渗透应用到社会生活各个领域。战略是关于企业全局可持续发展的观念和规划，发展战略是企业发展的统领性的、全局性的、左右胜败的谋略、方案和对策。愿景、动力和优势是决定企业发展战略的重要因素。企业战略决定着企业的经营模式和管理方式。战略有基本战略和个别战略，基本战略也称为总体战略，主要决策应该做什么业务和怎样去发展这些业务（产品与市场领域、成长方向）。个别战略，包括业务战略，用于谋划怎样在特定产品/市场上实现可持续竞争优势。常见的个别战略有：市场营销战略、产品和技术战略、生产运营战略、财务战略、人力资源战略、信息化战略、质量战略等。

企业领导在制定企业的发展战略时应监视和检查这些外部和内部问题的信息。外部环境，可以考虑法律、技术、竞争、文化、社会、经济和自然环境方面，包括国际、国家、地区或本地的。内部环境，可以包括组织的理念、价值观和文化。

宝钢认为：我们所面临的，是十分严峻的内外部环境，各种问题和挑战不容回避。世界经济艰难复苏，中国经济增长内生性动力不足，结构性矛盾突出，国内钢铁同质化竞争加剧，环境压力巨大，企业微利经营。就宝钢自身而言，我们的战略转型已经起步，但前进的步伐还不够快、不够扎实。要真正实现“从优秀到卓越”，需要在以下三个方面取得更大的进步：首先，我们要掌握和拥有一批世界最领先的技术，成为钢铁技术的领先者，并以此为基础，满足和引领用户对于未来材料的需求；其次，我们要继续践行环境经营，成为绿色产业链的驱动者，把钢铁业打造成节能环保、环境友好、支撑国民经济快速发展和人民群众消费需求升级的绿色产业，引领行业的可持续发展；再次，我们要成为员工与企业共同发展的公司典范，努力做到让股东满意、员工喜欢、社区认可，成为战略供应商和客户不可或缺的价值链伙伴。宝钢将继续坚持“精品＋规模”战略，以环境经营为抓手，创新驱动，转型发展，积极培育面向未来的核心竞争力，以更强大的能力更好地履行我们的责任。宝钢的战略目标是：到2015年粗钢生产能力达到6600万吨；在布局上突出长三角和珠三角的战略基点，巩固西部区域发展基础，并有选择、有原则地积极参与未来潜在的并购重组活动。我们相信宝钢可以成为一家“卓越”的公司。

鞍钢为了推进管理创新，以客户需求为驱动，以价值创造为导向，以竞争力提升为核心，以战略管理为主导，通过组织再造和流程再造，建立科学高效的现代管理模式。其环境（背景）是充分利用自身资源优势，加强国外资源开发，为企业中长期发展提供资源保障；提升自主创新能力，形成核心技术优势，在可持续发展支撑技术领域实现新的跨越，在高附加值、高技术含量产品开发领域取得新的突破。为了实现节能减排，开发应用先进的节能环保技术，改造现有的生产工艺装备，建设生态文明型企业。鞍钢的战略目标是：到2015年，实现年产钢进入世界钢铁行业前五位，成为钢铁特强、钒产业世界领先、钛产业国内最大、多角化产业协调发展、最具有国际竞争力、能够引领世界钢铁工业发展的特大型跨国集团。为了实现上述战略目标，从投资新建为主向投资新建与兼并重组转变；从内陆发展向沿海发展和国际化经营转变；从“核心技术”的“追随者”向“领跑者”转变；从单一产品输出向技术输出和管理输出转变。

武钢认为“质量是企业的生命，质量是武钢的生命”，为此提出三个“不”，即“不能让一吨不合格的原料进厂，不能让一吨不合格的半成品进入下游，不能让一吨不合格的产品流向社会”。还有“两化”，即“管理规范化”和“操作标准化”。另外还有严格管理，“不为错误找借口，只为成功想办法”。这是武钢质量效益型企业的战略优先和管理承诺的具体政策、承诺和管理。

沙钢确立“打造精品基地，建设绿色钢城”的战略目标，每年明确提出质量创优指标，并将其层层分解、落实责任，列入经济责任制与奖惩挂钩进行考核。严格实施质量否决，使全公司纵向到底、横向到边、纵横连锁的质量管理体系真正落到实处，促进了产品实物质量和服务质量的全面提高。沙钢开发了设备管理系统、采购合同管理系统等计算机管理软件，在全公司范围内进一步实现了生产、质量、采购、销售等流程的统一化、标准化、集成化。另外将“用户的标准”作为企业的生产标准。沙钢树立“用户的标准就是企业的生产标准”的理念，建立健全产品标准管理体系，采用国际、国内先进标准组织生产，并根据顾客要求进行标准体系的不断完善和提升，严格实行全员质量责任制，对影响产品质量的指标实行质量一票否决制，促进产品质量稳定提高，不断提升沙钢品牌的美誉度，拓展了国内外市场。这种环境和背景是沙钢发展的基础和优势。

太钢的发展战略中不仅包括精品战略，推进产品的高端化和特色化，而且实施人才战略，提升自主创新能力；坚持绿色发展战略，建设资源节约型和环境友好型企业，推进产业延伸战略，构建战略供应链。

2.7 坚持方针和目标管理

质量经营也是企业领导经营理念、愿景、使命、价值观、发展战略、方针和目标的体现。质量经营是企业领导在以顾客为关注焦点的基础上，考虑到企业投资方、员工、供方等相关方的利益和社会责任，而推出的管理原则、方针、目标和方法。

质量方针的制订过程应当依据以下原则：

（1）以顾客为关注焦点和持续改进作为质量方针的基本内容。质量方针始于以顾客为关注焦点的愿景。对顾客忠诚和让顾客满意是制定质量方针的基本原则。世界上著名的和成功的企业无一例外都把顾客满意（甚至顾客高兴或顾客喜悦）作为最重要的战略选择。

（2）与企业的生产经营实际相结合，内容要有针对性，能够反映本企业的现状与追求。质量方针要让顾客和员工知道本企业向何处发展，为什么和如何发展。必须与企业自身的质量、成本、过程和差距相结合，脱离企业实际而制定的质量方针，对顾客和员工没有任何作用。

（3）质量方针内容应简单，语言应精练，但是也不能成为空洞的口号。有影响力和感染力的方针都是简明扼要的。例如“我们提供的产品将超过顾客的期望，并成为世界领先的企业”。质量方针能够成为制订质量目标的依据，也能够被员工所理解而转化成为行动准则。

（4）质量方针应做到远近结合，既要考虑长远发展规划，也要考虑近期经营现状，提出具有挑战性的发展方向。在建立质量方针时应考虑全球经济未来 3 ~5 年将会发生的迅速变化的影响。

（5）质量方针应按过程进行管理，制订有依据，执行有管理，效果有检查，并以 PDCA 循环进行改进。

质量方针应逐级展开，使方针落到实处。企业的方针必须转化为质量目标，否则方针是空的。只有各相关职能和层次的质量目标完成了，企业的总体质量目标才能得以实现，方针才能得以落实。质量目标与质量方针是不可分的。但是，质量方针与质量目标仍然有所区别，质量方针侧重于战略或宏观，而质量目标偏重于战术或微观。质量方针与目标管理是自上而下的管理，而 QC 小组活动是自下而上的活动，两者相互补充，构成了质量经营的重要支柱。

企业为实现以质量为核心的中长期或年度质量经营方针目标，应充分调动全体员工积极性，通过个体与群体的自我控制与协调，以实现个人或部门目标，从而保证实现企业总体目标和绩效。

在制定方针时应充分了解和认识本企业的现状，找出问题点作为制订方针的输入。具体来说包括企业的经营理念、经营环境和存在的问题。方针应逐级展开，使方针落到实处。在我国企业中有一种认识，认为目标应当逐级分解，而方针只有一个，不需要分解。其实方针也存在逐级分解（或展开）的问题。在日本，总经理有方针，各职能部门和生产现场也有根据总经理的方针制订的本部门和单位的方针，而且上一级的方针是下一级方针的依据，下一级的方针是上一级方针的基础。上下统一协调，成为一个整体。

方针目标管理必须遵从过程方法原则和 PDCA 循环的方法。过程方法要求明确输入和输出，规定职责职权和资源支持，规定管理方法和检验方法，并根据检查结果进行处置和改进。方针目标管理必须有明确的职责与权限的分工，不然就会流于形式。首先应从最高管理者做起，因为方针管理是最高管理者实行领导的主要内容和方式。最高管理者不仅应组织制订和发布方针，而且应亲自检查方针目标进展和完成情况，在日本叫做“社长诊断”，实际上就是最高管理者对各部门和单位贯彻实施方针目标管理情况的检查。目标的展开是将目标分解为子目标后再将它分配到基层去，在展开和分解时应当注意由谁来展开和分解，应当采用什么样的过程和需要什么样的资源，规定具体进度和验收方式，这其实也是一个 PDCA 循环。成功的展开要求形成一个基本的架构，不仅能够保证目标的展开和分解，而且能够对目标的实现过程进行控制。如何进行展开和分解是很有讲究的。日本采用一种方法叫“传球”(catch ball)。“传球”是展开和分解过程一种很好的沟通方式。例如上级和下级、部门与部门、单位和单位之间充分交换意见。将目标展开和分解的意见上下左右充分传递和交换，不仅有利于上下之间的理解和有利于左右之间的沟通，树立整体观念和协作精神，也便于了解所实现的目标，包括有哪些过程或项目，有哪些部门或单位参加，本部门或单位有哪些参与的过程或项目，如何完成和协作。

2.8 策划和组建高效精干的管理机构

因为质量经营的管理宽度和幅度很大，企业领导不可能亲自去管理企业的所有工作。为了实现领导的发展战略、方针目标和经营绩效，首先领导必须树立授权思想，即将完成企业发展战略、方针目标和经营绩效的管理权力授给管理机构。例如将人力资源、财务经营、生产管理、内外联系、协调调度等管理权移转给管理机构，不只授予权力，而且还托付完成该项工作的责任。有职有权，尽职尽责。授权是上级对下级的权力下放过程，也是职能的再分配过程。有效的授权是重要的管理技巧和环节。授权得当，上下协调，彼此受益。

在树立授权意识的基础上，根据本企业的实际适宜地策划组织机构的管理范围和管理层次。管理范围和层次成反比，管理的范围宽，管理的部门和层次就少；管理的部门和层次多，管理范围就窄。层次多难以沟通和交流，层次多难以管理和协调，层次多管理成本也高。领导应根据企业规模、干部能力、员工素质、过程特点和管理水平来策划和组建高效精干的管理机构。

组织结构类型很多，包括有直线制、职能制、直线职能制、模拟分权制、矩阵制、事业部制、委员会制、控股制、网络制等。目前，我国钢铁企业多数是职能制的，个别的也有直线职能制的，由于集团化或股份制，也有部分企业采用事业部制。不论采用哪一种类型的管理机构，必须职权配置适当。

目前国营企业，特别是大型钢铁企业管理机构多，管理范围宽，有的管理工作互相重叠，有的管理工作无人负责；民营企业，特别是中小型钢铁企业管理机构少，空白较多，有职无权，一切老板说了算。另外，管理机构多偏重于为领导服务，忽视对基层的服务；重点对基层考核，缺乏对业务的指导和管理。例如有的企业企划部不管规划，只管考核，有的甚至专管合同审核，采购和销售对合同无权负责。有的设备工程部只管设备招投标，对设备和工程的外包没有按相关方控制程序进行管理。为了实现质量经营，管理机构的策划、组建和职能分配非常重要。不仅应明确管理部门的专项职能，而且还应规定部门之间如何协调与合作，必要时可以组成专门的委员会或项目领导小组，解决跨部门和单位的管理。否则综合性管理部门也难于协调由副总经理主管的某一专项业务部门的工作。

2.9 建立创新、学习、激励和沟通的机制

质量经营与其他管理一样，建立创新机制能使质量经营永远处于主动和领先的状态。没有创新就没有竞争力，没有竞争力就不能够占领市场，不能够占领市场就没有生存空间。近年来我国钢铁企业设备更新很快，有相当一部分装备具有国际先进水平。我国是世界上钢材消费量最大的市场，虽然产能总量过剩，但是还有相当一部分产品，特别是高技术含量和高质量等级的钢材仍然依赖进口。目前我国进出口钢材结构差异较大，进口高技术含量和高质量等级的钢材比例高，出口中低档钢材比例高。这表明我国钢铁企业的创新仍然有一定的差距。为了提高国际和国内市场的占有率和竞争力，建立创新机制是关键。创新的关键在于对未来市场的判断，质量经营要做到“前期介入”，使企业的经营从销售当今的产品转移到对顾客未来需求的识别，并为企业创新找到切入点，从而牵动创新，研究核心技术和原创技术，开发高档次产品，提高企业经营竞争力。

为了提高技术创新能力和质量经营能力，企业领导应建立和推进学习的机制，让每一位员工坚持学习、提高水平和持续改进。领导应学习、研究和解决企业在发展中带有全局性和战略性的问题，员工应学习、研究和解决企业在生产和经营中带有挑战性和竞争性的问题。要鼓励干部和员工从工作出发，结合实际开展学习，提高管理水平和技术水平。这种学习不仅仅限于培训和教育，也包括案例分析、行业对比、技能传承和知识扩充。学习是企业文化的重要组成部分。只有坚持学习，企业才能在竞争中取胜。

质量经营也要求领导在企业内部建立起有效的激励机制。激励机制应以尊重员工实现自我价值的需求为基础，采用物质和精神等多种方式来激励员工的积极性和创造性。经营管理先进的企业都以奖励为主，来鼓励员工不断学习，不断创新，而不是靠“扣奖金”、“降工资”等来“体罚”和“鞭策”。

首钢矿业公司将创新型和学习型模式结合在一起，构建“六有”模式，即有挑战性目标、有核心骨干、有创新课题、有活动制度、有激励机制、有创新成果；形成了“三级共建”体系和“百队千员”工程，即领导干部带头指导创新、专业管理层组织团队创新、基层实现创新的应用。在创新中学习，在学习中创新。依靠激励机制驱动学习和创新，以小促变，并评选出“十佳”和“十优”。

沟通也非常重要。沟通包括将领导的意图传达给员工，让他们理解和认同；将员工的反映和表现反馈给领导，让领导知底和知情，这是内部沟通。将顾客和相关方的要求传递给企业领导和员工，并把企业的应对反馈给顾客和相关方，这是外部沟通。有的企业将沟通称为“信息交流”，包括发出、传递、接收、处理和反馈。现在，不少企业已经将信息交流“可视化”了，即用公开化和透明化视觉显示来沟通，也可称为“看得见的管理”。例如把合同数量变化、应收应付资金、交付期的准时率、产品产销率、销售利润率、顾客满意率、高端用户使用率、设备完好率和运转率等信息统计分析并形成企业生产经营“晴雨表”。让企业每位员工在视频设备上看到本企业今天是“晴天”还是“阴天”，从而与自己的工作联系起来，这对持续改进质量经营具有非常重要的作用。

2.10 具备企业家的素质和水平

在质量经营中领导的素质和水平起着重要的作用。企业领导者应带头树立符合时代要求的人生价值观、道德行为、远见卓识、经营艺术和人格魅力。

人生价值观就是对人生和价值的看法。人生价值观含义非常广泛，包括人生政治价值观、经济价值观、文化价值观和法律价值观等。企业领导的人生价值观主要是指企业领导的经济价值观，它对企业的成败具有重要作用。经济生活是人生的基础，经济价值观是人生价值观最重要的内容之一。企业领导的人生经济价值就是他的人生和企业对社会、对国家、对人类做出力所能及的贡献的观念。目前，中国的经济正在向小康社会发展，企业最大的经济价值，就是为建设中国特色社会主义的经济做出贡献。因此，企业领导在选择人生的经济价值时，应认清使命和位置，发挥作用和做出贡献。企业的生存和发展都应为建设中国特色社会主义经济做出具有人生价值的选择。例如鞍钢领导把将本企业建设成为最具有国际竞争力、能够引领世界钢铁工业发展的特大型跨国集团作为使命，体现了企业领导对社会、对国家、对人类做贡献的人生价值。又如太钢的领导考虑到经济形势复杂多变、市场形势跌宕起伏，将转型发展和实现再跨越作为企业的责任也体现了企业领导正确的人生价值观。对比之下，某些“瘦身钢筋”的企业，其领导的人生价值就是损人利己和损公肥私，不仅经济价值观，包括法律价值观也是对社会、对国家，甚至对人类有罪的。现在还有不少地方民营钢铁企业在与国家发展战略和产业政策“博弈”，暴露出这些企业领导的人生价值观，与国家和人民利益相悖，其前途也必将没落。

企业家的道德行为也是素质和水平的表现之一。道德行为是一切具有善恶价值并承担道德责任的活动。在企业内对善恶价值有判断，在社会上对道德责任有承担。

企业家的素质和水平也体现在远见卓识和经营艺术上。特别是对未来市场的敏锐洞察力是企业家极端重要的素质。例如国际著名的企业家、微软公司董事长比尔·盖茨当年就预见到，将来每个人的桌上都会有一台个人电脑，而操作系统是微软的产品。比尔·盖茨使计算机成了人们日常生活用品，而且改变了每一个现代人的工作和生活方式。于是比尔·盖茨也成为了世界首富。

海尔总裁张瑞敏说：“企业家只有两只眼睛不行，必须要有第三只眼睛。要用一只眼睛盯住内部管理，最大限度地调动员工积极性；另一只眼睛盯住市场变化，策划创新行为；第三只眼睛用来盯住国家宏观调控政策，以便抓住机遇，超前发展。”可以看出企业能够从优秀发展到卓越，企业家的远见卓识和经营艺术非常重要。

第3章

明确发展战略

3.1 什么是企业发展战略

企业战略是一种计划，用以整合组织的主要目标、政策与活动次序。

企业战略思想是指导经营战略制定和实施的基本思想，是企业领导者和职工群众在生产经营中发生的各种重大关系和重大问题的认识及态度的总和，对企业经营者和职工群众在生产经营活动中，起着统率作用、灵魂作用和导向作用。

企业战略方针是指企业为贯彻战略思想和战略重点，所确定的生产经营活动应遵循的基本原则、指导规范和行动方略，起着指导作用。

企业战略目标是指企业以战略思想为指导，根据主客观条件的分析，在战略期内要达到的总水平，是经营战略的实质性内容，是构成战略的核心，正确的战略目标是评价和选择经营战略方案的基本依据。

企业战略重点是指那些对于实现战略方针和目标具有关键性作用的工作，是企业资金、劳动和技术投入的重点。

企业战略阶段是根据战略方针目标的要求，在规定的战略期内所划分的若干阶段。

企业发展战略是企业面对激烈变化、严峻挑战的环境，为求得长期生存和不断发展而进行的总体性的谋划。企业发展战略也是企业长期追求的目标和共同行动纲领，不仅包括发展理念、战略使命、战略方针、战略目标，还要体现出企业的特征和特色、企业发展的全局和未来、企业所属行业的特征和所在区域的特征，也要充分考虑执行战略的能力和差异性。企业发展战略是企业基本性、整体性和长期性战略。

一个合理的战略必须能够切实反映三个问题，即得到企业内部广泛认同的目标、对行业竞争环境的深刻理解和对资源的客观评价。

企业战略也是一定时期内对企业发展方向、发展速度与发展能力以及发展质量的重大选择、规划及策略。企业发展战略可以帮助企业指引长远发展方向，明确发展目标和发展能力。发展战略的真正目的就是要解决企业发展存在的问题，实现企业快速、健康、持续发展。

3.2 企业发展战略包括哪些内容

企业发展战略的特点是具有整体性、长期性和创新性。所谓整体性是指企业发展战略策划时应考虑企业的整体性问题，而不是局部性问题；所谓长期性是指企业的发展战略是长期的策划，而不是短期计划；所谓创新性是指企业的发展战略具有创新思路，而不是保守观念。

企业发展战略是一种计划，用以整合组织的主要目标、政策与活动次序。企业发展战略包括企业经营战略、融资战略、竞争战略、品牌战略、技术开发与创新战略、资源（人才、物力和财力）开发战略和信息化发展战略等。企业发展战略虽然有多种，但基本属性是相同的，都是对企业的谋略。

目前部分企业在战略管理方面存在以下几个方面的问题：

（1）部分企业的战略没有反映出钢铁行业的特征。如某钢铁企业的战略是“求实创新，稳健发展，超越自我，服务社会”。这样的战略不仅放在钢铁行业合适，放在化工行业、食品行业等其他任何行业也都合适，即这种战略没有体现出行业特征，更没有体现出企业自身的特色。

（2）过分追求具体的经营目标。许多钢铁企业在描述自己的战略时，常常强调销售额、市场占有率、产量、利税指标，乃至能否进入世界500强等。这体现出企业过分追求具体经营指标而缺乏长远规划，只看重数字而忽略其具体的支撑条件，提升企业内在价值还没有得到应有的重视。

（3）规模扩张的惯性仍然较大。钢铁工业是规模经济明显的行业，但仅仅拥有规模并不代表拥有竞争优势。事实上，企业的竞争优势主要来源于企业的无形资产，也即企业的内在经营管理能力，如企业的核心知识和技术、管理能力、对未来的洞察力、客户关系、运作能力等。这些能力是别的企业难以用钱从市场上直接购买的，它们才是真正的为客户创造独特价值的源泉。回首我国钢铁企业前几年在特殊背景下的规模扩张，基本上是有形资产的扩张，这对企业内在竞争力的提升是非常有限的。但从调研情况看，只有少数企业明确提出从规模扩张转向质量提升上来。而国际上成功的钢铁企业很少有将自己的战略概括成几个数量指标，尤其是将规模视为头等大事。

3.3 发展战略中的经营战略

经营战略是指企业面对激烈变化的环境、严峻挑战的竞争，为谋求生存和不断发展而做出的总体性、长远性的谋划和方略，是企业家用来指挥竞争的经营艺术，是由企业最高管理者所担负的工作，制定战略和指挥战略的实施是最高管理者的主要任务。

经营战略是在符合和保证实现企业使命的条件下，在充分利用环境中存在的各种机会和创造新机会的基础上，确定企业同环境的关系，规定企业从事的事业范围、成长方向和竞争对策，合理地调整企业结构和分配企业的全部资源。从其制定要求看，经营战略就是用机会和威胁评价未来的发展环境，用优势和劣势评价企业现状，进而选择和确定企业的总体、长远目标，制定和抉择实现目标的行动方案。

经营战略是指运用战略对整个企业进行的管理，在经营战略的指导下进行，贯彻战略意图，实现战略目标；从狭义上看，是指对企业经营战略的制定、实施和控制过程所进行的管理。

明确企业发展战略，特别是经营战略是质量经营的重要组成部分。经营战略是指企业面对激烈变化的环境、严峻挑战的竞争，为了谋求生存和发展而做出的总体性、长远性的谋划和方略，是企业领导用来指挥竞争的经营能力。

经营战略包括指定产品的产品战略、价格战略、营销战略等。但是经营战略不是在这些不同领域中各个独立制定的，而是包括产品、价格、营销等整体问题。经营战略的制定工程一般包括四个主要步骤：第一步是分析市场和竞争形势；第二步是准确定位经营战略的目标；第三步是根据基础选择制定的整体经营战略，包括产品、质量、品种、价格、营销和宣传等内容；第四步是经营战略确定后，以操作的行动来评价或改进。

经营战略是企业面对激烈变化、严峻挑战的环境，为求得长期生存和不断发展而进行的总体性谋划。对现有产品来说，应扩大现有市场，开拓新市场；对新产品来说，不仅适应现有市场的要求，更应满足新市场的多元化要求。质量经营战略是企业在整个生产经营和资本经营活动中，必须以人为本，以顾客为关注焦点，以提高质量效益为中心，企业的一切活动都必须围绕着质量行为，将质量管理与控制提高到战略的高度上来。

企业经营战略离不开经营环境的分析，企业经营环境的分析是企业经营战略选择的条件和基础。企业的经营环境包括外部环境和内部环境。外部环境为企业经营既提供条件，也具有约束作用。内部环境主要是指企业物质条件和精神条件。当前，世界经济在缓慢复苏，钢材的需求具有小幅增长，有利于我国钢材产品出口；但是我国钢铁产量仍然过高，原材料降价空间缩小，钢材价格难以大幅度提高，仍然在影响钢铁企业的经济效益。为了规范市场竞争秩序，有利于钢铁行业公平竞争，政府要求钢铁企业提高产品质量、节能减排、安全生产、淘汰落后产能和承担社会责任。钢铁企业的发展战略应以提高经济效益为中心，加快改革，通过结构调整、技术创新、强化管理和降低成本来提高运行质量和效益。

3.4 发展战略中的融资战略

融资战略是指企业为了有效地支持投资所采取的战略，融资战略不仅直接影响企业的经济效益，也还影响企业的归还债务和财务风险的能力。融资战略是指通过资金的组合及运用，确定最佳的投资方向和投资规模的策略。融资战略是从发展战略出发，适当地安排自由资金和借入资金的比例，既要有效利用外资，也应充分发挥自有资金的作用。

企业的融资是指企业对自己目前所持有资金的一种运用，来源或是企业内部的积累，或是借贷，以用来购买实际资产或金融资产，或取得这些资产的使用权。企业投资作为企业实际资本形成的经济运行过程，同时也是资本或投资品的耗费过程。企业在不同发展时期，应具有不同的融资策略。例如在创业时期，应选择好的投资者，尽可能不贷款。在高速成长期，应利用银行或投资机构的资金，冷静选择志同道合者。在稳定成长期，应还钱、上市、增加现金流和自有资金率。自有资金比率反映企业自有资金在全部资金中所占比重。自有资金比率究竟以多高为合适，应根据行业的特点和资金市场的形势来定，同时还要考虑到自有资金中固定资金和流动资金的比例。过去企业财务管理的主要内容是资金管理、成本监控、收入分配以及处理好各种财务关系。现代财务管理的主要内容还包括投资决策、融资决策和股利决策。

企业的投资方向是以企业经营目的确定的。质量经营也关注企业的投资方向，也就是说确定企业究竟在哪个经营范围投资，是扩大产品生产能力，还是提高质量、扩大品种和降低成本。不同的投资方向对于企业投资的效益也会大有不同。

在企业的不同的发展阶段，投资的方向也应有所不同。在企业初创阶段，技术成熟程度比较低，市场不确定因素也比较多，企业短期偿债能力比较差，因此一般采用风险偏小的股份融资模式。在企业发展阶段，技术相对成熟，市场风险相对偏低，产业化生产逐步实现，一般采用夹层资本融资模式。在企业成熟阶段，技术风险和市场风险明显下降，企业盈利能力完全显现，一般采用低成本的债券融资模式。在企业持续发展阶段，公司规模和盈利能力上一新台阶，各种经营能力相对稳定，融资渠道是首次公开募股或被其他投资人收购。

对于企业的经营和发展来说，科学地确定投资方向具有十分重要的意义。如果企业投资方向正确，会使企业具备更强的市场竞争力，获得更高的经济效益；如果投资方向不正确，经济效益将降低或亏损。

企业投资决策主要依据企业的战略方针、目标或指标，也与项目大小、投资规模、技术水平、厂区布局、资金筹措、预期收益等有关。

目前有的钢铁企业为了改善效益在注意控制产量，尤其是处于亏损状态的钢铁企业，按照“没有订单不生产、低于成本不生产”的原则组织生产，避免陷入“越生产越亏损、越亏损越生产”的局面。另外也主张拓宽融资渠道、降低融资成本、控制财务费用等，为钢铁企业扭亏为盈发挥一定的作用。钢铁行业自有资金不足，股市融资困难，企业债券发行成本过高，但银行借款仍然持续增加，负债水平处于高位，一些企业资金风险加大。

据说有一个钢铁企业，省政府官员忽悠让该公司提高产量到1000万吨，大量贷款，到2012年年底，负债总额达到240亿元，资产负债率为99.78%，到今年一季度负债总额有所下降，但仍然有190亿元。但该企业产品一般，质量有限，经营困难，今年银行已经开始收贷，导致资金链断裂。今年上半年给员工只发了3个月的工资。目前该公司用大量贷款建设的4座高炉仅生产一座，日产不到3000t。2012年，该公司总亏损额超过14亿，平均每卖1t钢材亏损200元。目前亏损仍然不减，流动资金枯竭，生产难以为继。也许钢铁行业也还有类似的企业。这与政府职能的缺位、错位和越位有很大关系，没有让市场竞争、资源配置和产品创新发挥基础作用。

不久前，某石化公司急需一根直径1000mm、壁厚70mm、长度6m的双相不锈钢无缝管，并在全球（包括国内和国外）招标。有一个不锈钢管小企业，采用创新的热轧技术，一次成型满足了顾客要求。这不仅是国内首创，在国际上也是一种取代锻造生产技术的创新生产技术。这个企业是自有资金，基本没有贷款，年销售额虽然仅有8亿元，而经济效益接近2亿元，关键是生产差异性产品，满足顾客特殊要求。这个企业的经营理念是：适应重要市场和顾客需求，改进生产技术和设备资源，确定最佳投资方向和规模，提供差异性和创新性产品，关心和提高顾客和员工的满意度。

上述这两家企业的差异，说明企业经营理念和管理模式有很大的不同。企业投资决策也是质量经营的重要内容，是企业有效发展的前提。

3.5 发展战略中的竞争战略

竞争战略是在企业发展总体战略的制约下，提高企业竞争力的战略。企业竞争战略要解决的核心问题是，如何通过确定顾客需求、竞争对手的产品和本企业产品这三者之间的关系，来确定本企业产品在市场上的竞争地位。

例如宝钢多年来坚持发展高端产品，提高企业竞争力，在汽车板、电工钢和金属包装材三大战略产品的基础上，又新增了能源及管线用钢、高等级船板及海洋工业用钢、高端薄板等三大战略产品，在国内市场占有竞争优势，甚至是居于主导地位。

首钢总公司董事长靳伟提出，首钢京唐公司面对市场严峻形势，针对自身存在的问题要努力实现四个“转变”，即产品结构进一步向高中端转变、产品制造进一步向低成本转变、盈利模式从产品制造商向综合服务商转变、产品结构从钢铁生产向产业链延伸转变。这是明确企业发展战略的典型，也是质量经营发展战略的典型模式。

太钢为了提高竞争优势，开发出一批重要战略产品，有许多不锈钢产品的市场占有率领先。久立是民营企业，该公司强调与国际水平接轨，自主研发新产品来替代进口，实现高端不锈钢产品国产化，是该企业发展的目标。利用国际化的生产技术、国际化的经营理念和国际化的管理模式进行不锈钢管的生产，使企业的产量、规模和装备水平都达到国际领先水平，做到“长特优、高精尖”一直是该企业生产经营的指导思想，具有较强的竞争力。高端产品营业收入及利润占比持续提高，公司整体盈利能力稳定提升。2013年，该公司实现营业收入28.49亿元，比上年同期增长7.09%；实现净利润2.21亿元，比上年同期增长37.28%；其中属于母公司股东的净利润2.17亿元，比上年同期增长40.22%。

沙钢是以“做精做强钢铁主业、做大做优现代物流、做好做实非钢产业”为战略导向，坚持突出“质量、效益、效率”三大重点。2013年，沙钢实现利税57.8亿元，利润20亿元，提出2014年度生产经营的主要奋斗目标：完成铁产量3260万吨，钢产量3600万吨，钢材产量3560万吨，实现利税92亿元。

3.6 发展战略中的品牌战略

品牌战略是企业将品牌作为核心竞争力，以获取差别利润与价值的企业经营战略。美国的微软软件、日本的索尼电器、德国的奔驰汽车、中国的茅台白酒等是世界名牌产品。

2013年6月，世界影响力组织发布的全球家电市场调查研究指数将海尔空调列入“世界名牌”行列，海尔空调成为国内唯一被该组织认定为“世界名牌产品”的空调品牌，海尔空调是中国最具价值品牌。

美国科特勒咨询集团（KMG）2011年6月，帮助宝钢集团制定了“宝钢集团品牌战略计划和实施方案”，成为支持宝钢集团实现总体战略转型的关键步骤。在战略中，宝钢规划了新品牌定位、品牌核心价值、品牌架构、品牌管理组织、品牌管理流程、品牌传播管理、品牌资产检测等，为宝钢品牌持续发展打下了基础。2011年11月，KMG又帮助宝钢制定了打造“宝钢不锈”要素品牌的战略和具体实施计划。

品牌战略包括品牌的决策、选择、界定、规划、管理和远景等管理内容。品牌化决策是指企业是否一定要给产品加注品牌名称的决策。选择是选择综合性的单一品牌还是多元化的多品牌，是联合品牌还是主副产品。界定是确立品牌的内涵和未来发展领域。管理是从企业组织结构与管理机制上为品牌提供保障，在上述规划的基础上为品牌的发展设立远景。

我国钢铁工业的粗放式发展模式已经走到了尽头，今后必须加强产品创新，实施品牌战略，促进企业的健康发展。宝钢的汽车用钢板、鞍钢的中厚钢板、武钢的硅钢、太钢的不锈钢、马钢的车轮和轮箍应是我国的钢铁名牌产品，而海洋工程用钢、船舶用钢、汽车用钢、电工用钢、高强度螺纹钢和钢结构用钢等应是发展品牌战略的对象。

3.7 发展战略中的创新战略

企业的创新战略也是企业发展战略的重要组成部分，包括产品创新、技术创新和管理创新等。

产品创新是企业生存和发展的基础。中国已经加入 WTO，我国经济将全面融入全球经济一体化进程中，市场竞争将越来越激烈。产品创新主要是为了满足国际和国内市场竞争的要求，创新高质量、多品种、技术含量和附加值高、节能减排的产品，主要包括能源用钢、船舶用钢、海工用钢、汽车用钢、高铁用钢、建筑用钢和重要的特殊钢等。

技术创新是提高企业竞争力的根本，企业的核心竞争力是各种生产要素的组合，技术是企业竞争力的核心。技术创新主要是开发绿色和可循环的钢铁生产技术，低碳、高效、节能、长寿、低成本、高性能、高质量和高精度技术，信息化和智能化技术。宝钢以当代科技为依托，注重技术进步和技术改造的投入，实施技术创新战略后，科技成果转化率达到95%以上，被国家确定为全国首批技术创新试点企业。

管理创新也非常重要。一个企业的生存发展就是依靠管理创新。对钢铁企业来说，生产质量、财务风险、节能减排和生产安全的管理创新是影响企业发展壮大的四大要素。当前主要是应调整结构和转型升级，促进钢铁企业以市场需求为导向，以经济效益为中心，提高企业的经营和管理水平。

3.8 发展战略中的资源开发战略

企业的资源包括人力、财力、物力和信息资源。

3.8.1 人力资源开发战略

人力资源是能够推动企业健康发展、具有智力和体力的员工。企业的发展需要员工的支持。企业领导应懂得，员工绝不仅是一种工具，其主动性、积极性和创造性将对企业的生存与发展产生巨大的作用。为了取得员工的支持，就必须对员工进行激励，调动员工积极性是管理激励的主要功能。建立有效的激励机制，是提高员工积极性、主动性的重要途径。

人力资源是企业的核心竞争力、持久创新力和改善力，企业应根据发展战略建立“以人为本”的人力资源开发和管理的工作系统、激励机制、员工培训与教育体系，以发挥和调动员工的潜能，并说明组织如何营造充分发挥员工能力的良好环境。

人力资源的开发主要是为了发挥和调动员工的能力和潜能，即慧眼识人（评估）、理性育人（培训）、专注用人（使用）、宽厚待人（条件）和真诚留人（机制）。人力资源开发战略应包括：以人为本、管理和开发并重、建立激励机制、重视培训和教育、营造良好的环境、发挥员工的积极性和创造性。

3.8.2 财力资源开发战略

资金是企业财力资源的重要表现形式。

企业的财力资源包括现实财力和潜在财力。企业的财力资源也包括自有资金和借入资金。企业财务开发战略包括筹资、投资和收益分配战略。过去企业财务管理的主要内容是资金管理、成本监控、收入分配以及处理好各种财务关系，而现代财务管理的主要内容还包括投资决策、融资决策和股利决策。

财力资源战略需要从两个方面进行调整：一方面是调整企业财务投资战略，加大基础项目的投资力度；另一方面是加大财务制度创新力度。

财务资源开发包括：财务信息资源的内容和载体形式、财务资源的配置与企业单位的管理相匹配、通过财务资源管理使企业的管理与外部环境相适应和使财务管理活动与企业单位的其他经营管理活动形成互动，使效率和效益达到最大化。

目前，钢铁行业企业盈利能力下降，资产负债攀升，企业资金紧张。钢铁企业应加强财力管理，有效压缩库存，控制应收账款，加速资金周转，提高资金使用效率，提高流动比和速动比，降低负债率。进一步管控融资、降低成本和防范资金风险应是钢铁企业财力资源管理的重点。

3.8.3 物力资源开发战略

物力资源是指企业生产经营所需的土地、厂房、建筑物、构筑物、设备、工具、仪器、运输器具、能源、动力、原材料和辅料等。物力资源的管理主要包括采购管理、定额管理和仓储管理等。

企业物力资源战略是指企业根据总体战略的要求，对企业生产经营活动所需物力资源的采购、开发、租赁、利用和节约等，所做出的长远性的谋划与方略。

物力资源开发战略就是运用现代科学管理的方法和技术，合理有效地组织、指挥、调节、监督生产资料流通中的各项经济活动，以最少的劳动消耗，取得最大的经济效益。在物力资源管理领域积累更多的宝贵经验，在计划、采购、使用、储备等各重要环节的管理模式上有所创新，取得新的突破和进展，包括改革产品设计和先进技术、采用新材料或代用料、采用先进的用料方法或加强定额管理和仓储管理等。

3.8.4 信息资源开发战略

信息资源与企业的人力、财力、物力和自然资源一样，也是企业的重要资源，而且是企业发展的战略资源。信息资源是企业生产及管理过程中所涉及的一切文件、资料、图表和数据等信息的总称。它涉及企业生产和经营活动过程中的一切信息资源，贯穿于企业管理的全过程。信息资源包括生产信息、技术信息、客户信息、市场信息、社会和金融信息等。信息资源对企业的经营具有重要作用。

信息资源开发包括寻找信息来源、开拓信息渠道、建立信息库存和加速信息传递，也就是说信息资源开发包括信息资源的策划、分析、设计、实施和维护等过程。信息资源开发战略主要包括：明确遵守国家法律法规的信息、了解市场和顾客需求的信息和提供有利于有效生产和经营活动的信息。企业的信息资源充分，有利于增加产量、改进质量、优化结构、提高效益，实现信息化建设具有重要作用。

3.9 发展战略推动转型升级

推动转型升级是我国钢铁行业的发展趋势。转什么型，升什么级，也需要深入探讨。钢铁企业应推动产量效益型和成本效益型向以市场需求为发展方向的品种质量效益型转型，为此应推动技术升级、管理升级、产品升级和企业升级。推动上述的转型升级不能只靠管理机制，关键是要靠经营理念。

只有在以顾客和相关方利益为关注焦点的经营理念指引下，强化市场机制才有可能有效运行。机制是管理模式，经营是体现理念。强化市场机制是根据市场需求和顾客利益，创新和提供能够给顾客增值的产品，从顾客增值效益中获取回报，提高钢铁企业的经济效益。在企业内部“模拟市场核算，实行成本否决”，来提高经济效益或扭转当前微利或亏损问题，并不见得是属于完整的市场机制，在某种程度上是最高经营者将企业的经营责任（特别是提高经济效益）下放给基层了。基层没有法人权利，却要承担法人责任和义务，不见得是合理的和适宜的。

企业的发展战略一般是领导制定的，领导应对发展战略负有全责，部下只不过是战略的执行者。企业发展战略是由最高经营者负责的，基层只负责执行和完成战略规定的任务和目标。推动转型升级过程中质量经营具有重要作用；但是“模拟市场核算，实行成本否决”的发展战略只靠降低成本来提高效益，而没有考虑技术创新所带来的增值。降低成本的效益是有限的，技术创新的业绩是无限的。

宝钢建立“以顾客为中心”的经营模式和“市场倒逼”长效机制，秉承“打造服务最好、速度最快、成本最低的最优营销价值链”的服务理念，长期以来一直坚持以用户需求为导向，坚持三个“就是”的承诺：用户的标准就是宝钢的标准、用户的计划就是宝钢的计划、用户的利益就是宝钢的利益。宝钢致力于与用户结为战略伙伴，强化与用户的协同效应，重视服务增值对最优营销价值链的贡献，追求与用户实现共赢。宝钢的这种发展战略、经营理念和管理机制是转型升级的重要典型，很值得钢铁行业学习和借鉴。

3.10 企业发展战略的实例

海尔针对市场形势，明确企业的发展战略。在20世纪80年代是以创名牌、保名牌为核心，带动整个企业向持续、稳定、健康方向发展的名牌战略；到90年代，便谋划多元化战略，包括产品的多元化、市场的多元化、投资区域的多元化和资本的多元化；在20世纪末则发展为国际化战略，即企业产品与服务在本土之外的发展战略；到了21世纪初，发展为全球化品牌战略，即立足于全球市场发展自己的品牌，从而成为全球性知名品牌。现在海尔的发展战略是网络化战略，体现在三个方面：企业无边界、管理无领导、供应链无尺度，即发展为互联网时代的平台型企业，大规模定制，按需求设计，按需求制造，按需求配送。

宝钢的发展战略是“一条主线”、“两个转变”和“一个落脚点”。“一条主线”是围绕规模扩张这一未来发展主线；“两个转变”是实现从精品战略到“精品+规模”战略转变，实现从新建为主到兼并重组与新建相结合的扩张方式的转变；“一个落脚点”是达到增强实力的目的。宝钢认为：我们所面临的，是十分严峻的内外部环境，各种问题和挑战不容回避。世界经济艰难复苏，中国经济增长内生性动力不足，结构性矛盾突出，国内钢铁同质化竞争加剧，环境压力巨大，企业微利经营。就宝钢自身而言，我们的战略转型已经起步，但前进的步伐还不够快、不够扎实。要真正实现“从优秀到卓越”，需要在以下三个方面取得更大的进步：首先，我们要掌握和拥有一批世界最领先的技术，成为钢铁技术的领先者，并以此为基础，满足和引领用户对于未来材料的需求；其次，我们要继续践行环境经营，成为绿色产业链的驱动者，把钢铁业打造成节能环保、环境友好、支撑国民经济快速发展和人民群众消费需求升级的绿色产业，引领行业的可持续发展；再次，我们要成为员工与企业共同发展的公司典范，努力做到让股东满意、员工喜欢、社区认可，成为战略供应商和客户不可或缺的价值链伙伴。宝钢将继续坚持“精品+规模”战略，以环境经营为抓手，创新驱动，转型发展，积极培育面向未来的核心竞争力，以更强大的能力更好地履行我们的责任。我们相信宝钢可以成为一家“卓越”的公司。

鞍钢的发展战略是：在成长方式上，从投资新建为主向投资新建与兼并重组并重转变；在产业布局上，从内陆发展向沿海发展和国际化经营转变；在自主创新上，从核心技术的“追随者”向“领跑者”转变；在对外输出上，从单一的产品输出向技术输出和管理输出转变。鞍钢为了推进管理创新，以客户需求为驱动，以价值创造为导向，以竞争力提升为核心，以战略管理为主导，通过组织再造和流程再造，建立科学高效的现代管理模式。其环境（背景）是充分利用自身资源优势，加强国外资源开发，为企业中长期发展提供资源保障；提升自主创新能力，形成核心技术优势，在可持续发展支撑技术领域实现新的跨越，在高附加值、高技术含量产品开发领域取得新的突破。为了实现节能减排，开发应用先进的节能环保技术，改造现有的生产工艺装备，建设生态文明型企业。

武钢的发展战略是：从质量效益发展为多元化战略，实质上是在发展钢铁产业的同时，发展非钢产业。钢铁产品仍然是武钢的品牌和根基，是武钢核心竞争力，也是发展多元化产业的基础与支持，在重视发展钢铁企业的同时，也在科学地发展非钢铁企业，继续发展质量效益型的战略。这反映了武钢在以自身产业继续发展延伸和提高的同时，也在发展非钢产业，提高企业综合实力和抗风险能力，为武钢的持续发展创造条件。武钢认为“质量是企业的生命，质量是武钢的生命”，为此提出三个“不”，即不能让1t不合格的原料进厂，不能让1t不合格的半成品进入下游，不能让1t不合格的产品流向社会。还有“两化”，即管理规范化和操作标准化。另外，还有严格管理，“不为错误找借口，只为成功想办法”。这是武钢质量效益型企业的战略优先和管理承诺的具体政策、承诺和管理。目前为了适应我国经济发展和钢铁行业发展的新形势，提出“一三五”的转型发展战略，即围绕建设具有国际竞争力的世界一流企业目标，加快推进企业由单纯的生产经营型向质量效益型转变，由一业为主向一业特强、适度多元化转变，由内陆发展向沿海、国外转变发展，着力打造质量武钢、创新武钢、数字武钢、绿色武钢和幸福武钢。

沙钢的发展战略是：大力推进产品结构、技术结构和装备结构的调整升级；大力开展节能减排，发展循环经济；通过并购联合，资产重组，进一步提高产业集中度；建设具有强大核心竞争力的生产基地。沙钢确立“打造精品基地，建设绿色钢城”的战略目标，每年明确提出质量创优指标，并将其层层分解、落实责任，列入经济责任制与奖惩挂钩进行考核。严格实施质量否决，使全公司纵向到底、横向到边、纵横连锁的质量管理体系真正落到实处，促进了产品实物质量和服务质量的全面提高。沙钢开发了设备管理系统、采购合同管理系统等计算机管理软件，在全公司范围内进一步实现了生产、质量、采购、销售等流程的统一化、标准化、集成化。另外将“用户的标准”作为企业的生产标准。沙钢树立“用户的标准就是企业的生产标准”的理念，建立健全产品标准管理体系，采用国际、国内先进标准组织生产，并根据顾客要求进行标准体系的不断完善和提升，严格实行全员质量责任制，对影响产品质量的指标实行质量一票否决制，促进产品质量稳定提高，不断提升沙钢品牌的美誉度，拓展了国内外市场。这种环境和背景是沙钢发展的基础和优势。

河北钢铁集团的发展战略是：做精做优钢铁主业，继续保持钢铁主业规模优势，提升钢铁主业竞争力。立足现有装备条件，重点提高产品精深加工比例和附加值，积极推进产业链向下游战略用户延伸，形成以战略产品为引领、特色产品为支撑、传统产品为基础，抗市场波动风险能力强的品种结构，成为通用产品市场的领军企业和战略产品市场的主导企业；并推进多元化战略，充分借助钢铁主业庞大的资源平台，以延伸钢铁产业链、提升价值链为主线，重点发展矿山资源、钢铁贸易、现代物流、金融服务、装备制造、节能环保等非钢产业，提高市场化、专业化发展水平。

钢铁企业的经营战略也应以产品质量和品牌为核心竞争力，在做强、做专和做精钢铁主业的同时，适当发展非钢产业，特别是钢铁产品的延伸产业，提高企业的综合实力和持续发展能力。

第4章

满足顾客要求

以顾客要求为关注焦点和满足顾客要求是企业质量经营的核心，企业关注的不仅仅是顾客现实的要求（need），还应考虑顾客隐含的期望（want），并进一步考虑顾客潜在的需求（seed），提供有魅力的产品。

4.1　了解和确定顾客的要求

为了使企业提供的产品或服务能够满足顾客要求和赢得顾客满意，企业通过各种途径和方法了解和确定顾客的要求，包括明示的要求、隐含的要求、潜在的要求以及法律法规要求。

（1）明示的要求：一般是指顾客能够明确表达的产品或服务的特性。这些特性也正是企业为满足顾客所能够提供的特性。明示的要求包括对交付及交付后活动的要求。明示的要求可以体现在产品标准、技术条件或合同中。例如钢材订货时约定的化学成分、力学性能、尺寸公差和表面质量等。当然这些要求是必须保证的。

（2）隐含的要求：一般是指顾客对企业的产品或服务特性没有表述的特性，但又是非常重要的特性。顾客虽然没有明示，但规定的用途或已知的预期用途所必需的要求；没有明示但规定的用途或已知的预期用途所必需的要求可以视为隐含的要求。例如用于拉丝用的线材，在标准和技术条件中虽然没有规定在拉丝时的断头数，但是对（规定的用途或已知的预期用途）拉丝来说，断头是不允许的要求。即使没有明示，也应当予以保证。

(3) 潜在的要求：潜在的要求包括未来的要求和偶然的要求。未来的要求一般是指顾客期待企业所提供的产品或服务的质量特性，必须是有竞争力的特性。偶然的要求一般是指顾客也没有想到的产品或服务的特性。这种特性可能具有特殊性、差异性或多变性，不同于其他竞争产品。

(4) 法律法规要求：与产品有关的法律法规要求越来越多，例如建筑材料和造船钢板的强度级别。易切钢不应含铅，含有砷和铍的钢种也应受到限制。在包装材料中也应选择容易降解的材料，这些均有严格的法律法规要求。

(5) 附加要求：附加要求就是所谓的 $+\alpha$。α 是高于或严于标准规定的产品特性。α 首先是顾客提出的，是顾客从其产品需要出发提出的要求，很可能是工艺特性要求（例如汽车板的冲压性、耐蚀性或可焊接性等），而把这种要求转化为产品特性（例如 n 值、r 值、腐蚀的电化学性能或碳当量等）。α 也是企业设计和开发过程的输出。如果企业没有自主创新能力，那么就不可能有 α。例如日本汽车用的曲轴和连杆用易切非调质钢，虽然与我国的标准和钢号几乎全部一样，但是为了提高汽车传动系统的性能和寿命，对氧化物与硫化物的形态特征具有特殊要求（体现在供货合同或协议上的 α）。α 是企业的 Now How。也就是说标准 $+\alpha$ 不是随便可以实现的，它需要企业的技术创新和积累。

企业应进行充分的调查分析，并对顾客对产品的要求加以确定，包括明示的、隐含的、潜在的、法律法规的和附加的要求，为本企业的产品定位提供"基于事实决策"的依据。明确顾客要求并加以量化是与顾客有关过程的重要活动。

当企业接收顾客订货时，应当认真地评审顾客对产品的具体要求，包括质量、价格和交付期，使企业不仅了解顾客的具体要求，而且还应清楚地判断是否能够满足顾客要求。目前，有些企业不是顾客需要什么产品而生产什么产品，而是企业生产什么产品就给顾客什么产品。为了追求最大利润，不考虑顾客能否承受。为了企业单方利益，超资源订货，甚至顾客已经预付货款，也不按时交货。损害双赢关系，最终必将损害企业自身的长远利益。

4.2 提高产品质量，满足顾客要求

为了满足顾客需求，企业应推进顾客满意活动。推进顾客满意活动一般

包括以下内容：

（1）提供满意的产品或服务。优质的产品和良好的服务是赢得顾客满意的基本条件。首先，企业营销人员必须通过了解顾客需求，确定顾客满意的产品或服务；然后设计、开发、生产和提供顾客满意的产品或服务。

（2）提供增值的产品和服务。在提供某种产品或服务的基础上，企业如果能够提供使顾客增值的产品或服务，既可以使顾客获得更好的经济效益，赢得顾客的满意和信任，又可以与顾客建立长期合作、互利共赢的战略伙伴关系。

（3）提供沟通信息渠道。提供沟通信息渠道是顾客满意的重要组成部分。建立顾客关系管理系统，是企业实施质量经营的重要内容之一，包括CRM系统，可以有效地把各个渠道传来的顾客信息集中在一个数据库中，公司各个部门共享顾客资料数据库。同时，顾客也可以通过CRM系统了解他们的订货，在企业中生产和提供的情况。这样既有利于赢得顾客信任和稳定顾客关系，又有助于构建顾客与企业之间的牢固关系。

（4）加强和巩固顾客关系。加强和巩固顾客关系，除了不断地提高产品和服务质量外，还应明确顾客，特别是关键顾客查询信息、交易和投诉的主要方式，明确处理投诉的过程和职责，建立顾客关系的定期评价方法等，以便增加顾客重复购买的频次和数量。另外，企业给予关键顾客以优惠和奖励，提供产品最新信息，定期举办沟通活动，加深与顾客的感情和信任，密切双方关系。

为了满足顾客的要求，产品质量仅仅达到标准要求是不够的，国际标准和国家标准是通用的和共性的准则，仅限于一般的规范性要求。即使满足国际标准和国家标准要求，产品的实物质量与顾客的特性化需求仍会存在很大的差距。在顾客订货时不是只以国家标准为依据，而主要是以企业的产品标准为主，以满足顾客的个性化要求为目标，在顾客使用过程中达到增值的效果，从而在市场竞争中建立本企业的品牌。

我国不少企业也有高于或严于国家标准的企业标准，但是多数只是作为对内部的控制，而不是对顾客的承诺，对满足顾客增值要求没有明显作用。产品结构的转变不只是解决规格品种问题，企业还应非常关注顾客对产品和服务的要求，包括适用性、变化性、超值性、差异性和综合性要求，提供顾客满意的产品。

为了满足顾客要求，宝钢对低温高磁感取向硅钢进行技术开发，并形成了年产高等级取向硅钢30万吨的能力，产品实物质量达到世界一流水平，广泛应用于三峡地下电站、溪洛渡、国网及南网等国家重大工程，改变了我国高端变压器用取向硅钢长期依赖进口的局面。

为了满足顾客要求，鞍钢不断提高船板质量，不仅与国内船板用户建立战略合作关系，还瞄准国际市场，为韩国三星、大宇、现代、STX等船厂提供了船板。为了更好地服务客户，鞍钢成立了国内第一家专业化的造船钢材加工配送企业，为船厂使用船板提供了更为优越的条件。

为了满足顾客对车轮产品质量的要求，马钢通过“扫楼梯式”管理方式自上而下、层层推进车轮质量检测整改工作，以强化管理实现车轮“零缺陷”出厂。马钢车轮轮箍厂目前是世界第二大车轮制造厂，国内铁路客车车轮有90%来自马钢，铁路货车车轮的市场占有率也达到50%以上。40多年来，马钢车轮轮箍厂向国家提供了1500余万件火车车轮轮箍产品，为我国铁路运输发展做出了巨大贡献。

“顾客满意”不应只从满足当前需求出发，更重要的是应了解顾客对未来的要求。“顾客满意”不只是对已交付的产品或服务的评价，同时也有可能提供未来的需求信息。这些信息为组织今后产品或服务设计和开发过程提供了重要输入，是技术创新的动力。“顾客满意”也不应只监测中间环节，更重要的是应监测最终用户。目前不少钢铁企业“顾客满意”的信息是从钢材经销商那里收集的，未必全部真实可靠。原因在于有些钢材经销商也不一定清楚终端用户的使用情况；另外，为了维持经销关系也未必能够如实反映问题。到钢材终端用户去了解产品或服务是否能够满足顾客增值要求，才能真实地反映顾客满意什么，不满意什么，才能有的放矢地去改进。有的钢铁企业为了满足顾客需求，到使用钢材的现场跟踪了解应如何进一步改进钢材质量，把“不满意”转化为“满意”。

4.3 监测顾客满意和不满意程度

监测“顾客满意”不应只监测满意信息，更应监测不满意信息。顾客对组织提供的产品或服务，满意和不满意是同时存在的。只了解满意或满意度，不了解产品或服务存在的缺陷和不足，是不可能获得产品或服务持续改进的信息的。顾客不提出不满意也并不意味产品或服务质量没有问题。在监测“顾客满意”时，如何能够了解到顾客不满意是非常重要的。顾客不满意并不完全等于产品或服务质量下降了，有可能是顾客要求有变化或者竞争对手的产品或服务质量提高了，如果不能及时了解这种信息，就会影响组织的竞争力。

“顾客满意”不应只从满足产品标准角度进行监测，更重要的是应从满足顾客隐含的或潜在的要求出发进行评价。国家标准是通用的和共性的准则，即使满足国家标准要求，产品的实物质量与顾客的特性化需求仍会存在一定的差距。为了提高顾客满意度，在订货时不应只以国家标准为依据，而主要是以满足顾客隐含的或潜在的个性化要求为目标，在顾客使用过程中达到增值的效果，从而在市场竞争中既赢得了顾客满意，又建立了本企业的品牌。

“顾客满意”并不只限于是顾客对组织提供的产品或服务是否满意的一种反映，更重要的是对质量经营的一种评价。确定获取和利用这种信息，不仅应重视监测方法，更应重视监测的内容和结果。不应只局限于从提供的产品或服务来进行“顾客满意度”调查，还应从用户意见调查、流失业务分析、顾客赞扬、投诉、索赔和经销商报告之类的信息，构成企业经营的“晴雨表”。为此，应对“顾客满意”进行正确的和完整的理解。

“顾客满意”不应只从狭义质量概念上来衡量，更重要的是应从组织的经营战略上来思考。现在多数钢铁企业的“顾客满意”调查内容是征求顾客对钢材化学成分、力学性能、表面质量、包装交付和异议处理等方面的意见。采用这些内容来监测“顾客满意”是低层次的，只能表示组织对顾客要求的符合性对应。高层次的监测内容应了解产品或服务对不同顾客的增值效应。同样的产品或服务提供给不同的顾客很可能要求具有不同的特性。了解和满足顾客的个性化和差异化需求，应是组织的经营战略。“顾客满意”的监视和测量是企业生产经营的“晴雨表”，顾客关系管理（CRM）应向顾客满意经营（CSM）转移和提升。

4.4 加强与顾客沟通过程

为了满足顾客要求，首先应加强与顾客沟通过程，包括：了解顾客需要的产品信息，认真接受顾客的反馈，包括顾客抱怨。企业应把与顾客沟通过程看成是质量经营的重要内涵之一，是与顾客结成战略伙伴关系的重要过程或活动。

与顾客沟通过程应是企业倾听顾客呼声并与之对话的过程和程序。首先应规定沟通的方式。顾客的日常意见或从各地的办事处或营销部门所得到的顾客信息也未必能够反映顾客真正的要求和期望。特别是中间商并不能反映最终用户的意见。为了了解顾客的要求、期望和意见，除上述渠道和内容外，必须对顾客的业务过程进行分析，从中找到顾客要求提供什么样的产品或服务。

首先应明确与顾客沟通的目的，主要了解顾客对钢铁产品使用的目的和要求，是用于房产建筑还是制造汽车，是航空用钢还是造船用钢，是用于燃气锅炉还是核能发电，是用于冰箱还是空调，是用于制造工具还是用于制造设备等，即使是同一种钢材，由于用途不同，对钢材的要求也不完全相同。与顾客沟通是为了向顾客提供满足要求的产品。满足要求不仅是满足标准要求，更重要的是满足使用要求。即使是标准要求也应了解是强制性标准，还是推荐性标准或志愿性标准，甚至是标准 $+\alpha$。同时应了解交付的方式、地点和时间，是通过营销商提供还是直接交付，交付的地点是顾客本身还是顾客的加工企业，是立即交付还是按期交付，是一次交付还是分期交付等。

其次也应确定了解顾客要求的方式，是采用文件了解还是到现场调查。有时到使用现场了解会对产品质量的符合性和有效性更明确。到现场调查不仅能够明确对钢材的具体要求，更有利于让顾客正确地使用产品和发挥产品的品种和质量的作用。

与顾客建立正常的沟通渠道，方便顾客了解企业的产品和服务，问讯有关订货、处理有关业务和接待顾客投诉，是企业以顾客为关注焦点的重要措施之一。不少企业建立了自己的网页，企业利用互联网与顾客沟通，顾客通过互联网可以查询订货的生产动态和反映对产品和服务的意见。企业应通过与顾客沟通进一步识别和评审顾客的要求，采取措施满足顾客要求，而不是只走走形式，应是明确沟通内容、形式和频次，从沟通中获得有益的信息。

宝钢提供了 EVI（Early Vendor Involvement，早期供方参与）技术服务，进一步加深汽车及零部件用户与宝钢的技术交流，以利于研发生产质量更好、强度更高、性能更优、更加环保和安全并能有效降低成本的汽车用钢。

4.5 正确处理顾客抱怨，提高顾客满意度

顾客抱怨可以为企业提供持续改进的信息，但是如何对待和处理顾客抱怨也是非常重要的问题，是否能够利用顾客抱怨信息来达到持续改进的效果，对企业来说是一种挑战。顾客抱怨有以下特点：顾客对企业提供的产品或服务不满意并不一定提出抱怨，顾客抱怨有时并不直接涉及不满意的产品或服务的原因，提供产品或服务的中间环境有时会掩盖或疏漏顾客抱怨，多数顾客可通过对问题的解释继续信任产品或服务质量，提供产品或服务的企业与顾客间经常沟通可以减少抱怨，顾客抱怨与问题的严重程度和处理问题态度有密切关系，顾客抱怨往往集中在已经得到承诺或利益的主要大用户，顾客抱怨久拖不处理会引起顾客更多不满或更多的抱怨。

在处理顾客抱怨时应分析顾客抱怨的原因，正确及时解决顾客抱怨问题。如果经过调查，发现产品存在问题，应该尽快解决并将处理的结果通报给顾客。并与顾客积极沟通，了解顾客意见，进一步提高顾客的满意度。

企业应分析和评价抱怨问题的严重程度、判断这类问题在市场中的数量、评估如果不处理这类问题可能受到的损失、找出产生这类问题的部门或过程、分析产生这类问题的原因、确定采用解决问题的措施，满足顾客要求。

螺纹钢在交付环节存在一些问题，顾客很有抱怨。例如有些钢厂还是只重视产量，不在包装上下工夫，一般采用铁丝捆扎钢材，形成散包现象比较多，螺纹钢包装应采用铁皮打包。螺纹钢一般采用定额包装，但捆数、支数、重量不统一，使得销售送货有麻烦。螺纹钢不同规格应有不同的实重和理重的允许偏差，如 $\phi6\sim12$mm 正负值为7；$\phi14\sim20$mm 正负值为5；$\phi22\sim50$mm 正负值为4，而有些钢厂为了追求利润不按标准生产，搞超负偏差，如轧制 $\phi10$mm 螺纹钢下限公差不得低于 $\phi9.3$mm，而市场上大都在 $\phi9$mm 左右。

只有对顾客抱怨进行认真分析，采取有效措施，企业才能不断提高竞争能力、顾客满意程度和市场占有率。

4.6 以顾客满意驱动质量经营

在当前全球市场激烈竞争的形势下，企业向顾客提供的产品或服务不仅

应符合标准要求，而且还应提供增值的产品或服务使顾客受益和满意。所谓“增值”不仅仅是价格问题，更重要的是使顾客在进一步加工或使用时简化工序、节约成本、改进功能、延长寿命和提高效益。例如采用精密化、多规格和多周期轧制技术，生产的棒材尺寸偏差控制在 ±0.1% 以内，使顾客减轻加工负荷；采用大型连铸扁坯和精密加工技术使模具钢的尺寸规格范围扩大，只需磨削 1mm 就可以使用，使顾客降低加工成本和周期，提高成材率和实现高性能价格比；采用高纯净度连铸坯生产铁道用车轮和采用高抗疲劳强度的贝氏体钢轨会明显地提高铁道用材的使用寿命等。企业通过产品或服务向顾客提供价值，将从顾客得到的回报利益作为资本，使这种增值再循环，这就是“CS 驱动经营”的管理模式。

顾客需要产品或服务，其实顾客需要的是价值。如果企业提供的产品虽然符合标准要求，但是不具有增值作用，顾客是不可能满意的。增值表现在产品的适用性、多样性、超值性、差异性和综合性等方面。例如为了适应顾客的加工或使用过程，有的企业从提供棒材转移到提供锻件（曲轴或轴承环）；为了适应顾客的多品种多规格的需要，有的企业将尺寸规格扩大超出标准范围；为了使顾客在加工或使用过程中获得增值，有的企业提供尺寸精度高和使用寿命长的产品；为了适应顾客特殊的和附加的要求，有的企业提供品种规格差异性产品；为了适应环境保护要求和履行社会责任，有的企业努力在提供环境友好型和资源节约型产品。顾客选择供应钢铁产品的企业不仅仅是从产品质量来评价，还要求具有先进的质量经营理念。日本的日产本部曾经对我国宝钢进入其供方行列进行评价，除包括产品质量和价格外，也对创新和管理等进行评价，为其新车型开发和车辆轻量化选择有综合实力的企业。如果企业领导没有顾客满意驱动经营的管理理念，是很难令顾客满意和入选的。

4.7 与顾客建立互利共赢的战略伙伴关系

质量经营更关注与顾客的战略伙伴关系，达到互利共赢的目的。

为了与顾客建立互利共赢的战略伙伴关系，应当运用顾客关系学（CRM，Customer Relationship Management）原理，对顾客进行分析、对顾客给予承诺、与顾客进行交流、实行顾客反馈管理和建立长期合作伙伴关系。

顾客关系学（CRM）首先关注客户信息管理。对客户类型的划分、客户基本信息、客户联系人信息、企业销售人员的跟踪记录、客户状态、合同信息等进行统一管理。根据对顾客和市场的分析和辨识，区分哪些是企业的长期战略伙伴关系的核心顾客，哪些是具有发展市场前景的潜在顾客，针对顾客的需求优化设计、开发、采购、生产、销售和库存管理过程。有的企业已经开始采用 CRM 管理模式，纳入信息化计算机管理。但是，顾客关系管理的主要目的是和顾客建立互利共赢的战略伙伴关系，计算机管理只能是一种辅助工具，更重要的是在与顾客关系中蕴含了诸多情感内涵，例如对顾客的尊重和理解、支持和帮助等，甚至员工和顾客之间的相互交流、接触和沟通，只有感情投入才有可能得到顾客持久的、稳定的和忠诚的回报。在企业信息化管理中 CRM、SCM 和 ERP 已经成为重要的组成部分，并在进行整合，但是顾客关系管理的核心是企业真正从顾客角度出发来为顾客着想，给顾客以满意和增值，与顾客建立超越经济关系之上的情感关系，否则顾客就不会成为互利共赢的战略伙伴关系。企业不能以为购置或开发了 CRM 软件就可以建立互利共赢的战略伙伴关系了，这将是一种误解。

为了与顾客建立互利共赢的战略伙伴关系，企业还应关注评价和选择关键的供方，并与供方建立长期战略伙伴关系。在彼此合作中创造一个通畅和公开的沟通渠道，确定联合改进活动，共享资源和技术，激发、鼓励和承认供方的改进及其成果，对供方的贡献给予表彰和奖励。如果缺乏这种正常的互利和双赢的关系，致使部分冶金原料、辅料企业陷入困境，甚至假冒伪劣产品也进入钢铁企业，究其原因是企业如何处理供应链上的关系问题。从供方—企业—顾客的供应链来分析，为了维护企业与顾客的长期战略伙伴关系，也必须建立供方与企业的长期战略伙伴关系。任何短视行为，必然损害与顾客的关系，最后殃及企业自身。为了企业的生存发展，必须考虑顾客利益；为了考虑顾客利益，必须互利供方。只有双赢才能共同发展，失掉供方，也会失掉顾客和市场。

为了与顾客建立互利共赢的战略伙伴关系，最重要的是强化设计和开发能力。目前，我国正处于调整结构和改变经济增长方式的关键时期，为了提高国际和国内市场的占有率和竞争力，应当对战略伙伴和未来市场进行判断，并做到“前期介入”，使企业的经营从销售当今的产品转移到对顾客未来需求的识别，并为企业技术创新找到切入点，从而牵动技术创新，研发核心技术和原创技术，开发高档次产品，满足顾客发展要求，只有这样才能稳定和强化互利共赢的战略伙伴关系。

宝钢树立“以客户为中心”经营理念，在增进宝钢与客户关系、解决客户问题、提升巩固公司产品市场份额等方面起到了一定的推动作用。鞍钢认为向客户提供具有卓越品质的产品，是鞍钢人不可动摇的神圣责任。通过诚信经营使客户受益，实现鞍钢价值与客户价值的共同增值。武钢为了向市场主导型转变，成立了客户服务中心，要求一切为了市场，一切为了用户，加速向市场主导型转变。

第5章

人力资源管理

质量经营与其他经营管理一样，也非常重视人力资源管理。在质量经营中人力资源管理属于资源管理的重要组成部分。

当代企业竞争的实质是人才的竞争，人是企业最宝贵的资源，如何充分发挥人的作用，对质量经营非常重要。企业应建立以人为本的人力资源管理系统，包括树立以人为本的基本原则，建立员工培训与教育体系，提高员工的能力和意识，营造充分发挥员工能力的良好环境，保护员工合法权益，充分发挥和调动员工的潜能，提高员工满意程度，建立适宜的绩效考核和激励机制，发挥人力资源的积极性和创造性，为企业的生存和发展贡献力量。

5.1　树立以人为本的观念

以人为本，是科学发展观的核心，是中国共产党人坚持全心全意为人民服务的党的根本宗旨的体现。“坚持以人为本”，是中国共产党十六届三中全会提出的一个新要求。坚持以人为本，树立全面、协调、可持续的发展观，促进经济社会和人的全面发展。

人是发展的根本目的，也是发展的根本动力，一切为了人，一切依靠人，二者的统一构成以人为本的完整内容。只有树立这种观念才能将人力视为资源，有的甚至主张人力是资本，是可以增值的。

以人为本也是企业经营者或管理者的一种领导方式或理念。现代企业人力资源管理的基本观念也必须是以人为本。以人为本不应只是一句口号，也是企业质量经营的主要理念和原则。

以人为本，也就是要尊重人、理解人、关心人、依靠人，不断满足人的全面需求、促进人的全面发展，作为企业发展的根本出发点。

有的企业家认为，企业经营管理的基础是员工，具有先进能力和意识的员工是企业的原动力。一切的根本在于人，引导企业经营成功的是员工，造成失败的也是员工，正因为如此，企业应在质量经营过程中寻求、培养和利用优秀人才，考虑以人为本。

也有的企业家认为，领导、管理和监督的对象主要是员工，必须以人为本。因为人是有创造力的，只有以人为本才能发挥员工的创造力，包括技术创造性和管理的创造性。为了发挥员工的创造性，既要调动员工的热情，也要加强教育，提高员工的水平。只有对员工的意识和能力进行有针对性的培养，才能充分发挥员工的积极性和创造性。

5.2 人力资源管理的基本原则

人力资源是质量经营的动力，物力资源是质量经营的条件。人力资源是推动企业发展、具有智力和体力劳动的总和。

人力资源管理是以人为本，根据企业发展战略的要求，通过组织、协调、控制、监督等方式，调动和发挥员工的积极性和创造性的管理活动。

人力资源管理的基本原则包括内部原则、优化原则、开发原则、竞争原则和激励原则。

内部原则是以企业的内部人才为主体，从企业内部培养人才，给有能力的人提供发挥作用的机会与挑战，造成紧张与激励气氛，是企业发展的重要动力。内部人才是主力，外部人才只能是协力。

优化原则是优化选择、适才适用、发挥优势和优化组合。通过培训和运用，选择优秀人才担任重要工作，实现人与事的科学配置，用人之长、人才互补和优化组合发挥重要作用。

开发原则是通过各种方式进行智力开发，包括培训、配置、激励和沟通等形式提高员工素质、技能和智力，充分发挥员工的重要作用。

竞争原则是在人员选聘、使用和发展过程中采用公开、公平和平等的竞争机制，提高员工竞争意识和能力。

激励原则是采用物质和精神的奖励激发员工的积极性和创造性，为企业的经营和发展发挥有效作用。

5.3 建立人力资源管理体系

为了充分发挥人力资源的作用，首先必须建立人力资源管理体系。人力资源的管理体系有两方面管理工作，一是对工作和职位进行策划和管理，二是对员工的绩效进行管理。如果工作内容不明确，职位不确定，人力资源就会造成浪费。如果对员工绩效管理不到位，就会影响员工的积极性。

在建立人力资源管理体系时，应以选人、用人、育人和留人为主。弄清现有人力资源的数量、质量、结构及分布状况，分析现有人才开发使用情况及存在问题，策划具体计划和措施，明确岗位职责，合理配置人力资源，预测未来人力资源需求，确定人员需求量；制定相应的政策，确保有效的人员长期在企业工作。

在人力资源管理体系中，应建立有效的人员招聘录用和配置制度。根据企业发展规划的需要，通过工作分析，确定用人的数量、类别、工作条件、任职资格，拟定工作说明书、工作规范和用人程序，在人力资源规划的指导下，把优秀、合适的人才招纳进来，并把适用的人才放在合适的岗位，这种制度的建立，对人员的招聘与配置起着重要的管理作用。

在人力资源管理体系中，首先应对培训需求进行分析，掌握企业现有人员的素质现状，找出企业中员工欠缺的知识与技巧，从而确定培训的内容和方式。在培训需求分析的基础上，根据培训的紧迫程度、难易程度和成本等因素，制订培训计划。在培训内容上，根据不同岗位系列和层次设置不同的培训课程。培训完毕后对培训与开发的效果进行评估，评估的结果与员工的薪酬和使用等相结合。

在绩效考核中主要根据员工特征、行为和工作结果相结合进行考核。考核时将每一位员工的上下左右的其他员工、被考核员工本人及其他部分员工的意见综合起来考核绩效。

薪酬制度完善中，应建立领导与员工相互交流沟通的平台，开放相关的薪酬信息，让员工了解到只要通过努力就能得到与付出相应的报酬。让员工参与薪酬制度的设计和管理，有助于形成更适合企业实际的薪酬制度。激励机制是通过一套理性化的制度来反映激励主体与激励客体相互作用的方式。

人力资源管理中薪酬与绩效考核和薪酬制度密不可分。在设定薪酬时，一般将薪酬分解为固定工资和绩效工资，绩效工资是通过绩效考核确定的。激励机制往往要与约束机制相配合。在建立激励机制时，应以高奉献换取高收入的原则，形成能够最大限度地激发员工的工效和收入挂钩的分配制度。通过岗位考核拉开分配差距，使员工按照实际工作量和创造的效益获得薪酬，实现同工不同贡献不同酬，同岗不同作用不同酬。另外，为了充分调动员工持续改进和技术创新的积极性，可设立厂长创新基金，对合理化建议、小改小革和技术创新，加大表彰奖励力度，激励员工的积极性和创造性。建立激励和约束机制，使人力资源的配置与流向更加趋于合理。

5.4 提高对员工能力和意识要求

人员的能力是表现在多方面的。首先，应当接受过一定教育，即有一定的文化程度，不同的岗位要求不同的文化程度。这是最起码的要求，没有接受一定的教育，不具备一定的文化程度，对质量经营来说是不合格的。但是只有教育或文化水平，没有经过岗位培训，也不能说是具备要求的能力。为了能够胜任岗位工作，必须经过一定的培训。这种培训是有针对性的和持续性的，包括上岗前的培训、在岗培训和转岗培训。为了能够胜任工作，还需要具有一定的技能。技能是通过学习和实践积累的，是完成本职工作的根本能力。有些岗位还需要具有足够的经历，没有足够的经历，就没有足够的技能积累，没有足够的经历，就没有充分的能力。

人力资源管理的首要任务是对不同的岗位，确定胜任的能力要求。为了满足顾客对产品的要求，首先必须对质量经营过程的人员有能力和意识要求。因此，在确定能力要求时，应当着眼于能否识别顾客要求、实现顾客要求和改进顾客要求。这就要求人员具有顾客意识、质量意识和改进意识，知道本职工作的重要性和相关性。知道自己工作的重要性才能爱岗敬业；了解自己工作的相关性才能相互合作，形成团队精神。有人甚至认为，人力资源管理的任务就是造就团队精神。有些企业把人力资源管理当成战略任务来抓。宝钢将员工分为管理人员、技术业务人员和技能人员三类，并采用不同的岗位管理模式。管理人员依据管理幅度和管理岗位要求等不同分为核心决策层、高级决策层、高级经营层、经营管理层、专业管理层和作业管理层。宝钢针对高级决策层、高级经营层、经营管理层、专业管理层和作业管理层等五层次有不同的核心能力要求。

5.5 加强对员工的教育和培训

为了提高员工素质和能力，必须抓好培训工作。日本的质量管理专家石川馨曾经提出："质量管理始于教育，终于教育"，把教育培训作为质量管理四大支柱之一。

企业培训应有针对性，培训的内容有：对新进厂人员的基础性培训，包括本企业基本生产技术和通用技术；对在职员工进行质量管理方法培训，用以提高员工的持续改进能力；在企业的产品或技术发生变化时对有关员工进行适应性培训；不少企业还有技能传承的培训。在我国也应当根据实际情况进行培训，用什么学什么，缺什么补什么。但是，企业又不是学校，把补初中和高中课程也作为培训内容，这样培训的成本就太大了，应把岗位技能和管理方法作为培训的重点。

培训的形式应根据实际情况多样化，包括在岗培训、脱产培训和外派培训，不论是培训、实习或考察，都有明确的目标和具体的任务。在岗培训（on the job training，OJT）有点像师傅带徒弟，互相帮助互相学习和班前班后会的培训。上级有责任教育下级，师傅有义务培养徒弟，相互之间有交流，是培训的最基本的和最简单的形式。但是，必须有这种意识和实践。脱产培训（off the job training，Off-JT）不只是听讲课，也有实习。新进厂的职工先接受教育和培训，经考核合格后上岗。在岗职工也有脱产培训的，有正规的培训大纲、培训计划、有教材、有教师、有实习设备、有操作示范。如果有必要可以派出去培训，例如参加学习班或短期实习，包括出国考察。不论是培训、实习或考察，都有明确的目标和具体的任务。培训后应形成文件报告，并成为共享资源。

培训也应注意有效性，避免形式主义。在培训过程中也运用 PDCA 循环。在培训的不同阶段进行必要的检查，以了解培训的效果。培训的有效性首先取决于对培训需求的识别，有针对性的培训是实现培训有效性的前提条件。培训的有效性也取决于教材和案例的提供是否符合需求，必要时，在培训前应征求学员对培训内容的意见。有效的培训与教师水平有很大关系，所以应当正确选择培训教师，对企业不同层次的培训，培训教师也不同。适当的培训场所、环境和手段对培训效果也有影响。

5.6 鼓励和支持员工的发展

企业应采用多种措施鼓励和支持员工发展，提高员工技能和工作水平，提升岗位级别或职务职称，提高薪酬和待遇等，发挥能力和为企业发展做出贡献。

首先，关注的是员工的职业发展，建立以员工需求为出发点、以提高员工满意度为立足点、员工与企业共同发展的机制。培育并形成与各产业板块发展相适应的各类人才群体与组合，满足公司创业和规划发展的需要。

其次，在员工薪酬上，要在资产效率和劳动效率持续提升的前提下，改善员工的薪酬和福利，重视内部的公平性和外部的竞争性，完善分配关系，健全薪酬激励体系，使员工的薪酬福利与公司的经营业绩同步发展。

为了使员工始终充满活力和保持激情，应让员工分享企业发展成果，促进员工精神和物质生活水平逐步提高。既发挥物质激励的效用，建立公开、公正、公平的薪酬体系，又重视精神激励机制，激发员工的奉献精神。

为了重视提高员工的素质，企业各级领导应注意了解员工的需求，解决员工的问题；经常到基层去，到班组去，接近员工、相信员工、依靠员工，充分发挥员工的作用，将企业的发展与员工的发展紧紧联系在一起。

5.7 加强激励机制和沟通机制

为了提升企业的经营水平，必须树立“以人为本”的激励与沟通机制。

激励的目的是为了提高员工工作的积极性。在企业的质量经营过程中建立激励机制时，应培养员工具有自我激励的能力。让员工意识到激励机制是企业给员工发展提供了条件，使员工要有意识地对自己的发展负责，使员工有责任感地去工作，并在工作中不断提高自己，不断激励自己。对有一定能力的职工，要给他一个发挥才能的空间，让他把所有的潜能都发挥出来，达到最大限度的激励作用。全面薪酬是一种比较科学的激励机制，包括工资、奖金、津贴、罚款等内容，采用高薪、福利、晋升、表扬等方式。只有做到奖功罚过、奖优罚劣、奖勤罚懒，才能使先进受到奖励、后进受到鞭策，可以调动员工的工作热情，形成员工争先的竞争局面。

激励的作用一方面可以调动员工的工作积极性，使其能为企业做更多的工作和贡献；另一方面可以对员工进行引导，鼓励员工去做正确的事，使员工素质和水平有所提高，从而使人才增值。

激励的方法有通过满足员工物质需求和精神需求两种方法去实现。满足物质需求可以通过工资、奖金、福利等多种方式实现；满足精神需求可以通过提供晋升或发展机会、感情关怀、工作成绩认可等方式来实现。

沟通的目的也是为了提高员工工作的积极性。在企业的质量经营过程中建立沟通机制，对促进实现企业经营战略和方针目标具有重要的作用。沟通的作用是在适当的时间，将适当的信息，用适当方式传递给员工，形成迅速有效的信息传递系统，有助于企业质量经营。沟通的内容主要是质量经营信息。

沟通的方式有多种多样，包括纵向沟通和横向沟通，双向沟通和单向沟通，语言沟通和非语言沟通，例如会议、报告、调查、培训、面谈、书面交流或简报等，可视化的形式更好。可视化管理不仅用于现场管理，也逐步推广至上下级和部门之间的沟通。为了提高沟通的有效性，应注意沟通的准确性、及时性和实用性。沟通是在适当的时间，将适当的信息，采用适当的方式传递给员工。有效的沟通有助于企业的质量经营。

5.8 提高员工的满意程度

质量经营是指在市场经济条件下，企业在经营管理活动中以顾客为中心，以创造相关方（顾客、员工、投资方、供方和社会）价值为目标，追求卓越的经营绩效模式。质量经营是以质量为中心追求效益的经营。通过质量管理来提高经营质量，来追求企业效益的经营，把质量与经营结合在一起追求完美和卓越的经营管理。企业可持续发展的条件是技术、资金、人才、创新和管理，但是“现场力”也非常重要，而影响“现场力”的关键是员工的积极性和满意度。

员工满意也是质量经营的绩效之一。员工满意是员工的一种主观的判断和心理的感知。企业也应监视员工关于企业是否满足其要求的感受的相关信息，并确定获取和利用这种信息的方法。监视员工感受可以包括从诸如员工满意调查、来自员工的意见调查、员工流失分析、员工赞扬、批评、抱怨等的来源获得输入。员工满意度是员工期望与员工实际感知相比较的结果。满意不满意是相对的，超出员工的期望是满意的；达到员工的期望是基本满意的；低于员工的期望是不满意的。影响员工满意度的主要因素是工作安排、薪酬奖励、工作环境、人际关系和企业绩效。有的企业在调查员工满意度时发现，员工不满意中主要原因是对最高管理者和上司缺乏信任、人际关系不好、对工作绩效评价和对薪酬和待遇不满。员工满意度调查是企业了解员工的方式，通过员工满意度的调查可以了解员工对企业的要求和评价，能够改进与员工的关系和激励员工的积极性与创造性。员工满意度调查和衡量方法很多，应根据企业实际加以选择。比较简单有效的方法有对话、座谈和问卷调查等。通过员工满意度调查不仅可以了解员工对其工作安排、薪酬奖励和工作环境的意见，也可以看出员工对企业经营管理的评价，有利于企业发现存在的问题，提供持续改进的目标和方法。员工满意度高会减少人才流失、提高工作效率、增加企业效益和提高顾客满意度。

员工的积极性和满意度提高了，企业的业绩就稳定，也就是说提高员工的满意度，有利于提高企业“现场力”，有利于提高产品和服务水平，有利于提高顾客满意度和市场竞争力。特别是在当前市场竞争激烈的形势下，提高员工满意度尤其重要。有些民营企业（包括部分国营企业）员工流动性大，与员工满意度有很大关系。

为了提高员工满意度，首先企业的领导必须树立以人为本的思想，即企业的持续发展必须依靠员工，也必须为了员工。既要依靠员工的积极性和创造性，也必须考虑员工的利益和满足员工的要求。企业、顾客与员工的利益是一致的，应同时考虑和对待。员工满意度主要涉及企业的经营方向和绩效、工资水平和福利待遇、工作环境和劳动安全、技术业务的先进性、培训教育的针对性、人际关系的和谐性、生产生活的平衡性等。

为了提高员工满意度，必须关注代沟差异，树立统一的价值观，充分利用人力资源，积极培育员工能力，改进劳动工作环境，提供有吸引力的工资待遇和发展机遇，建立学习、激励和沟通机制。为了了解员工满意度，一般采用书面调查、个人交谈、会议座谈或观察评价、有时企业领导亲自参与监视和测量。监视、测量和提高员工满意度应是人力资源管理的重要内容之一，也是质量经营的主要组成部分，并包括在社会责任报告中。从员工满意度可以看出企业的质量经营水平，是否存在隐患和危机，是否发展正常和健康，能否满足顾客要求和具有竞争力。

鞍钢总经理张晓刚认为："企业的竞争，最终是如何使一流人才发挥作用的机制竞争。科技进步和创新，源于大批优秀人才的脱颖而出，谁拥有了高素质人才和强大的创新能力，谁就能赢得发展的话语权。因此，如何培养和留住人才并使其科研成果成为利润增长点，是未来企业成败的关键。我们要在政策、机制、平台建设、引进人才的渠道方法等方面进行深入的探索和研究，努力造就一支创新能力强、结构合理、配置科学、素质精良的人才队伍体系。当前，钢铁企业正在为技术人员打破传统的'金本位'与'官本位'衡量标准，为优秀的人才提供新的实现人生价值的新通道。"

第6章

采购和供方管理

质量经营非常关注采购和供方管理，因为供方的产品质量影响企业的产品质量，供方的管理水平影响企业的管理和经营，作为企业供应链的第一个环节，必须进行严格的管理和控制。

钢铁企业的生产需要大批原料（矿石、废钢、铁合金）、材料（耐火材料、包装材料）、燃料（焦炭、重油）、辅料（造渣料、保护渣）、备品备件（结晶器、轧辊和导卫）等，有许多需要从外面采购或外包加工。

从对产品质量有影响的角度出发，在采购中应当控制的有：

（1）用于冶炼过程的原、燃料有：铁矿石、废钢、石灰石、石灰、萤石、焦炭、耐火材料、铁合金、脱氧剂（铝锭、铝线、硅钙、硅锰、硅铁等）、增碳剂（生铁、含碳渣剂）、保护渣、保温剂、合金喂线等。

（2）用于轧制过程的物资有：燃料油、润滑剂、穿孔顶头、轧辊、模具、剪刃、锯片、导卫装置等。

（3）外包过程有：委托开坯、穿孔、加工、热处理、酸洗、设备检修等。

对一个企业来说，在采购中有哪些产品应当控制是由企业本身的实际情况决定的，没有一个统一的模式。但是，必须根据生产过程和质量管理的需要进行界定，把必须控制的采购物资和外包的过程明确确定下来，以便进行控制。

6.1 采购管理的基本原则

对钢铁企业（组织）来说，供方就是矿石、铁合金、耐火材料和炭素电极等冶金炉料生产企业。美国质量管理专家J. M. 朱兰认为，企业与供方的关系有三种：对手关系、合同关系和合作关系。合作关系是建立在相互信赖基础上的关系。双方共同计划、互相帮助、开诚布公，有计划地使相互关系不断发展。对传统产品的采购来说，采用对手关系和合同关系，可能对产品和服务质量影响不大，但是对现代化产品的采购，合作关系非常重要。

供方的产品质量直接影响钢铁企业最终产品的质量，钢铁企业的质量效益中包括供方的贡献，所以钢铁企业应当与供方共同建立合作关系，共同为顾客服务，共同创造价值，共同获得利益，共同分享成功与喜悦。钢铁企业正确地运用合作互利的供方关系，不仅可以增强供需双方创造价值的能力，而且还能够增强对市场反应的灵活性，促使成本和资源的最优化。互利的供方关系要求供方不仅提供符合要求的产品或服务，而且还要考虑建立和健全管理体系，通过自身的改进，推动钢铁企业的技术进步和市场竞争能力。他们不应担心是否能够及时得到货款，而是追求在钢铁企业的发展中如何长期受益，形成双赢的关系。

钢铁企业为了满足顾客要求，提高竞争能力，可以向供方提出产品和服务的质量要求。与供方应相互尊重和合作，加强相互理解和交流信息，明确相互职责，要求供方负责提供符合要求的产品和必要的数据和信息，共同为顾客负责。在彼此合作中创造一个通畅和公开的沟通渠道，确定联合改进活动，共享资源和技术，激发、鼓励和承认供方的改进及其成果，对供方的贡献给予表彰和奖励。当前，由于缺乏这种正常的互利和双赢的关系，致使部分冶金辅料企业陷入困境，而一些浪费能源和资源的供方又应运而生，甚至假冒伪劣产品也进入钢铁企业。究其原因正是企业没有正常处理供应链上的关系问题。从供方—企业—顾客的供应链来分析，为了企业与顾客的长期战略伙伴关系，必须建立供方与企业的长期战略伙伴关系。任何短视行为，必然损害与顾客的关系，最后殃及企业自身。为了企业的生存发展，必须考虑顾客利益；为了考虑顾客利益，必须互利供方。只有双赢才能共同发展，失掉供方，也会失掉顾客和市场。

采购是产品质量形成过程的第一个环节，原、燃料的质量直接影响最终产品的质量，企业应当重视采购过程，并对其进行质量控制。采购过程质量控制的基本原则是质量优先、价格合理、交付准时、管理严格、回避风险、技术共享、利益互惠。与供方建立互利的关系，不要拖欠应支付供方的货款，并有一定的优惠。

在采购前，应对供方进行调查、评价和选择。主要内容包括供方的管理能力、技术能力和经营能力。在采购时关注质量、成本和交付期。对供方的选择是一个连续循环的过程。有的企业每年根据提供的产品的质量、价格和交付状况进行评价，在供方中间进行再选择。在选择供方前，应当对供方进行评价。为了建立互利的供方关系，企业首先评价和选择关键的供方。企业在评价和选择供方时应制定比较完整和规范的准则，包括经营理念、质量管理、核心技术、装备水平、产品价格、售后服务、财务状况、行业信誉等。

对钢铁企业的采购，特别是日常大量消耗的原燃辅料和备品备件的采购还是以供需双赢的方式好。从产品质量形成过程来讲，供方是钢铁产品形成链上的第一个环节，原燃辅料的质量直接影响钢铁产品的最终质量。供方的质量管理是钢铁产品质量管理的一部分，供方应当按钢铁企业的要求建立质量管理体系，并与钢铁企业共享资源和技术，共同创造钢铁产品质量。钢铁产品的质量包含着供方的贡献。因此，钢铁企业应当与供方建立双赢的关系。从钢铁企业作为供方换位来考虑，也希望千方百计地从质量和成本上满足顾客要求，使顾客稳定，并结成长期伙伴关系。为此，作为供方应从顾客要求出发，提高质量、降低成本，争取成为顾客的固定供方，占有固定的份额，这也符合市场细分的营销原则。

采购过程也应具有必要的文件资料，例如采购计划、采购物资的技术标准或技术条件、样本或图纸等。目前，钢铁企业的采购文件主要有采购计划和采购合同，在合同中注明采购物资的标准或技术条件，但是多数企业对采购文件缺乏规范的管理。特别是对采购产品的技术条件，标准不全、版本过时的现象比较普遍。至于对一些非标准化的产品，更是缺乏采购依据，例如保护渣、增碳剂、脱硫剂等没有详细的技术条件和要求。有些企业甚至没有轧辊图纸和技术要求。在签订合同时没有注明技术要求、验收程序、技术标准以及相应的质量保证的现象不在少数。

6.2 对外包方的评价和选择

外包也可以看成是一种采购，不过采购的不是产品，而是采购过程，例如委托开坯、穿孔、加工、热处理、酸洗、设备检修等。对外包方的控制，除进行评价和选择外，还可以根据外包过程的特点，采取第二方认证的形式，对外包方的质量管理体系或产品进行认证。当然，各企业可以根据本企业实际和外包过程的特点，规定适合本企业的对外包方进行控制的方式或方法，使外包过程与本企业的产品实现过程协调一致，能够满足顾客的要求。

6.3 采购产品的验证

采购的产品是否符合规定要求，应当采取一定方式进行验证。验证的方法可根据采购产品的重要性和品种采取可行的方式。

对采购的产品进行进货检验和试验，也就是复验是一种最可靠的验证方式。但是，考虑到成本，只能对那些必须复验的产品才进行这样的验证。例如对进厂的焦炭的水分必须分析，不仅在计价上需要，而且对高炉上料也需要进行水分补正。又如对铁合金中主要成分进行抽检，以确定加料数量和保证产品成分的准确性。

有些采购的产品不必进行检验或试验，特别是供方提供的产品质量稳定，只要查阅质量保证书就可以了，这也是对采购产品验证的一种形式。例如保护渣、增碳剂或脱硫剂，甚至有一部分耐火材料，如果进行分析还必须增加一些分析检验设备和仪器。有些采购的产品则是根本无法检验的，例如计量器具、标准样品和工艺润滑油等。

钢铁企业的顾客很少有对采购产品进行现场验证的情况。但是，为核工业提供产品时，顾客有时会要求对采购产品进行某种方式的验证。例如查阅复验报告或到供方进行现场考察等。当然，这种情况是不多的，如果存在应当在合同中加以明确。

6.4 对采购产品质量的信息反馈和处理

目前，有些企业对供方或外包方提供的产品，如果发现不合格，往往采取让步接收或降价处理。让步接收是一种对使用或放行不符合规定要求的产品的许可。让步通常仅限于在商定的时间或数量内，对具有不合格特性的产品的交付，不能成为一种惯例。GB/T 19001 标准规定了企业内部的沟通和与顾客的沟通，没有规定与供方的信息交流。应当提倡和加强与供方的沟通，在采购的全过程与供方保持密切联系。当出现不合格品时，能够及时反馈并得到纠正和改进。

也有的企业采取定期诊断的办法来控制外包过程。如果通过诊断分析发现了问题，企业应及时与外包方进行沟通，并采取措施指导外包方进行纠正和改进。国外还有对外包方采取表彰和奖励的办法，使外包方成为企业的战略伙伴。还有的企业对外包方进行系统培训，使他们了解最终顾客的要求、外包过程和外包产品的重要性，提高外包方加强质量管理的意识和能力，保证外包过程和产品的质量。

6.5 招标采购不适合于钢铁企业的供方选择

有的专家曾经认为招投标对采购有好处，并举例证实招投标对降低成本和提高效益的作用。不可否认，货比三家，择优采购，对一次性采购，特别是政府采购，可以增加透明度、节约开支、防止腐败和规范管理。但是，对钢铁企业的采购，特别是日常大量消耗的原燃辅料和备品备件的采购还是以供需双赢（例如湘钢和平煤的战略伙伴关系）的方式为好。

从产品质量形成过程来讲，供方是钢铁产品形成链上的第一个环节，原燃辅料的质量直接影响钢铁产品的最终质量。供方的质量管理是钢铁产品质量管理的一部分，供方应当按钢铁企业的要求建立质量管理体系，并与钢铁企业共享资源和技术，共同创造钢铁产品质量。钢铁产品的质量包含着供方的贡献。因此，钢铁企业应当与供方建立双赢的关系。

世界上著名的汽车制造企业的零配件和材料的供应基本上是定点的，而且决不轻易更换，因为这些供方最了解他们（汽车制造企业）的需求和期望，并从技术和管理（甚至价格）上满足、乃至超越他们的要求。这是多年合作的结果，是一种战略伙伴关系。例如日本的丰田汽车采用爱知的特殊钢，而日产汽车采用大同的特殊钢。共同拥有专利，共同增强竞争力。

经常招标只顾一时的成本，忽略长远的利益，经常更换供方会割断对产品质量非常重要的供应链。所以GB/T 19001标准对采购的要求是界定应当控制的采购产品，针对这些产品的质量要求，评价和选择供方。一旦选择成为合格供方后，便成为受控的采购对象，不允许在合格供方名单外进行采购。从质量管理角度，特别重视供需双方的技术合作和资源共享，成为与供方建立互利的关系，而不是只顾钢铁企业利益。

从钢铁企业作为供方换位来考虑，也希望千方百计地从质量和成本上满足顾客要求，使顾客稳定，并结成长期伙伴关系。为此，作为供方就会从顾客要求出发，提高质量、降低成本，争取成为顾客的固定供方，占有固定的份额，这也符合市场细分的营销原则。“打一枪换个地方”不是现代化采购的好方式，更不符合质量经营的原则。

第7章

加强技术创新

7.1 技术创新的基本概念

“创新理论”是熊彼特（Joseph A. Schumpeter）在1912年出版的《经济发展理论》一书中首次提出来的。创新是指建立新的生产函数或供应函数，是在生产体系中生产要素和生产条件的新组合。它包括：（1）引入一种新产品；（2）采用一种新的生产方法；（3）开辟新市场；（4）获得原料或半成品的新供给来源；（5）建立新的企业组织形式。当然随着科技进步、社会发展，对创新的认识也是在不断演进的。

选择“创新”这个词的主要原因是承认经济学对管理理论的重要性。熊彼特认为，对多数经营领导来说，“利润的主要前提条件是以创新的风险为代价。”换句话说利润来自创新；没有创新，也就没有效益。新的创新带来的高的初期效益吸引了其他企业家和投资家。例如当前的高强韧性的管线钢、汽车用的超深冲冷轧或镀锌板、超超临界压力锅炉管、超深井耐腐蚀油气井用钢管、核电用钢和其他高附加值产品，很多钢铁企业在设计和开发进行创新。当新产品投入生产后，数量开始增加。当达到一定数量时，又必然对数量进行调整，价格开始回落，并且竞争也变得激烈。于是产品价格也自然长期维持在低利润的水平，例如普通线材、螺纹钢和一般用途钢板或钢管。没有竞争力或者说没有创新，最终就将被淘汰。我国钢铁企业也面临着这种形势，创新是最重要的战略问题，如果企业忽略了技术创新，就会导致或面临危机，甚至失败。在当今激烈的全球竞争和迅速变化时代，创新具有重要的战略意义。

创新理论首先强调生产技术和生产方式对经济发展的重要作用。创新是一个过程，一个系统，具有综合性。系统创新是以技术创新（包括产品创新和过程创新）为基础，并与生产技术、经济效益、教育培训、企业文化等相互结合的一种综合性管理过程。现在有些企业的系统创新或管理创新部门只是一个综合部门，没有系统创新职能和活动。

对创新有的概念认为“是指以现有的知识和物质，在特定的环境中，改进或创造新的事物，并能获得一定有益效果的行为”。

对创新也有的概念认为“创新从哲学上说是人的实践行为，是人类对于发现的再创造，是对于物质世界的矛盾再创造。人类通过物质世界的再创造，制造新的矛盾关系，形成新的物质形态”。

创新包括工作方法创新、学习创新、教育创新、科技创新等。

在 1980 年“美国竞争力大会”（Conference of U. S. Competitiveness）上，美国经济学家肯德里克（John W. Kendrick）指出，从 1929 年到 1978 年，美国生产率增长有 40% 是靠技术创新获取的，而仅有 15% 是靠劳动资本获取的，他的看法是技术创新会超过劳动资本的作用。

技术创新是指生产技术的创新，包括开发新技术，或者改造已有的技术。技术创新是以科学为基础，对生产技术的创新。

技术创新和产品创新有密切关系，技术的创新可能使产品创新，但产品的创新可能需要技术创新，但也未必全需要技术创新。技术创新主要具有过程的特征，而产品创新也可能包含技术创新；但技术创新并不全部与产品创新有关，有可能降低生产成本、提高生产效率、改善生产工艺、优化作业过程、节能减排。

有的企业认为，技术创新是创新未来的产品和未来的技术。其实技术创新也包括对现有技术和产品的创新。没有技术创新，企业的技术和产品就没有先进水平和竞争力。

7.2 技术创新是企业重要的发展战略

技术创新是企业重要的发展战略，技术创新战略就是企业的技术创新最根本的目标。我国钢铁企业面临的形势，技术创新是最重要的战略问题，如果企业忽略了技术创新，就会导致或面临危机，甚至失败。在当今激烈的、全球的竞争和迅速变化时代，技术创新具有重要的战略意义。技术创新是企业改进生产技术、改善产品结构和提高产品附加值，提高企业竞争力和保证企业持续发展的根本途径。技术创新是企业质量经营的重要组成部分，通过技术创新，可以开发满足顾客要求的新产品，占领市场，提升企业能力。

目前，我国已经是世界产量领先的钢铁大国，并具有能够依靠技术创新的现代化的钢铁企业。技术创新基本上满足了国民经济发展需求。“十一五”期间，通过技术创新，我国钢铁行业提高产品质量、节能减排和安全生产工作取得显著成效；但是仍存在不少挑战和风险，转变经济发展方式是对钢铁材料提出的更高需求。从产业本身来看，我国钢铁行业存在不少不适应形势发展要求的问题。因此，在“十二五”期间，技术创新成为我国钢铁企业发展战略的主要内容。通过技术创新提高产品质量，节能减排、安全生产和提高效益，以技术创新作为企业的主要增长动力。我国钢铁工业的发展，必须全面贯彻落实科学发展观，以结构调整为主线，通过技术创新推进全行业的科技进步，转变增长方式，进一步提高发展的质量和效益，使企业的发展战略向科技含量高、资源消耗低、污染排放少、经济效益好、人力资源优势得到充分发挥的全面协调可持续发展的道路方向发展，为我国国民经济发展做出更大的贡献。

宝钢以当代科技为依托，注重技术进步和技术改造的投入，实施技术创新战略后，科技成果转化率达到95%以上，被国家确定为全国首批技术创新试点企业。宝钢技术创新的目标是，实现科技、经济一体化，逐步加大设计、生产、工艺中的新技术含量，在世界冶金最新技术及国际市场领域内占有一席之地，使宝钢成为冶金行业最新技术产业和研究开发基地。具体目标分两步走，第一步是技术跟踪与创新，主要是消化引进技术；第二步是创新技术的储备与输出，实现由引进、消化先进技术为主向开发、创新高新技术为主的战略转变，实现技术开发、技术储备、技术输出多位一体。宝钢在核电蒸汽发生器用690合金U形管、690水室隔板先后研究和开发成功之后，又成功研制出CAP1400核电蒸汽发生器管子支承板，虽然属于跟踪性技术创新，但宝钢已成为目前世界上唯一一家具备核电蒸汽发生器所有关键部件材料批量供货能力的企业。

在我国加入WTO以后，鞍钢认为面临着全球钢铁企业的激烈竞争，为提高鞍钢核心竞争力，努力把鞍钢建设成为全球最具竞争力的钢铁企业，必须把技术创新放到首要位置。鞍钢通过技术创新使高速重轨研究和开发成功，不仅在国内生产，而且也出口国外。汽车用热轧、冷轧和热镀锌系列钢材也在钢铁行业具有一定的优势。440mm 特厚钢板的成功开发，对提升鞍钢特厚钢板市场竞争力具有重要意义。鞍钢通过技术创新，淘汰落后的生产工艺和技术装备，通过采用新技术、新工艺和加强管理，不断降低能耗，强化环境治理和保护，合理利用“三废”，实施绿色生产，保护生态环境，积极发展循环经济，探索建设引领世界钢铁工业发展的绿色样板工厂模式，努力实现从传统制造向低碳绿色制造的转变，节能减排取得了明显成效，成为钢铁行业追求低碳生产的先行者。

武钢的技术创新以市场需求为关注焦点，以市场为导向。通过自主创新，提升市场竞争力，特别是冷轧硅钢片、汽车板和高性能工程结构钢三大战略产品，通过技术创新实现了产品、技术、节能环保和管理四个一流，内外结合、继续走质量效益型发展道路，推进了武钢新创业。武钢树立“开发创新、以质取胜、占领市场”的精品名牌思想，通过技术创新，实现了武钢冷轧硅钢片结构的升级换代。QRD 钢是武钢技术创新的新一代低温取向硅钢，与传统高温取向硅钢 QL 相比，加热温度更低、磁性水平更好。QRD 的试制成功，标志着武钢取向硅钢具备了制造特大型变压器及电机的技术基础，达到世界一流水平。

沙钢也非常重视技术创新，使沙钢的优特钢生产工艺逐步实现电炉全兑铁水、全精炼、全保护浇铸、全连铸、全热送、全连轧的“六全”目标，进一步降低了生产成本，提高了产品质量和竞争能力。沙钢坚持“科技创新，结构优化”发展战略，加快新品开发，沙钢研发生产高科技含量、高附加值板材、线材等新产品，培育了企业新的经济增长点。最近沙钢又紧紧围绕“打造精品基地，建设绿色钢城”总体发展战略，以“创新、转型、提升”为主线，加快品种结构优化升级。

不久前，福建腾龙芳烃石化项目急需一根直径 1000mm、壁厚 70mm、长 6m 的双相不锈钢无缝管，并在全球（包括国内和国外）招标。江苏中兴能源装备股份有限公司按需求进行技术创新，研究开发成功，质量技术参数均达到世界先进水平。该产品的工艺技术属于原创性技术创新，为我国海洋石油开采、海洋核电主管路建设开创了提供国内产品的新路。我国石化工业，特别是在海洋开采石油，非常需要大口径双相不锈钢无缝管，市场需求潜力巨大。目前世界上生产这种特大口径不锈钢无缝管主要采用锻造，而江苏中兴能源装备公司是采用热轧工艺，一次成型，工期短、成本低、质量好，并节能降耗，是锻造生产这种产品能耗的十分之一，采用热轧一次成型的工艺技术是我国领先世界水平的成功创造。

江苏银环精密钢管股份有限公司（简称银环）针对超（超）临界火电锅炉用高、低压加热器U形管、过热器和再热器用TP347H、Super304、HR3C等管材，与宝钢、兴澄特殊钢等合作，坚持技术创新，提高技术水平，包括超长薄壁管的拔（轧）制、内腔清洗、过盈加压无芯棒弯管、局部固溶处理和环保型特殊防腐等技术的组合，制定有关产品的行业标准，并申请和获取了知识产权，填补了国内空白，打破了外国垄断。

银环在研制成功一、二、三级核用管的同时，又针对第四代核电用“高温气冷堆”和“快中子增殖反应堆”蒸汽发生器用超长多头螺旋盘管及换热单元组件等进行研究和开发。几年来，该公司自主创新获得专利32项，荣获中国机械工业联合会科技进步一等奖，国家能源科技进步二等奖，中国产学研创新成果奖。

银环与宝钢合资组建的宝银特种钢管有限公司，针对CPR1000、EPR1000、AP1000、ACP1000、CAP1400等各种堆型的蒸汽发生器用Inconel-690U形管进行了研究、开发和产业化，已应用于广西防城港核电站，现正在生产的CAP1400蒸发器管，即将用在山东石岛湾核电站。

现在，宝银和银环公司合并重组，股东包括宝钢、银环控股、中广核、华能等，组建成了混合所有制企业，将面向更高端的产品进行技术创新。

通过技术创新，可以改进工艺技术，节能减排，降低生产成本，提高企业的经济效益，在一定程度上提高企业盈利能力。但是我国钢铁企业的技术创新仍然存在一定的问题，主要的是有些企业并没有将技术创新作为重要的发展战略。企业的技术创新能力与成为国际钢铁强国仍然存在一定差距。今后，钢铁企业应通过技术创新不断满足经济发展的需求和发挥应有的作用。

7.3 钢铁企业技术创新的重点

钢铁企业技术创新的重点是为产品提高核心技术或原创技术。例如日本新日铁的取向硅钢 Hi-B 和川崎制铁的取向硅钢 GR-H 成为世界先进水平产品的核心技术就是减薄钢板厚度、提高硅含量和细化磁畴技术，克服了 MnS + AlN 与 MnSe + Sb 抑制二次再结晶晶粒过大所产生的负面作用。目前我国超临界锅炉用的 9% Cr 系列铁素体耐热钢 P92，依赖进口的主要原因是冶炼、制管、热处理和表面精整等核心技术还没有过关，可见生产过程的技术创新是产品创新的基础。为了支持产品创新，企业必须增强获取技术的能力，包括自主研究开发能力和从外部吸纳技术的能力。一般来说，通过自主研究开发取得的技术，能够很好地切合企业产品创新的实际需要，有利于研究开发产品的产业化和商品化，也有利于逐步形成企业的技术优势和无形资产，因此自主研究开发应是企业获取技术或技术创新的主要途径。但是，在技术创新迅速发展的时代背景下，任何企业，包括自主研究开发能力强的企业也有必要从国外或国内企业引进先进的技术，加快产品创新的进度和提升产品创新的水平。在国内钢铁企业中，宝钢具有较强的创新能力和较高的创新水平，这与宝钢从国外引进先进的装备和技术，并在此基础上消化吸收和改进创新有很大的关系。宝钢和其他一些钢铁企业的实践表明，自主研究开发和引进先进技术相结合，既能充分利用引进的技术资源，又有利于形成企业的技术特色。

在“十二五”期间我国改造提升制造业。制造业发展重点是优化产品结构，改善品种质量，增强产业配套能力，淘汰落后产能。发展先进装备制造业，调整优化原材料工业，这对钢铁产品的要求将会有结构性的和升级换代的变化，钢铁工业的质量经营也将进入一个必须依靠技术创新发展的新阶段。近年来随着钢铁工业的发展，在新建、改建和扩建过程中，引进了很多先进的设备和技术，充实了技术创新的物质基础。但是我国钢铁工业的产品创新仍然以“跟踪性”居多，“原创性”比较少。对具有“商品力”产品的核心技术仍然处于跟踪或追随阶段。例如石油天然气用管线钢国外已经可以生产 X120，而我国基本上还只限于 X80，汽车用钢板国外已经开发成功 600 ~ 900MPa 的 TRIP 钢和 1300MPa 的 DP 钢，而我国汽车钢板的强度还在 210 ~ 550MPa 之间。超临界和超超临界火力发电机组所用的锅炉管 WB36、T/P23、T/P122 等基本上依靠进口；家电行业用国产钢材 H13 制造的压铸模具寿命只有 3 万 ~ 5 万次，而进口 H13 钢的压铸模具的寿命可达 20 万次。质量经营需要以“原创性”的技术创新为重点，企业的“原创性”技术创新和积累越多，满足顾客特定要求的可能性越大，市场竞争能力越强。

根据当前市场需求和竞争的形势，企业的技术创新必须以顾客需求为导向，以生产企业为主体，以核心技术为目标，对创新产品的及时性、通用性、差异性和灵活性进行有区别的对应，将计算机辅助设计开发和质量功能分配等先进的方法用于产品设计和技术创新过程，特别是将产品的设计开发与生产技术和装备（特别是后步工序）的系统优化结合起来，将是实现钢铁行业转变质量经营发展方式的关键。为了实现“原创性”的技术创新，企业不仅要关注顾客和市场的需求，也必须注意正确地选择技术获取方式，加大对研究开发的投入，将具有生产经验和创新能力的人才用于产品的研发上，并建立相应的激励机制，将创新成果迅速转化为有形产品和无形资产，推动“商品力”产品具有国际先进水平，不仅满足国内市场要求，而且将同先进装备制造业同步发展和一起进入国际市场。

在“十二五”期间，钢铁企业技术创新包括新工艺、新装备和新技术创新。新工艺技术创新包括：非高炉炼铁技术，新一代可循环钢铁流程技术，钢材强韧化技术，新一代控轧控冷技术，大型电炉设备成套技术，薄带连铸短流程产业化技术，煤针状焦产业化技术，工业核心工艺控制器系统（CCTS）研究与开发。新产品技术创新包括：核电不锈钢、核岛压力容器钢板、核电发电机转子锻件合金钢、核电蒸发器传热管用钢生产技术；超超临界火电机组蒸汽管、过热器、再热器用钢，高中压电转子用钢生产技术；超纯铁素体不锈钢、高氮控氮奥氏体不锈钢、超级奥氏体耐蚀不锈钢生产技术；油船用高品质耐蚀船板、特种耐腐蚀油井管生产技术；高强高韧汽车用钢、高品质轴承钢、齿轮钢等生产技术。节能减排技术创新包括：高炉富氧喷吹焦炉煤气技术，高炉炉顶煤气循环氧气鼓风炼铁技术，烧结脱硝脱二噁英技术，电炉炼钢中二噁英类物质的减排技术，转底炉直接还原钒钛磁铁矿技术，矿产资源综合利用新流程技术，高炉渣、钢渣等显热回收利用技术，共伴生矿、难选冶矿应用技术。

我国在“十二五”期间，继续坚持把经济结构战略性调整作为加快转变经济发展方式的主攻方向。钢铁企业的产品创新应以加强农业基础地位、提升制造业核心竞争力、发展战略性新兴产业、加快发展服务业的潮流为原点，研究、开发和生产适应上述发展的新产品和新技术。目前建筑用钢已经占国内钢材消费量的一半，但是进一步提高钢材强度（包括抗震钢材），减轻建筑结构重量和钢材用量仍然需要创新。当前虽然安居工程是建筑钢材的重要市场，但是从长远发展来看，高强度建筑钢材仍然是产品创新的重点。能源工业的发展也对钢铁产品提出了新的商机，特别是超临界和超超临界大容量机组的锅炉用钢、汽轮机用钢和发电机用钢的国产化会对电力行业的容量大型化和电网智能化做出贡献。高速铁路的发展不仅要求车体轻量化，而且钢轨和车轮也需相应地实现抗疲劳、耐磨损和长寿命。汽车用钢的轻量化和家电用钢的高档化以及高端装备制造业对钢材要求的多样化、优质化和高档化也为钢铁企业的产品创新提供了机遇。从质量经营角度来看，对上述产品的设计和开发并不仅仅是能够生产和供应，而是产品具有适用性、差异性、多变性或综合性，生产和供应竞争对手不能够生产和供应的产品。如果竞争对手也能够生产的话，只能靠低成本取胜，经济效益不会很好。

生产和供应竞争对手不能够生产和提供的产品的关键在于自主创新的核心技术。只有自主创新的核心技术才能占有竞争优势。当竞争对手能够掌握类似技术时，又有新一代的产品和技术诞生了，这就是质量经营的关键。例如石油天然气输送用的管线钢已经形成了 X60、X70 和 X80 系列，当各企业均可以生产和供应前，有创新的企业又推出了 X100 和 X120。日本新日铁早在 30 年前，在取向硅钢产品具有竞争优势的核心技术是减薄钢板厚度（0.18mm）、提高硅含量（3.5%）和细化磁畴技术，成为了世界先进水平的产品。为了保证企业的竞争力，即使输出技术，也对引进技术企业的生产规模作出限制。当竞争对手能够生产同样产品时，他们又创新了新的产品和新的技术，依靠技术创新保持竞争优势。

7.4 钢铁企业技术创新的特点

质量经营主张技术创新的成果不仅应向物质产品转化，也主张形成知识产权，向产业化和商品化方向过渡。现在有些民营企业在新产品开发中确实很有业绩。例如某企业可以生产出国内最大口径的不锈钢钢管，但是却只能提供产品，没有形成固有技术；有的科技企业研究的成果具有首创性，但是却没有形成商品。为了建成钢铁强国，技术创新的产业化和商品化是必不可少的。

钢铁企业技术创新具有以下几个方面的特点：

（1）产品的先进性。产品和技术的先进性主要表现在与同行业的其他企业对比，产品特性和参数不仅满足标准要求，而且居领先水平。例如日本大同特殊钢公司开发的新型预硬化塑料模具钢 RPD728 和 RPD749，作为 40HRC 级塑料模具钢与同一用途的 NAK80 相比，性能先进。RPD728 适于制作表面质量要求高的模具，而且耐冲击和耐腐蚀；RPD749 节约稀有金属，降低了钢材生产成本和提高了模具的生产效率。由于产品的先进性，具有大型化、精密化和预硬化特点，市场在不断地扩大。我国东北特钢的抚顺分公司开发的 H13、718、P20、NAK80、S136 都具有先进水平；宝钢特殊钢公司（原上钢五厂）开发的 718 模块、H13 模块，跟进口产品水平基本相当。

我国宝钢坚持技术创新，持续加大研发投入，大力推进体系能力建设，积极探索机制和管理创新，广泛开展技术创新活动，拥有一批具有自主知识产权的技术和先进水平的产品成果，至 2010 年，宝钢拥有授权专利 5464 件（其中发明专利 1001 件），一批重大创新成果获得国家、省市和行业表彰，其中“宝钢高等级汽车板品种、生产及使用技术的研究”项目获得国家科技进步一等奖，“一种安全环保资源化的炼钢熔渣粒化新技术”、“钢铁企业副产煤气利用与减排综合技术”等项目获得国家科学技术奖二等奖。

武钢在确定和实施“质量效益型”管理模式时，就明确提出了“推广一代、试制一代、研究一代、规划一代”的新产品开发思路，选准武钢核心技术能力的切入点，每年落实一批项目鉴定转产，组织一批项目生产试制，安排一批项目进行应用研究，规划一批项目超前基础研究。武钢在消化吸收一米七轧机系统过程中，一直坚持以全面质量经营为中心，围绕一米七轧机系统建立了以 14 种产品系列为龙头的“一条龙”质量保证体系，使产品在生产过程中实行了从原料进厂到成品出厂的全过程的质量控制。另外，还在直接对产品性能、成分、精度、可靠性和安全性有影响的关键工序建立了管理点。当时一米七生产现场已有三级工序管理点 93 个，并发展成监控型、控制型、管理型和联合型 4 种模式，构成了全方位的工序控制。武钢产品的双标率已经达到 96%，其中国际先进水平占 92%，产品质量和服务质量连续 3 年在用户评议中名列前茅。国优产品金牌奖 4 枚，银牌奖 6 枚，在全国也处于领先水平。同时，确立了未来新产品开发目标和方向，即在掌握高纯净度、高均匀度和超细晶粒组织控制工艺技术的基础上，到 2005 年使武钢钢材产品达工业发达国家实物质量水平产量比大于 60%；至 2010 年钢材产品达工业发达国家实物质量水平产量比大于 80%，优化品种结构，实施精品名牌战略，创名牌10个，创精品10个，精品名牌产量比大于50%，使武钢成为我国钢铁产品精品名牌研发生产基地之一。武钢对硅钢的技术创新更具有先进性。武钢高端取向硅钢的快速发展，有效缓解了国内用户对高端品种的需求，加速了向特高压领域挺进的步伐。

（2）产品的可靠性。可靠性是对产品无故障工作能力的量度，是指在规定的工作环境下保持其质量指标的时间或使用寿命。特别是与安全有关的产品，例如建筑用螺纹钢，高速铁路用钢轨和车轮，发电用锅炉钢管、汽轮机叶片和发电机用硅钢片，航空发动机材料等必须具有足够的可靠性。瑞典的SKF是坚持以酸性平炉生产的高质量轴承钢，曾经称雄世界几十年，日本用了15年时间采用超高功率电炉和炉外精炼技术，提高了钢的纯净度，寿命超过了以前的30倍，具有很强的市场竞争力。

现在我国轴承钢企业也正在努力，把GCr15类高碳铬轴承钢的氧含量首先降到不大于$6\times10^{-4}\%$，然后再降到不大于$5\times10^{-4}\%$。控制最大夹杂物的尺寸、消灭大颗粒低倍夹杂。另外发挥电渣装备优势，大力发展高速铁路列车用的渗碳轴承钢和航空用高温轴承钢。加强研究和开发，争取让SKF、FAG、NSK、TIMKEN、NMB等世界著名轴承企业信任中国产品的可靠性。

在中国的日系汽车制造商对产品和材料的质量要求是全世界最严格的。在国内三大日系汽车制造商中，广州本田对材料质量的要求更加严格。该公司过去汽车用钢全部使用从日本进口来的产品。宝钢在技术创新过程中非常重视产品的先进性，2005年，宝钢成为国内首家向广州本田供货的汽车用钢供应商。近年来，宝钢在用户需求上快速反应，在质量提升上持续改善，赢得了广州本田的高度认可，逐渐成为其最主要的汽车用钢生产企业和供应商。

（3）产品的经济性。当前，我国钢铁行业产能过剩，供过于求；产业结构不合理、产业集中度过低；资源环境的“硬约束”和要素成本的上升，使钢铁企业面临一定的风险，开发经济性产品具有非常重要的作用。

产品的经济性不仅有助于降低生产成本，更有利于顾客的增值增效，有的甚至可以节约资源或能源，具有重要的社会价值。我国在20世纪70年代研究和开发的W9Mo3Cr4V高速钢，性能与W18Cr4V（T1）和W6Mo5Cr4V2（M2）相当，甚至综合性能超越上述两个钢种，在国内得到迅速推广，刀具大量出口，其主要的创新点是节约钨资源。低合金高速钢发展的重要原因也在于其经济性。另外，我国研究开发的钢研102（12Cr2MoWVTiB）是一种低合金贝氏体型耐热钢，主要采用钨钼复合固溶强化、钒钛复合弥散强化和微量硼的硬化，该种钢不含镍，用于制造耐大气、水蒸气、水及氧化性酸腐蚀的零部件，是性能价格比好，而且是经实践考验的低合金热强钢种，具有一定的经济性。

目前生产 P110 钢级石油套管所采用的钢种为 30CrMnMo，强度潜力很大，但生产成本也相对较高。由于 API 标准只对 P110 钢级化学成分中的 P、S 含量和力学性能等指标进行了限定，因此对于 P110 钢级，可以开发一种更为经济的新钢种。通过调整热处理工艺，达到 API 标准所要求的性能，从而对增强企业的市场竞争力具有重要的现实意义。

（4）产品的综合性。产品的综合性主要包括资源节约和环境友好等特性，例如无铅的易切钢、节镍的铁素体不锈钢、无涂漆的耐候钢和非调质结构钢等也在研究、开发和创新过程中。最近，一个钢管生产企业提出开发厚壁钢管空心芯棒代替实心芯棒创新思路。但芯棒在使用过程中要承受高温、高压和摩擦作用，为了在芯棒表面形成良好的润滑层，需要控制芯棒温度，使润滑剂中水分蒸发，让润滑剂均匀地和牢固地贴在芯棒表面，提高润滑效果。芯棒作为轧管工具，为了实现空心芯棒的创新，必须保证钢管的内表面质量，防止划伤、磕伤、磨损、裂纹、断裂等缺陷以及下线后如何修复，在空心芯棒创新过程中也必须对产品的综合性能进行深入研究，才有可能占有领先优势。

7.5 钢铁企业技术创新的机制

为了支持技术创新，企业必须建立适宜的创新机制，包括组织机构、运行程序、运行环境、管理方式和激励制度等。例如有的企业在技术创新的运行程序中，明确规定了市场调研、论证决策、开发研制、批量生产、产品营销、顾客服务、效益分析和奖励等，形成了“集中指挥、统一经营、专业协作、权责明确和严格考核”的创新管理模式，建立起能够很好地发挥系统各要素内在功能的运作方式。机制与体制有密切关系。机制实际上是运行着的体制。建立企业自我发展机制是企业经营机制转换的重要目标之一。由于技术创新是企业发展的主要动力，因此建立和完善企业的技术创新机制，将是增强企业的活力、提高企业技术创新能力和促进企业发展的核心问题。但是，有不少钢铁企业虽然也建立了技术中心，并将研究开发和技术管理集中于一起，却只有其名而无其实。即使是通过 GB/T 19001 认证的企业，对设计和开发也没有有效的控制程序。只把顾客订货中一些附加的要求，或者本企业没有生产过的产品的试制作为设计和开发的对象，没有实质性的创新。在研究开发过程中缺乏对市场需求、技术获取、自身优势进行分析，有的企业更没有研究开发的人才和装备，对成果的转化和投放市场的机会也缺乏研究。如何将创新产品和技术形成固有技术或知识产权，在管理制度上也不完善，因此对质量经营起不到应有的作用。

为了企业在竞争中具有经营优势，必须在技术上有创新，而技术创新又必须有机制和体制的保证，包括组织结构、人力资源、运行程序、支持系统、改善环境等。武钢的技术创新有“三大主体”。一是以武钢研究院为核心的原始创新主体，重点是在新产品、工艺技术方面的原始创新；二是以武钢工程技术集团公司为集成创新载体，围绕工程项目的生产、研发、设计和装备开展四位一体的工程集成创新；三是以武钢股份为引进消化吸收再创新代表，以生产现场为重点、以稳定提高和精益运营为特征，开展产品质量保证、工艺技术优化、设备功能完善等方面的引进消化吸收再创新。

技术创新应开始于产品的设计和开发阶段，然后再针对降低成本、节能减排和安全生产等，但质量是创新的重要环节。产品创新必须以顾客期望和需求为关注焦点，包括现时的和未来的，明示的和隐含的。在产品创新时不仅应关注顾客或市场，还应考虑企业自身的条件（优势和劣势），产品的技术经济分析，与现有产品的关系（继承性和创新性）等。产品创新是靠过程创新作为支撑的。过程创新包括技术选择、获取和运用，供应链的选择和优化，营销服务系统和网络的建立等。

把质量经营纳入系统创新，实质上是把质量经营的过程方法和系统方法的基本原则更具体化。质量经营应在激烈的市场竞争中实现管理的创新。为了满足市场和顾客要求，开发新产品、新工艺、节约资源、保护环境，不断地使生产要素实现优化组合。也就是说，质量经营在系统创新过程中实现质量经营。其结果是企业更具有竞争力。当前，有些企业对质量、环境和职业健康安全管理进行整合，也只能是系统管理的开始，而远远没有达到系统创新的水平。科学地和系统地解决问题的方法也是核心竞争力。如果我们的质量经营人员能够抓住机会，并且具有创新思路，就能够在未来知识经济中领先。这种转变能够使质量工作者更好地创新产品和过程，保证在未来的竞争中具有优势。为此，质量工作者应适应系统创新的形势要求，进行技术创新，向质量经营过渡。

7.6 技术创新存在的问题

技术创新存在的主要问题有：

(1) 技术创新意识不强。企业的竞争能力应取决于企业技术创新能力。但是有一部分企业技术创新意识不强。甚至在技术引进之后，也不重视研究、消化和创新，形成具有本企业自己特色的技术体系。没有实现引进→创新→输出的良性循环，从而造成我国现阶段钢铁工业产量居世界第一位，但是生产技术和产品水平与国外先进企业相比仍存在一定的差距。主要原因在于消化创新能力较差，引进技术的消化吸收和二次创新能力不足。例如彩色涂层钢板的技术和设备是从国外引进的，但是至今仍然缺乏超越国外技术先进水平的企业。

(2) 技术创新机制未形成。企业技术创新主要由企业独立进行，但是很少有企业有技术创新机制。技术管理部门多数以建立操作规程为主，自主创新不够，产学研合作创新也未发挥充分的作用。即使有的企业有技术中心，但技术创新能力仍然不足。即使接受了高校或科研机构的成果，也难以把这些成果商业化。

(3) 技术创新能力不强。技术创新能力不强，主要原因是技术创新投入和人力资源不足。影响企业技术创新的主要因素是缺乏高素质技术人才。有很多企业并没有技术创新的资金、设备和人员。特别是当前钢铁企业经济效益不好，很多企业处于亏损状态，技术创新就没有成为大部分企业发展的动力源泉。

(4) 技术创新投入不足。创新投入不足导致技术创新少，创新水平低。有的企业没有专门的技术研究开发部门，创新资金投入过少。当前我国政府在技术创新方面的专项拨款主要是向科研机构或高等院校注入。而科研机构和高等院校与企业之间缺乏有机联系，致使大量技术创新资金无法为企业利用。由于技术创新的高风险，银行也不愿意对企业的研究开发项目贷款。

(5) 技术创新管理薄弱。技术创新前提条件依靠管理创新。改革开放以来，我国钢铁企业大量地进行了技术改造、技术引进和技术革新，有的效果较好，但也有不少并没有发挥应有的作用，原因之一就在于我国企业管理薄弱，不能适应技术进步的要求，无法使技术创新得到正常的发展。

（6）技术创新激励机制缺乏。技术创新的激励机制不足。外部激励不足表现为产权激励失效和缺乏市场激励，使创新成果无法达到规模经济。企业内部激励主要是企业内部的管理问题。主要表现为企业内部对创新者缺乏足够的激励，创新的奖励未能制度化，无法充分调动企业员工创新的主动性和积极性。国外有的企业当创新技术或产品形成专利时，即使没有销售，技术创新人员也能获得奖励。

目前我国钢铁企业的主导产品螺纹钢、小型材、中型材、线材和薄板等产品生产能力过剩，利润较小；而高附加值和高技术水平产品的生产能力不足，仍然需要进口。另外，钢铁生产高能耗、高污染、低效率。尽管我国钢铁工业总量居世界第一，但高端品种仍然有所欠缺。钢铁工业是能源和资源高消耗的行业，如果在产品品种和质量、在节能减排等方面缺乏技术创新，将对我国资源和能源等方面造成巨大压力，钢铁工业的社会效益将会降低。

7.7 重视和发展系统创新

系统创新包括过程创新和产品创新。产品创新是开发具有吸引顾客和使顾客增值特性的产品；而过程创新的目的在于降低现有生产过程的成本，或提高整个供应链的效率。而为了使创新过程系统化并降低过分依赖于领导的个人能力或才干，采用适用的工具和方法是必要的。它们可以用于系统地分析顾客的需求和期望，分析和研究遇到的问题，开发解决问题的方法，以保证持续改进。

企业的系统创新应开始于产品的设计和开发阶段。然后创新便集中在过程中，而且基本上是针对降低成本。缺陷影响成本，所以质量是创新的重要环节。产品创新必须以顾客期望和需求为关注焦点，包括现时的和未来的，明示的和隐含的。在产品创新时不仅应关注顾客或市场，还应考虑企业自身的条件（优势和劣势），产品的技术经济分析，与现有产品的关系（继承性和创新性）等。产品创新是靠过程创新作为支撑的。过程创新包括技术选择、获取和运用，供应链的选择和优化，营销服务系统和网络的建立等。

把质量经营纳入系统创新实质上是把质量经营的过程方法和系统方法的基本原则更具体化了。质量经营不仅跨越了部门界限和组织界限，使管理进入了市场，在激烈的市场竞争中实现管理的创新。为了满足市场和顾客要求，开发新产品、新工艺、节约资源、保护环境，不断使生产要素实现优化组合。也就是说，在系统创新（生产要素的新组合）过程中实现质量经营。其结果是企业更具有竞争力。当前，有些企业对质量、环境和职业健康安全管理进行整合，也只能是系统管理的开始，而远远没有达到系统创新的水平。

宝钢召开过技术创新委员会会议，会议指出，要加快完善技术创新体系，支撑集团公司各单元技术进步，实现宝钢技术领先的目标。徐乐江指出，针对集团公司各板块技术创新水平参差不齐的现状，集团公司层面应从管理入手，理顺和完善技术创新体系，推动先进板块不断进步，支撑落后板块快速发展。领导人员肩负着公司技术进步和竞争力提升等工作的领导职责，要勇于担当，敢于承担风险，系统策划好宝钢未来的技术创新道路。

第8章

标准化管理

8.1 什么叫“标准化”

ISO/IEC GUIDE 2：1996 3.2 对标准的定义为：“在一定范围内获得最佳秩序，对活动或其结果规定共同的和重复使用的、并经协商一致制定的，并经公认机构批准的规则、导则或特性的文件。”可以理解：标准是对重复性的事物和概念所做的统一规定。标准是以科学技术和实践经验为基础，经有关方面协调一致，由主管机构批准，以特定形式发布，作为共同遵守的准则和依据。一般来说，标准有以下特点：

（1）重复性。只有重复性的事物和概念才有可能必要制定标准。

（2）科学性。标准产生的基础是科学、技术和实践经验的结晶。

（3）协调性。标准需要经过有关方面的讨论、协商和协调一致。

（4）程序性。标准文件有一套制定、批准、颁发和执行的程序。

对重复性的事物或概念（包括生产技术、经营管理、岗位工作）通过标准达到统一，以获得最佳效果的活动或过程，叫做“标准化”；或者说将重复进行的作业方法制订成标准，根据标准进行作业的过程或活动就是标准化。

标准化的特点是有明确的目的、有重复的活动和有组织的实施。目的在于建立社会和企业的最佳活动秩序和取得经济效益和社会效益。标准化的对象是重复性的活动或过程。可以是全部重复的，也可以是部分重复的。标准化是一个有组织活动的过程。对标准化活动进行动态管理。标准化是现代化管理的基础，也是质量经营的准则。推行标准化能够提高企业的管理水平和员工的素质，保证生产持续有序地进行和产品质量的稳定和提高，有利于质量经营有效运行和提高企业的经济效益和社会效益。

8.2 什么叫“标准化管理”

标准化管理是指符合外部标准（法律、法规或其他相关规则）和内部标准（企业的产品标准或作业标准）为基础的管理体系。在市场激烈竞争的环境下。企业经营管理的有效性和效率非常重要。为了提高企业经营管理的有效性和效率，一般提倡3S原则，即Standardization（标准化）、Simplification（简易化）Specialization（专业化）。其中标准化是企业经营管理最重要的基础。例如质量管理、生产管理或信息化管理，如果没有标准化管理作为基础，其他任何管理都是不可能发挥作用的。

标准化管理的主要作用不仅为企业质量经营提供科学管理的基础，而且为满足顾客要求提供质量保证。标准化管理将产品或服务的质量、成本和交付期纳入规范化管理，协调产销秩序。标准化管理有助于采用国际标准，履行国际合格评定程序，消除贸易障碍。标准化管理有助于在市场竞争中，提高企业管理水平和产品质量水平，提高经济效益，促进经济发展。

日本在对企业的质量经营调查中，标准化管理是重要内容之一。在质量经营中标准化管理不仅限于产品，还包括过程、活动和岗位。标准化对产品的作用在于准确沟通和及时传递顾客和企业之间对产品质量要求的信息，确保产品质量的一致性和使用的互换性，确保质量、成本和交付期。标准化对过程或活动的作用在于明确管理职责、资源、信息和运行程序。标准化对岗位的作用在于规定应当做什么，不应当做什么，偏离了目标应当如何纠正。

鉴于市场需求的不断变化和科学技术的持续发展，企业的产品和服务也必须相应地创新。为此，企业的标准化管理也必须适应形势不断地变化，即所谓的“动态管理”。特别是当前企业自动化和信息化水平不断地提高，不仅对物质流、资金流和信息流进行一体化管理，而且对能源介质、安全生产和环境管理的管理也进入了经营管理体系，标准化的管理水平必须随之改进和提高。企业的标准化管理已经进入了全面融合时代，包括基准、标准规范化、管理方法标准化、行为动作标准化、时间系列标准化、工作程序标准化、能源管理标准化、安全生产标准化、环境管理标准化、礼仪服装标准化和标识标志标准化等。

标准化的管理包括标准的制定和修改，标准的分级、审批和发布，标准的贯彻执行和监督检查，标准化管理机构设置和队伍建设等。有的企业为了加强标准化的管理工作，成立由公司领导为主任委员，各有关部门领导为委员的标准化工作管理委员会。委员会下设专职机构，其成员由标准化工程师和有关技术管理人员组成。标准化管理机构的主要任务是：承担企业标准化计划的起草、协调和修改、印刷和发放工作，负责监督企业标准的实施和协调工作，提出改进方案和负责日常管理工作。

8.3 标准化管理的作用

企业的标准化是企业的质量经营的坚实基础。标准化不仅能够提高产品和服务质量，也能够提高经营管理水平。

企业管理具有双重属性，一是自然属性，即科学合理地配置和利用资源和能源，使企业实现创新开发和科学生产管理；另一是社会属性，即以人为本，加强管理，建立企业文化，促进质量经营。在市场经济体制下，企业的产品和服务质量是竞争的核心，为了提高市场竞争力，必须提高产品和服务质量，降低成本、缩短交付期，因此必须加强生产管理、技术管理、质量管理、采购管理、物资管理、成本管理、经销管理、设备管理、安全生产管理和环境保护管理等，为了实现上述管理的科学性和有效性，必须进行标准化。换句话说，标准化管理是企业现代化管理的基础。

企业管理具有双重功能，一是对内功能，即使企业稳定生产、积累技术、确保互换性、提高可靠性、实现职业健康安全生产和节能减排环境保护；二是对外功能，向客户和市场提供增值产品或服务，提高客户满意度和忠诚度，提高企业竞争力、关注相关方利益和履行社会责任。为了充分发挥上述功能，必须进行标准化。换句话说，标准化管理是企业现代化管理的核心。

企业管理具有双重作用，一个是程序化作用，按过程方法进行管理必须按过程活动程序进行，有输入，有输出，有先有后，有严格的程序；另一个是规范化作用，规范化要求任何过程和活动必须有准则，标准化管理能够实现程序化和规范化。换句话说，标准化管理是企业现代化管理的准绳。

钢铁企业的发展逐步实现大型化、机械化、自动化和信息化，管理范围扩大，职责分工细化，技术内涵复杂，协同单位众多，必须以标准化管理作为手段，才能发挥企业管理应有的作用。现代化的企业不仅产品生产要符合标准要求，技术操作也应符合规程要求，组织活动、职工行为、激励机制和改进程序也要有规范的制度。现在质量管理在执行 GB/T 19001 标准，环境管理在执行 GB/T 24001 标准，职业健康和安全生产在执行 GB/T 28001 标准等，可以看出今后的企业管理将必全部是标准化的管理。

8.4 企业标准化的内容

标准化是企业管理现代化的基础。企业管理的现代化必须以标准化为重要管理方法。企业的标准化是企业的产品、活动和过程全部形成标准化体系。企业标准化体系的构成是以产品标准为核心，以岗位标准为基础，以技术标准和管理标准为支撑，以基础标准为指导的标准化体系。

标准是对重复性事物或概念所做的统一规定，应有规范性的建立程序和表述格式。企业标准应按国际标准或国家标准的规定进行编制。国家标准 GB 1《标准化工作导则》，包括《标准编写基本规定》、《标准出版印刷规定》、《产品标准编写规定》、《化学分析方法标准编写规定》、《符号、代号标准编写规定》、《术语标准编写规定》、《产品包装标准编写规定》和《信息分类编码标准编写规定》等。

企业应参照国家标准 GB 1《标准化工作导则》，建立本企业的标准化编制规范化的程序。企业标准一般包括基础标准、技术标准、产品标准、管理标准和作业标准。

8.4.1 基础标准

基础标准是标准化管理的重要基础。基础标准包括通用的基础标准和专用的基础标准。通用的基础标准一般是指标准化工作导则、计量单位标准、术语标准、符号、标志标准和信息分类编码标准。专用基础标准是指用于制定某些过程的管理标准或某种产品的技术标准的基准。基础标准是标准化中所有标准的基础，具有指导作用。

8.4.2 产品标准

产品标准是企业标准化体系的核心。企业是通过产品来满足顾客需求，从向顾客提供增值的产品而获利并发展壮大的。产品标准是企业竞争力的表现，也是企业核心技术的结晶。企业的产品标准应以国家标准和国际标准为基础，并具有本企业的特点，能够满足顾客增值的要求。

产品标准是规定产品特性的，是企业研究和开发的结果，是标准化体系的核心。目前有些企业没有产品标准，只是执行国家标准，这说明这个企业没有或缺乏研究和开发能力，只能按国家标准生产，不能满足顾客的增值要求或附加要求。有些企业虽然也有企业的产品标准，并不用于作为订货的依据，而是内部控制和考核生产的标准。这种标准没有给顾客带来选择的机会，不能体现差别化。还有些企业的产品标准在表述格式上不符合 GB 1.1 ~ 1.3 的规定，从内容条款上也没有完整地描述产品的特性体系，不能称其为标准。同样属于产品标准，形式和内容差异很大。

例如，国外有的企业标准，化学成分规定的范围比国家标准窄，夹杂物不仅规定级别还规定形态，尺寸公差也更严格，并用于向顾客订货的依据(但在某些情况下对同行是保密的)。这样的标准是符合顾客的特定要求的，所以才形成了与顾客长期的战略伙伴关系。例如汽车用冷轧钢板，虽然有国家标准，但是，汽车厂商向钢厂订货的标准完全是企业的产品标准，而且各企业的标准都各具特点，供顾客选择。我国钢铁企业中只有宝钢等少数企业制定了具有完整体系和规范格式的产品标准，多数企业还只限于采用国家标准，甚至还有个别企业低于国家标准让顾客让步接收或偏离许可。

为了建立健全的和完整的产品标准，应大力加强企业的研究和开发工作。目前有些企业的技术中心做得好，但也有相当多的企业的技术中心没有能力从事研究开发，把已经有国家标准和国内其他企业已经生产的产品，由于本企业没有生产过，把它作为研究开发，所制定的企业标准仍然没有超过，甚至还低于国家标准，这种现象仍然存在。如果没有足够的研究开发，企业的产品标准体系是很难形成的。

8.4.3 技术标准

产品的实现过程是靠技术和管理来支撑的，所有的技术应通过标准化来体现和发挥出来，这主要包括工艺技术规程、设备操作规程、分析检验规程和安全环保标准等。其中以工艺技术规程为重点，是实现产品质量（Q）、成本（C）和交付（D）的关键。

技术标准主要是工艺技术规程，它是产品实现过程策划的重要输出。工艺技术规程有两种，一种是过程本身的策划（例如炼铁工艺技术规程或炼钢技术工艺规程等），另一种是过程与过程关系的策划（例如型钢、板材或线材工艺技术规程）。前者是一个点，后者是一条线。有些企业把前者的标准化责任放在基层生产现场，把后者的标准化放在职能部门。这样很难保证过程的增值和系统优化的完整结合。国外先进企业是以产品的标准化带动过程的标准化，即工艺技术规程的形成和优化。有某一种产品订货，就形成一组代码，其中包括了产品特性和工艺过程。某外国企业的冷轧钢板订货代码，第1、2位代码表示产品用途，第3位代码表示需要什么坯料，第4位代码表示表面等级，第5位代码表示特殊用途要求。

例如有一份订货合同上写着20142，那么20就是汽车车顶用的冷轧钢板，1是真空处理的钢坯，4是O5表面质量等级的，2是磷化处理的。这批订货下到生产现场后，便根据代码组合成一组生产工艺，进行有针对性的生产。根据产品要求组合工艺，这是工艺技术规程规定的，是产品标准化要求工艺技术标准化，或者说工艺技术标准化保证和支持着产品的标准化。如果工艺技术规程不能做到这一点，面对所有产品工艺技术规程都是一成不变的，产品就不可能具有特色，或者说很难满足顾客的特性要求。

8.4.4 管理标准

管理标准是为了有效地保证技术标准的贯彻与实施，协调统一管理工作的标准体系，包括有生产管理、工艺管理、技术管理、质量管理、计量管理、采购管理、营销管理、物资管理、设备管理、工模具管理、能源管理、安全生产管理、环境管理等。管理标准应分层次（决策层、管理层和执行层）明确职责权限，规定能力和资格，推行适用的管理模式，采用适宜的管理方式，指定管理标准和监管方法，规定与管理模式和方法相协调的管理工具，必要时将行为、语言和时间也列入管理标准中。

管理标准也是产品标准的重要支撑。例如销售管理，必须首先识别和评审顾客要求，规范销售过程，将顾客要求转换成上述那样的代码，使生产现场能够进行有针对性的生产。采购管理也必须根据顾客要求，界定采购产品控制的范围和标准，评价、选择和控制供方，对采购产品进行验证。生产管理同样根据顾客要求组织生产保证质量、成本和交付期。另外，还包括质量管理、财务管理、设备管理、人力资源管理、环境管理、职业健康安全管理、能源管理、信息管理等。所有的管理都围绕产品标准化形成各自过程管理的标准化，才能共同形成质量保证和质量控制，从而形成完整的质量管理体系。

8.4.5 作业标准

作业标准是作业动作的标准化，是规范作业活动和行为，主要内容有作业顺序、管理要求、技术要求、质量要求、安全要求、环境要求、信息要求和异常处理要求。作业标准是集管理和技术标准为一体，是保证产品质量、成本和交付的基础。作业标准应按管理和技术要求突出重点、规定具体、适当量化、适于操作。

作业标准包括生产岗位和管理岗位，使所有的岗位活动都规范化，是实现企业标准化的基础。岗位标准是技术标准和管理标准的结合点。岗位标准内容是兼容了技术和管理两方面内容，实现技术和管理的整合。岗位标准包括最高管理者、各管理层次管理者和执行者都应当有岗位标准。目前，很多企业重视生产岗位的岗位标准，忽视工作岗位的岗位标准，强调工人生产活动的标准化，放松了干部管理过程的规范化，是企业标准化的一个薄弱环节。形成这种局面的重要原因之一是管理过程没有识别过程中活动、活动与活动的关系、职责权限不清、判断准则不明，评审和确认不够，总之没有贯彻实施相应的技术标准和管理标准。如果生产岗位的工人有岗位规程，管理岗位的干部也有岗位规程，岗位标准得到了贯彻和落实，那么企业的标准化就有了基础，技术标准化和管理标准化就有了保证，产品的标准化才真正得以实现。

8.5 质量经营管理的标准化

质量经营非常强调和重视标准化。标准有两大类，一类是由自然决定的，另一类是由人为确定的。前者基本上是产品标准或技术标准，后者主要是管理标准或经营标准。质量经营不仅要求产品和技术有标准，也要求经营管理有标准。质量经营标准化的主要内容是规范、管理和改进企业经营过程和活动。

8.5.1 经营管理层次的标准化

现代化的钢铁企业，虽然设备先进，自动化程度逐步在提高，但是也必须对员工进行正确的指挥和有效的管理。钢铁企业是规模比较大的企业，为了保证企业生产经营的正常运行，管理者必须设定合理的经营管理层次，授权分担一部分管理工作。经营管理层次，就是在职责权限等级链上所设置的管理层次的级数，或者说形成了企业组织结构的等级制或层次性管理结构。企业管理层次和管理范围之间存在着一种反比的关系。管理范围越宽，管理层次就越少；管理范围越窄，管理层次就越多。前者叫做“扁平型”结构，后者叫做“高耸型”结构。现在钢铁企业的组织结构多数是属于“高耸型”，机构和层次都多，分工复杂，互相推诿，管理效率低。“扁平型”组织结构比较精简、灵活、精干、效率高。现在有些企业，特别是民营企业的组织结构偏向于“扁平型”。

“扁平型”组织结构一般包括经营决策层、专业管理层和作业管理层。经营决策层就是企业的高层领导，负责策划和决定企业的经营理念、愿景、使命、价值观、发展战略和经营方向等根本性问题。专业管理层就是企业的管理机构，例如部、处或室等。下面不再设置科室，直接服务到基层。作业管理层是基层组织，像宝钢借鉴日本新日铁的模式，在作业管理层推行作业长制，负责生产现场管理。在日本有的钢铁企业，专业管理层的部长兼任专业生产现场的工场长。Staff 和 Line 扁平合一。

经营管理层次标准化能够保证企业在外部环境和经营形势发生变化时，能够持续有序地正常运性，同时具有一定的适应性。

8.5.2 经营管理方法的标准化

经营管理方法就是管理模式，不同的企业结合本企业实际探讨和实施适合本企业的管理模式。管理模式就是把企业的管理方法标准化。例如对经营管理的过程按 PDCA 循环或 5W1H 方式对 4M1H（人、机、料、法、环）进行管理，并采用老的或新 7 种统计工具，按持续改进的程序（提出问题、调查现状、分析原因、确定目标、提出对策、付诸实施、检查效果、纳入标准和继续改进)，完成企业的方针、目标和指标。

随着技术进步和经济发展，经营管理方法也在不断地创新，例如目前很多钢铁企业采用6σ。在统计学术语中6σ是指标准偏差，即在百万个机会中存在3.4个缺陷。而在经营管理的术语中是指改进质量和降低成本的一种方法，即以DMAIC模式为基础的一种解决问题的逻辑框架。

DMAIC是英文界定（Define)、测量（Measure)、分析（Analyze)、改进（Improve）和控制（Control）的缩写。采用6σ的DMAIC方法首先应界定问题，然后收集数据进行测量，分析问题产生的原因和解决的方法，实施改进措施和控制防止在发生。6σ的DMAIC方法最初是作为一种质量经营绩效测量方法而引入的，现在已经演变成为一种制定发展战略、降低生产成本、提高产品质量和改进经营业绩的管理模式，并在一些企业中获得得到成功，于是被普遍重视和采用。但是，采用6σ的DMAIC方法有些必须具备的条件，否则是不会成功的。这些条件包括：

（1）最高管理者的承诺实施6σ的DMAIC方法作为经营管理模式。

（2）构筑团队工作方式，树立全局整体观念，能够跨部门解决问题。

（3）建立倡导者、黑带与绿带等带位系统，并逐步将企业变为学习型组织。

（4）加强与顾客的沟通，识别、确定、满足和超越顾客的期望和需求。

（5）强化人力资源管理，不仅对员工的能力有要求，并建立激励机制。

（6）强化供方管理，不仅对供方的资格有要求，而且建立双赢机制。

（7）在预防和解决问题中充分运用适用的统计技术和工具。

（8）重视项目的优先顺序、选择和管理，通过具体的项目管理达到总目标。

（9）与过程控制相结合将DMAIC扩展到设计开发和产品或服务提供过程。

（10）与GB/T 19001相结合，并作为持续改进方法，提高企业的质量经营业绩。

8.5.3 经营管理过程的标准化

经营管理过程是指企业各职能机构的业务工作，经营管理过程标准化就是把企业质量经营过程中的各项重复性的业务工作形成标准，使这些重复性的业务工作程序化和规范化。企业质量经营过程中的各项重复性的业务工作包括有规划、生产、技术、质量、安全、环保、节能、营销、采购、物资、设备和运输等过程。对这些过程应全部进行标准化管理。

经营管理过程标准化必须符合企业的战略方针和适用的法律法规要求，结合企业实际，参照国际标准和国外先进标准，采用各种现代化的管理方法，针对质量经营中的各项过程或活动制定管理标准，例如管理基础标准、生产管理标准、技术管理标准、设计和开发管理标准、质量管理标准、能源管理标准、环境管理标准、安全生产管理标准、采购管理标准、营销管理标准、物资管理标准、设备管理标准、财务管理标准、无形资产管理标准、人力资源管理标准等。通过经营管理的标准化使上述这些过程程序化和规范化，避免和减少随意性。

近年来，随着贯彻实施 GB/T 19001、GB/T 24001 和 GB/T 28001 国际标准，对企业的质量管理、环境管理和职业健康安全管理过程及与其有关的过程逐步在程序化和规范化，但是多数企业只是将上述过程按程序文件进行控制，仍然缺乏企业标准化，有的只规定过程程序，缺乏判断准则。正如日本东京大学的久米均教授说的："这些标准根据内容由国家、行业、企业、部门等来设定，没有基于自然科学法则的标准那样具有必然性，怎么样规定，规定什么，有一定的随意性。"如果经营管理过程标准化应由 3M（Material 物、Men 人和 Management 管理）为要素，按企业中不同的业务形成各种专乡管理方式。这些管理方式并不是一成不变的，随着技术进步、经济发展和市场变化，管理方式也应相应地改变。

鞍钢在 2010 年全面运行战略绩效管理体系，将企业的规划愿景和战略规划落实成具体的行动计划，保证战略的有效实施。鞍钢的这种管理分 5 个阶段：第一阶段制定战略发展规划，第二阶段转化战略，第三阶段规划运营，第四阶段监督、控制和决策，第五阶段检验和调整战略。战略绩效管理体系中的财务指标与非财务指标、结果与驱动指标、内部与外部指标、定量与定性指标有机结合和平衡，有效地促进了企业中长期发展战略的执行与年度生产经营目标的实现。

鞍钢股份有限公司通过建立和实施"精益化成本管理模式"，为企业建立和完善了内部生产经营有效运行的激励机制，特别是在市场变化比较大的形势下，能够为领导层迅速对应危机和调整经营指标提供准确和详细的信息，实现企业的目标。“精益化成本管理模式”的要点是以精益化理论为指导，以成本管理精益化为核心，综合运用目标成本导向、预算成本指引、工序标准成本控制、卓越成本对标、品种成本优化、质量成本削减等方法，综合利用企业外部和内部各种信息，协调企业内部各种责任单位和部门的效益目标，平衡优化企业资源配置，形成系统的成本优化和效益提升的成本管理机制，实现成本管理流程规范化、方式精益化、效益最大化，有效地抵制市场风险。

莱钢建立的“高性能价格比采购设备备件的供方动态评价体系”，包括对供方评价指标体系与选择模型，规范了采购设备备件的程序和准则，稳定和提高了备件质量，延长了备件寿命，减少了备件消耗，固化了合格供方，实现了共赢共享。唐钢创新的“三废资源综合利用管理模式”建立了三废资源综合利用管理体系，明确了管理职责，规定了回收程序，健全了考核制度，强化操作规范性，实现三废利用标准化。

宝钢的能源管控体系包括六个主功能模块（节能目标控制、能效因子的辨识和控制、能耗源的辨识和控制、能源计量和统计、能源专业审核、节能技术和节能项目）、三个在线信息管理系统（能源管理分析决策支持系统、能源价值管理系统、能源计量设备管理信息系统）、四个方面的支撑保障（领导和组织网络、记录和信息沟通、人员和能力培训、管理程序和标准）。将能源流、制造流、价值流和设备状态规定了16个节能方向，将企业的能源管理不仅标准化，而且建立能源计算机管控中心，将企业的经营管理过程的标准化提高到一个新的水平。

另外，宝钢还对行为动作、时间系列、工作程序、服装标志等也进行标准化管理。

8.5.4 经营管理工具的标准化

企业经营管理过程需要运用各种管理工具，例如日本有老7种工具（排列图、因果图、分层法、检查表、直方图、散布图和控制图）和新7种工具（关联图、亲和法、系统图、矩阵图、矩阵数据分析、过程决策程序图和矢线图）。我国钢铁企业在QC小组活动中多数使用排列图、因果图和分层法，少数也有使用直方图和控制图的。但是在企业正常的生产经营过程中对经营管理工具的使用缺乏标准化管理。

宝钢从20世纪90年代开始就规定在质量管理和其他管理过程中采用新7

种工具。在具体应用新7种工具时，首先用关联图找出影响各种的有关因素，以实线表明各因素之间的关联，然后用亲和图设想工作方法的各个方面和可能采用的措施，再用系列图逐级展开达到工作的目的和采用的方法，一直到不能够再展开的基本方法为止，进一步按程序、功能和因素找出相互关系，标识相应的符号，画出矩阵图，将上述关系数值化，利用计算机进行处理。找出影响因素和范围，再画分析图，这就是矩阵数据分析法。如果事态发展不确定，可以采用决策程序图制订计划，事态完全确定后就可以采用矢线图安排计划。

通钢按层次的不同将经营管理工具分为三类，即初级、中级和高级管理方法。初级管理方法，是比较常用的统计管理方法，主要包括排列图、因果图、调查表、直方图、散布图、控制图、分层法等。中级管理方法，主要是管理层及有关技术人员使用，主要包括方差分析、回归分析、正交试验、假设检验、抽样调查方法、抽样检验方法、功能检查方法、头脑风暴法、树图、PDPC法、网络图、矩阵图、亲和图、流程图等。高级管理方法主要是战略层及高级管理人员使用，主要包括高级实验计划法、多变量解析法等。

质量经营管理过程是通过产品、技术、管理和作业标准化的建立、实施、保持和改进来实现的。多数钢铁企业产品和作业标准化初见成效，技术和管理标准化比较薄弱。即使已经策划或实施了技术标准化，但是也主要是产品生产过程的工艺技术规程，对其他方面的技术标准化不够充分，同样管理标准化是从质量管理开始，目前又在进行环境管理和职业健康安全管理的标准化，对其他方面管理的标准化也不够充分。像宝钢那样，实现企业整体过程和活动的标准化管理，对有些企业来说，标准化工作还有很长一段路要走。为此，企业首先应进一步认识企业标准化的重要性，认识到企业标准化可以实现简化、统一、协调和优化，认识到企业标准化对生产经营的巨大作用，从而强化标准化管理，把企业的经营管理与企业标准化工作结合起来，使管理体系通过标准化管理得到增值和优化。

第9章

生产过程管理

产品实现或服务提供过程是质量经营的主要过程之一。生产过程控制是产品实现或服务提供过程的主要过程，产品生产或服务提供过程是否受控，对产品或服务质量影响至关重要。

9.1 产品标准或技术条件

产品标准和技术条件是生产过程的输入，没有明确的技术要求，产品的质量就没有目标。目前，我国有一部分钢铁企业能够按合同组织生产的，但多数企业仍然按计划组织生产，但这个计划与过去的计划已经有很大的不同，基本上是根据市场需求制订的。

如果按合同组织生产，那么产品的技术要求是按顾客要求的技术标准或技术条件执行的，而按计划组织生产基本上是按国家标准执行的。部分企业按企业标准生产，按国家标准交付，即用企业标准来保国家标准，但是如果产品不符合企业标准而符合国家标准的话，照样交付，只是在内部考核上有差别。应当说这种做法也存在一定问题。

国外有些技术比较先进，产品质量比较好的企业，企业标准既用于订货和用于生产和检验，使生产出来的产品质量水平远远高于顾客要求，不会出现两个标准，一个是要求，一个是考核。技术要求不仅应当明确，而且应当超越顾客要求。这就涉及企业的产品标准化体系问题，需要从产品标准、工艺规程和检验准则等方面系统地进行控制。

9.2 工艺技术操作规程

产品标准是过程的输入，产品是过程的输出，从输入到输出，有一个（或多个）过程，过程参数是实现产品特性的关键。过程控制就是控制过程参数，为此应制定工艺技术操作规程。

多数企业用一个规程生产各方面顾客要求的某个产品，只要符合国家标准要求就可以，而国外有的企业同一个产品、不同用途，产品特性有差别，规程也不一样，实行“个性化”生产或“差别化”生产。这不仅为了满足顾客的不同要求，也体现了生产企业产品的特殊性。所谓“名牌产品”，尽管是相同产品，但质量特性不一样，关键是生产过程参数不同。

9.3 生产设备和检测仪器

产品的技术要求明确了，技术规程制定了，技术设备和检测装置也必须适应质量要求和过程要求。没有先进的生产设备和检测装置就无法实现生产过程。为了满足顾客对产品特性的要求，根据工艺过程对过程参数的要求，应配备适宜的技术设备和检测装置，并进行维护使其能够满足上述要求。

在技术设备和检测装置配置上存在两个误区，一个是设备越先进越好；另一个是用落后的设备也能够生产先进的产品。前者使得设备投资过大，成本增加；后者是合格率很低，甚至达不到要求。另外，也有不少企业只注意主流程，忽视分流程，例如炼钢和轧钢设备比较先进，而精整过程设备落后，照样生产不出来好产品。也有的企业重视生产设备，忽视检测装置（特别是在线检测装置），不仅不利于质量检验，也影响质量控制。

9.4 标准化作业程序

标准化是对技术活动中，需要统一协调的事物制定的技术准则。它是根据科学技术和实践经验，针对具有普遍和重复出现的技术问题，提出的最佳解决方案。按产品标准和工艺技术操作规程要求进行生产作业。多数企业做得比较好；但是也有一部分企业并没有完全做到。目前在这方面出现的问题仍然比较多。

有的企业工艺技术规程经常修改。在顾客要求或车间情况发生变化时，技术部门对工艺技术规程进行修改，这应当是正常的，但是往往以修改通知，代替修改的规程，长此下去工艺技术规程已经不起作用。修改通知也没有形成规程。

操作人员不严格执行规程，操作的随意性很大，记录也不及时，甚至不真实，往往反映不出操作中的问题。有的企业在经济责任制中没有包括质量或只重视产量的企业，违规操作比较多。

9.5 过程的受控状态

为了证实生产过程是受控的，提高顾客的信任，也增加管理者的信心，应在生产过程中监测过程参数和产品特性。有不少企业采取建立过程控制点的方法来监控生产过程受控状态。过程控制点应尽可能选择重点控制的过程特性、关键过程或薄弱环节的过程特性。不同的过程的过程控制点的特点和方法也不一样。对任何一个过程控制点都应当明确职责、形成文件、规定控制条件和验收准则。如果进行过程能力分析，应采用适当的统计技术，例如直方图或控制图等。“过程控制点”也可以说成是“过程管理点”，是利用管理的方法（例如加强三检和统计技术）监控过程是否受控。

9.5.1 烧结和球团生产过程控制

为了保证烧结矿具有符合要求的成分和性能，并适应烧结过程操作，首先必须控制配料。有容积配料法和重量配料法，比较常用的配料设备是圆盘给料机和电子秤，目前多为自动配料系统，要求配料准确、给料均匀、调整方便。配料后进行混合和制粒。混合和制粒的目的是使混合料成分均匀，并具有一定的水分和粒度，应注意控制混合水分和混料机的倾角、转速、长度、填充系数等。制粒后沿烧结机台车宽度方向均匀布料，目前多使用联合布料机，保证料层的透气性，并保证具有一定料层厚度。经过点火，料层才能进行烧结。点火温度控制在 1150 ~ 1300℃、点火时间为 1 ~ 1.5min，并控制点火真空度。点火器对点火过程非常重要。点火后开始烧结，烧结是一个非常复杂的物理化学反应过程，直接影响烧结矿的质量。在烧结过程主要控制烧结过程的真空度、抽风量、机速、料层厚度和废气温度等。烧结后的烧结矿温度很高，块度不均、应进行破碎、筛分和冷却，以适应高炉冶炼的要求。破碎一般用单辊破碎机，筛分用振动筛，冷却有带式和盘式冷却机。

球团矿生产过程中造球是重要的环节。不仅对原料和配料有要求，对造球的工艺也应进行控制，包括造球机转速、倾角、填充率和刮板位置；水分加入、加料方式、造球时间等。为了防止生球在高温焙烧时爆裂，应控制干燥温度、时间和水分。干燥后进行焙烧。目前焙烧设备有带式焙烧机、竖炉和链箅机-回转窑。带式焙烧机与烧结机相似；竖炉过程应控制生球强度、焙烧室温度和炉顶废气温度。链箅机-回转窑过程应控制链箅机的干燥和预热温度，回转窑应控制窑内温度（1300～1350℃）。

9.5.2 高炉炼铁生产过程控制

高炉炼铁是一个复杂的物理化学反应过程，为了保证高炉过程顺行和生铁质量，应从上料、送风、煤气、渣铁反应和喷吹系统进行综合控制。上料系统的关键是采用精料，即提高熟料比和入炉品位，改善炉料结构（高碱度烧结矿和酸性球团混合使用），提高焦炭质量等措施。送风应大风量、高风温。大风有利于提高冶炼强度，高风温有利于降低焦比。高压操作有利于提高冶炼强度，降低炉尘和焦比。控制炉顶煤气成分，改进还原过程。控制炉渣碱度、熔点和黏度等有利于渣铁分离和脱硫效率。喷吹燃料（煤气、重油或煤粉）和富氧鼓风能够降低焦比，提高产，改善还原。目前，高炉生产过程逐步实现大型化、机械化、自动化、智能化，但仍然可以从生铁合格率、有效容积利用系数、入炉焦比、冶炼强度、焦炭负荷和休风率等来判断高炉生产的控制水平和效果。

9.5.3 转炉炼钢生产过程控制

铁水在转炉内作为热源，通常占全部金属料装入量的 70%～90%，当然也可以加入 100% 的铁水。在铁水不足时也可以加入生铁块，但不能超过 10%。生铁成分和温度对转炉操作影响比较大，所以对铁水的成分和温度应有具体要求。废钢是转炉炼钢的主原料之一也是比较稳定的冷却剂，有本厂废钢、加工废钢和市场废钢。要求容积密度大、表面积小、杂质元素含量低，特别是应限制有色金属和低熔点元素含量。不应含有大量水分和混入危险品。

为此废钢应注意回收、分类和保管。氧化剂主要是铁矿石，要求含铁高、酸性成分低、S、P低，坚硬致密、块状少粉，水分低。造渣剂主要是石灰、萤石、白云石和合成造渣剂。石灰的 $w(CaO) \geqslant 90\%$，$w(SiO_2) \leqslant 3\%$，$w(S) \leqslant 0.1\%$，活性度≥300mL，块度5~40mm，灼烧<4%，生、过烧率≤14%。萤石应含 CaF_2 高、含 SiO_2、S低。白云石对MgO含量应有一定要求，并具有合适的块度。合成造渣剂是将石灰和溶剂预先在炉外制成的低熔点造渣材料，然后用于炉内造渣。增碳剂一般使用石油焦，含碳应大于95%，S尽量低、粒度适中。加入的铁合金应符合标准要求。

我国规范规定炉容比 $V/T \geqslant 0.7\mathrm{m/t}$，铁水配比75%~90%。分阶段定量装入。供氧强度为2.3~3.5m/(t·min)，压力8~10MPa。分阶段衡压变枪操作。转炉的造渣，有的只造一次渣，中途不出渣，脱磷率可达90%，脱硫率为30%~40%。造两次渣的中途出一次或几次渣，适于冶炼中、高碳钢。将上炉终点炉渣留一部分改善操作，适用于冶炼中、高磷铁水。脱磷、脱硫率都比较高。

在吹炼过程温度控制主要是适时地加入需要数量的冷却剂，其关键是准确地确定冷却剂用量和最适当的加入时间。由于脱硫比脱碳复杂，所以先脱硫和脱磷，然后再在终点只对碳和温度进行控制，所以把终点停止吹氧叫做“拉碳”。经验控制终点的吹炼方法有“拉碳法”和“增碳法”两种。自动控制终点的吹炼方法有静态控制和动态控制两种。我国规定≥50t的转炉出钢持续时间为3~6min。出钢应挡渣，国内多用挡渣球法。

镇静钢脱氧首先是借内加硅锰合金预脱氧，然后在钢包内补充脱氧。脱氧虽好，但是占用转炉作业时间，容易回磷。全部脱氧剂加入钢包内进行脱氧，不占用转炉作业时间，但脱氧产物容易留在钢中。沸腾钢脱氧是在钢包内用锰铁脱氧。出钢时加少量铝调整钢水氧化性。多数情况下，脱氧和合金化同时进行。为了降低非金属夹杂物应提高原料质量、改善工艺操作、减少二次氧化、强化熔池搅拌、提高炉衬质量和采用炉外精炼。炉外精炼包括合成渣洗、钢包吹氩、真空处理和其他精炼方法（鞍钢采用CAS-OB法即可以调整成分和底部吹氧降碳）。

铸锭有上注法，适于注大锭和内部质量要求比较高的钢。半镇静钢适于上注。沸腾钢适于下注。沸腾钢模铸应控制钢水氧化性、浇铸温度、浇铸速度和封顶操作。半镇静钢模铸应控制脱氧方式、铸温和铸速。

9.5.4 电炉炼钢生产过程控制

冶炼前的准备工作包括配料、补炉、装料等事项，其中配料是电炉炼钢中重要的环节，应根据冶炼的钢种正确计算、准确称量、合理搭配、保证顺行。补炉在冶炼过程中炉衬受到高温钢水和炉渣的冲击侵蚀，每次出钢后应及时进行修补，以延长炉龄。装料就是将炉料（废钢、生铁、返回料或软铁以及铁合金等）按布料顺序装入炉中。

熔化期是将装入炉内的炉料迅速熔化和升温，并造渣，覆盖在钢液上防止金属吸气或挥发和提前除磷。过程控制的要点为：按起弧、穿井、电极上升和熔清等阶段控制供电制度和电极位置。控制造渣过程的渣量、碱度和氧化性，除磷和防止钢液吸气和热损失。吹氧助熔、快速补炉、合理供电，加快熔化，缩短熔化期。氧化期主要是在熔清后脱磷、脱碳、去气和非金属夹杂物。过程控制的要点为：熔清后的温度不低于1550℃；吹氧压力（0.6～0.8MPa）和炉渣碱度（2～3）；氧化期终点碳和温度。扒渣和增碳后进入还原期，还原期主要是脱氧、脱硫、调整成分和温度。电炉炼钢主要采用扩散脱氧或综合脱氧法。为了脱氧和脱硫主要控制炉渣中（FeO）、碱度和渣量。缩短还原期和正确控制还原期温度（1550～1650℃）。出钢过程应控制温度和成分达到规定要求。

9.5.5 炉外精炼生产过程控制

真空脱气法主要的精炼功能是脱除钢中的气体（主要是氢气）和增强碳的脱氧能力。应用最多的是真空提升脱气（DH）和真空循环脱气（RH）两种方法。

真空提升脱气（DH）法是将真空室的吸管插入钢包中，利用真空对钢水进行脱气处理；而真空循环脱气法（RH）是通过真空将钢水从上升管进入真空室进行脱气处理后，再由下降管返回钢包中。这两种方法过程控制的要点是真空度和真空处理时间。但也可以加入合金料，处理过程都有一定程度的温降。为此，又出现RH的吹氧升温和CO二次燃烧升温技术，即RH-OB和RH-KTB法。

钢包精炼法也可以进行成分调整。过程控制的要点是精炼温度、真空度或搅拌强度或时间。经过LF精炼后的轴承钢的氧可降到$10\times10^{-4}\%$，氢

$(3\sim5)\times10^{-4}\%$，氮$(15\sim20)\times10^{-4}\%$。

CAS 是封闭式钢包吹氩成分微调，CAS-OB 是在 CAS 装置上加一支吹氧枪，CAS 和 CAS-OB 一般用于精炼普通钢，AOD 用于精炼不锈钢。CAS 和 CAS-OB 精炼过程的控制要点是吹氩压力、强度、时间、浸渍深度等，CAS-OB 还应控制吹氧参数。CAS 的成分命中率比较高，CAS-OB 还可以提高温度命中率。

钢包喷粉主要是向炉内或钢包中喷入 CaC_2、Ca-Si 等粉剂，降低钢中硫化物（钢中硫可降到 0.002%～0.009%）。喂丝法（WF）是向钢包中喂送包芯（Ca-Si 或 Ti）线或铝线，实现脱硫、脱氧和成分微调。控制要点是喷入数量或喂入速度。利用喂丝法加铝，钢中［Al］s 的标准差从 0.01% 降到 0.008%。

渣洗法是将钢水利用事先熔化的合成渣净化去除夹杂。关键是控制合成渣成分和渣量以及渣洗时间。

9.5.6 连铸生产过程控制

连铸过程应重点控制保护浇铸，即一般钢包和中间包之间采用长水口的方法进行保护，而在中间包和结晶器之间采用浸入式水口或密封罩法进行保护。浇铸温度应控制在钢的液相线温度 + 适当的过热度。不同的钢种不仅液相线温度有差别，过热度也不一样。一般控制在 10～20℃ 的过热度。浇铸速度既影响产量，也影响质量。一般小方坯控制在 3.5～4m/min，大方坯控制在 2m/min 以下。大板坯 < 1.5m/min。在浇铸速度控制的同时还应注意控制拉速均匀和结晶器液面高度。结晶器的冷却主要控制水流速度，二次冷却主要控制冷却强度（比水量）。中间包具有储存钢水、阻挡钢渣、吸附夹杂、调整温度和微合金化作用。保护渣具有防止钢水氧化、去除夹杂、改善传热、形成润滑等作用，应控制其黏度和碱度。电磁搅拌具有改善铸坯内在冶金质量和表面质量的作用。特别是能够改善低倍组织，减少中心缩孔、疏松和中心偏析。

9.5.7 轧钢生产过程控制

9.5.7.1 型钢

工字钢和槽钢（包括 H 型钢）在生产中应注意控制加热均匀减少断面温

差，高压水除磷确保表面质量，采用万能轧制法比弯腰大斜度轧制法变形均匀，表面质量好。严格控制终轧温度，以保证型钢的机械性能。在热锯时注意控制冷却水量，切成顶尺后送冷床冷却，大型型钢的冷却方式对质量也有影响。矫直过程应控制矫直温度不大于80℃，防止变形。产品检验应包括测长、标志、打印，并对表面和尺寸公差进行检验，然后包装出厂。

等边和不等边角钢应控制钢坯质量，不能有裂纹、夹杂和分层，一定要清理。为了提高轧制精度，除轧机因素外，应注意轧辊材质和孔型设计。为了防止变形，采取先冷却，后矫直，冷切成定尺。

热轧轮辋型钢生产过程应注意控制坯料尺寸（一般为100~130mm）和孔型设计，对不同部位在不同道次上设定合理的压下系数，以提高轧制精度。

轻轨的质量首先取决于冶金质量，应提高刚的纯净度和均匀性，改造轧制设备，完善矫直、剪切和包装。

重轨的生产中有一个热处理过程，即在线全长淬火。有两种热处理工艺：QT：淬回火全长热处理和SQ：欠速淬火热处理。SQ比QT处理硬度高。最近有发展RQ，即余热热处理，节能、环保和成本低。关键是控制重轨的移动速度和水流大小，基本上是采用计算机进行控制。

螺纹钢的坯料应化学成分合格、表面无缺陷，更不能有裂纹、夹杂和分层等现象。必要时进行表面清理。根据钢种和坯重设定加热炉预热、均热和出炉温度，加热均匀，减少头尾温差。加热温度一般在950~1250℃范围内。超过规定温度或加热时间过长，会增加烧损和晶粒长大。加热不均也会形成裂纹或尺寸不合等缺陷。目前，像螺纹钢一类的小型型钢多采用连续轧机轧制，严格控制开轧温度和终轧温度。每个机架轧制的孔型设计和压下分配影响产品的尺寸精度和质量性能，可根据在线检测及时进行调整。用热锯或热剪切去头尾。切多了影响成材率，切少了会残留缺陷。经冷床冷却，矫直、剪切定尺、包装后交付。

9.5.7.2 线材

线材的坯料应化学成分合格、控制中心偏析和夹杂，表面无缺陷，更不能有皮下气泡、裂纹、划痕和尺寸超差等现象。必要时进行表面清理。坯料加热应均匀，减少头尾温差。超过规定温度或加热时间过长，会增加烧损、脱碳和晶粒长大。目前，线材多采用高速线材轧机，粗、中轧是微张力轧制，预精轧是活套轧制，精轧机组是微张力轧制。精轧机组轧辊质量是控制线材表面质量的关键。轧制的温度和变形制度是影响线材性能的重要因素。因此应严格控制开轧温度和终轧温度，包括轧件进入精轧机组的温度、卷线温度和散冷温度。线材轧后的控制冷却是影响线材组织和性能的重要环节。目前多数线材轧机采用斯太尔摩冷却工艺（有适用于高碳钢的标准型、适用于低碳钢的缓冷型和适用性比较宽的延迟型）。根据钢种的不同，应在控制终轧温度的基础上，设定吐丝温度（760～950℃中间），冷却速度和集卷温度。为了保证线材的性能一般在250℃以下集卷，最高不能超过400℃。一般采用自动打捆和打印标牌，并电子秤称重和入库。

9.5.7.3 中厚板

首先应对板坯要求冶金质量好，夹杂和偏析少，无表面缺陷，必要时应进行表面清理。加热时要求控制合理的热工制度，均匀加热，减少氧化和脱碳。轧制前应去除氧化铁皮，一般采用高压水（10～15MPa）。在轧制过程中应控制厚度偏差和板形。控制厚度偏差的方法有液压AGC和电动AGC，可使中厚板的厚度偏差控制在±0.035mm。控制板形的方法有液压弯辊、交叉轧制、工作辊横向移动、改变轧辊凸度等，为了消除板形上存在的问题，也有进行热矫的。在平面形状、长度、宽度控制上也应有具体措施。剪切是最简单的控制长度和宽度的方法。有圆盘剪和滚切剪两种，厚度超过50mm的钢板一般采用火焰切割。中厚板的冷却一般在冷床上进行。步进式冷床是比较先进的。根据顾客要求，一般采用超声探伤，特殊用途的钢板在探伤后还要经过酸洗、涂油或喷丸等。有些品种需要常化和调质处理。在热处理过程中应注意控制热处理温度时间和冷却速度。

9.5.7.4 热轧宽带钢

坯料的化学成分、尺寸公差、弯曲度和端部形状应符合要求，表面不得有肉眼可见的缺陷，内部不应有缩孔疏松和偏析等。在加热时主要控制加热温度、时间、速度和温度制度（包括预热段、加热段和均热段温度）。防止过热、过烧、氧化、脱碳或粘钢等现象。钢坯从加热炉出来后，应采用高压（约15MPa）水除去氧化铁皮。在粗轧过程中应按设定的各道次压下量和速度进行控制，尽可能提高粗轧机组的出坯温度，并保证粗轧坯的厚度和宽度。将粗轧坯切除头尾，便于精轧机咬入和卷取机卷取。按轧制规程规定各机架的压下量、轧制温度、速度进行轧制。一般是按秒流量相等或恒张力模式进行控制。一般采用液压或电动AGC控制厚度，轧制过程的温度控制包括终轧温度和头尾温差控制。精轧后钢带温度约为850～950℃，必须冷却道570～650℃才能卷取。一般采用层流和水幕冷却。卷取温度一般在500～650℃卷取温度过高，晶粒粗大。热轧钢带开卷，经过切头、切边、切成定尺和矫平，成为单张钢板交付。

9.5.7.5 冷轧宽带钢

坯料应化学成分、宽度和厚度尺寸公差（三点差和同条差）、镰刀弯应符合要求，表面光洁，不得有裂折叠、分层、气孔、非金属夹杂缺陷等。酸洗前带钢应矫直和对焊，以便进行连续酸洗。酸洗主要是为了清除氧化铁皮。在酸洗过程应控制酸溶液浓度和温度，酸溶液中亚铁盐含量。为了控制厚度和板形，应调整压下、速度、张力和辊型。厚度主要采用AGC控制，板形主要靠轧辊凸度和凸度补偿措施，例如HC、CVC等。退火分为中间退火和成品退火。中间退火是为了消除加工硬化，产品退火是为了得到所需的组织和性能。退火有连续退火炉和罩式退火炉。罩式退火炉退火过程应控制炉内保护气体的比例，加热时间、冷却时间；连续退火炉退火过程应按退火曲线控制温度、速度、时间和气氛。控制炉内带钢张力保证板形，控制炉辊凸度可以防止带钢跑偏。精整包括平整、剪切、涂油和包装等。平整能够改善板形、净化表面和得到需要的性能。平整过程应控制带钢的延伸率，剪切主要控制尺寸和表面质量，涂油应均匀，包装应符合规定要求有利于保管、运输和交付。

9.5.7.6 热镀锌钢板

在原料准备过程主要是开卷、矫平、切头、堆焊、张紧、入口活套和纠偏，要求入口活套中保持满套状态。前处理是为了去掉油脂、氧化铁皮和进行再结晶，主要控制无氧化预热炉的预热、还原和冷却温度。热镀锌过程主要控制锌液温度（450～465℃），为了提高镀锌层的黏附性，应当采用沸腾钢作基板，但是由于普及了连铸，采用镇静钢作基板时应保证钢中 $w(C)<0.08\%$，$w(Si)<0.03\%$，$w(Al)<0.04\%$ 等。锌液中保持0.15～0.20的Al。针对不同用途的不同基板一般用途采用低碳钢或超低碳钢，如一般用途采用St01Z、St02Z、St03Z或冲压用采用St01ZR、St02ZR；深冲或超深冲用途采用超低碳钢，如St05Z、St06Z；结构用碳素钢或低合金钢，冷成型用超低碳、低合金高强度、加磷或烘烤硬化高强度钢等。

对基板表面质量要求：FB较高级O3，FC高级O4，FD超高级O5。镀锌层种类、形式、结构和表面处理包括有纯锌、锌铁、等厚、差厚、锌花、铬酸钝化或涂油。后处理包括退火、锌花控制、冷却、光整、矫直和钝化。为了提高热镀锌板的深冲性，采用罩式退火或改进原板钢质、控制退火制度和镀后进行合金化处理等。采用铬酸盐钝化或加入铝等元素可提高耐蚀性。采用小锌花或光整锌花可以提高镀层的均匀性和涂着性。热镀锌钢板品种有无锌花 F、大锌花 N（正常锌花）、小锌花 M、光整锌花 S、合金化板差厚镀层板和单面镀锌板。最后经出口活套进行分卷剪、涂油和卷取。

9.5.7.7 热轧钢管

管坯应符合技术要求，包括几何尺寸及允许偏差、表面质量、低倍组织和显微组织。如有表面缺陷应进行清理，并执行按炉送钢制度。根据成品钢管定尺确定管坯长度，进行剪断。剪断的断面应平齐、无毛刺、椭圆度和长度偏差符合技术要求。为了穿孔对准中心，必须定心。定心有冷定心和热定心。除不锈钢和高合金钢外，一般均采用热定心。定心时应控制定心孔的形状和尺寸。偏心度应小于2mm。加热时应控制加热温度、加热时间和加热速度，防止过热或过烧，尽可能减少氧化皮和脱碳。穿孔方式有压力穿孔、推轧穿孔和斜轧穿孔。斜轧又分为二辊式和三辊式。穿孔时应控制穿孔温度和调整穿孔参数（轧辊距离、顶头位置、导板距离、顶杆位置、轧辊倾角和轧辊转速等）。轧管机有多种：纵轧方式的有自动轧管机和连轧管机；斜轧方式的有三辊和二辊轧管机；另外还有周期轧管机、顶管机和挤压机等。轧管时应控制轧制温度，根据轧制表要求控制轧制道次、轧辊孔型、顶头尺寸、顶杆直径、荒管外径和壁厚。均整主要是扩径和减壁，并实现改进内外表面质量。通过调整轧辊距离、导板距离顶杆位置和轧辊倾角进行均整。定径的目的是减小直径偏差，达到成品尺寸要求；减径的目的是为了使大直径穿孔、轧管和均整后的钢管减径成为小直径（<70 mm）的钢管。在定减径时应控制来料钢管的温度和尺寸，调整各机架轧辊转速、轧制线、孔型高度和导位位置等。为了矫直、切管、检查、包装等作业，必须进行冷却。冷却有缓冷和急冷，强制冷却和自然冷却。一般在冷床上冷却。根据钢种的不同选择不同的冷却制度。为了达到规定的弯曲度，必须进行矫直。通过调整矫直辊的倾斜角度和压下量，特别是第二对矫直棍和导位的位置，来实现矫直。切头、切尾和切成定尺长度。端面应与钢管的中心线垂直，平滑无毛刺。按订货要求进行检查（包括化学成分、力学性能、表面质量、尺寸公差等），判断是否符合要求。承受流体压力的钢管需要进行水压试验。根据需要也有进行超

声波（检查外表缺陷）、磁粉（检查表面缺陷）或涡流探伤（检查内部缺陷）的包装交付：按规定包装交付。

9.5.7.8 冷轧（拔）钢管

管坯是热轧管，根据产品要求，选择尺寸适宜的热轧管作为坯料。在冷加工生产前应进行酸洗或修磨去除氧化铁皮和表面缺陷。酸洗过程应注意控制酸的浓度和氧化亚铁的含量；修磨应控制修磨深度和修磨效果。冷轧的坯料应根据成品管的尺寸切断，以保证成品的尺寸公差，冷拔的坯料应打头，以便冷拔机夹住。有些钢种在冷加工前需进行热处理，消除应力，并使组织均匀化，有利于冷加工。热处理过程应注意控制加热温度和时间。热处理后再进行酸洗，去除氧化铁皮。酸洗过程应控制酸的浓度和氧化亚铁含量。为了降低冷加工压力，减少轧辊或模具损耗，降低动力消耗一般采取涂皂。冷轧过程应控制轧制程序（轧制道次和变形量）。冷拔过程有无芯棒冷拔，只能减径，不能减壁；短芯棒冷拔既可以减径，也可以减壁；长芯棒的变形量大。冷拔时应控制变形量，变形量过大会产生折叠或裂纹等缺陷。加工后切除钢管头尾不规则的部分，注意切除的多少，过多会影响成材率，过少会影响成品管头尾质量。对成品钢管进行修磨，去除冷轧制或冷拔所产生的表面缺陷，使表面光洁无缺陷。在线检查主要是无损探伤或水压试验。如果是油井管还可能要求进行压溃性或抗腐蚀试验；锅炉管要求检验持久蠕变性能等。为了防腐。应均匀涂油，并按规定进行包装、标识和交付。

9.5.7.9 焊管

带钢是焊管的原材料，要求成分均匀、纯净，控制碳含量；力学性能也应均匀稳定；表面无缺陷；尺寸符合公差要求；对晶粒度有一定要求。带钢通过拆卷机开卷，然后用矫平机平整以便顺利通过活套和成型。剪切切除夹层和带头，使前后带钢端面对齐。然后对焊接长以便连续成型生产。通过对辊成型，使管坯具有符合要求的管筒尺寸，管缝对接平直，并使开口角度符合要求。通过高频焊机将管缝焊接。有的品种要求焊后进行热处理。焊接是特殊过程：焊接温度低碳钢为1350～1500℃，焊接功率和速度；焊接挤压力0.2～0.4MPa；V形开口角的控制2°～6°。在焊接过程中设备本身就带有内外毛刺清除装置，使焊缝光滑平整。无损探伤主要用于检验焊缝质量和缺陷。焊后的钢管经过水冷，在定径机上控制钢管的直径，并使钢管外表光洁平直。然后通过飞锯或飞剪将钢管切成定尺长度。为了控制管端形状和垂直度，对管端进行加工，平头和倒棱。与无损探伤一样，检验焊缝质量。经检验包装后入库交付。

9.5.7.10 钢丝和钢丝绳

盘条是钢丝和钢丝绳的原料，要求盘条的表面质量好外形尺寸和公差在规定的范围，化学成分符合要求，硫、磷和气体含量低，金相组织应索氏体化，盘重应在1~2t。为了去除表面氧化铁皮，酸洗过程主要控制酸的浓度和氧化亚铁的含量。为了增加润滑作用进行磷化，但应控制总酸度与游离酸的比值以及氧化锌的含量等。拉丝过程主要控制润滑、模具和冷却。粗拉采用固体润滑剂，细拉采用液体润滑剂，在拉丝过程模具对钢丝质量有影响，除现在适合的模具材质外，关键是孔型的设计和变形量的分配，即拉拔道次。在拉丝过程中为了消除加工硬化，需要经过中间退火，控制加热温度、钢丝温度、退火温度以及速度。

如果是生产镀锌钢丝，还需要进行热镀锌，热镀锌过程主要控制锌液温度、镀锌时间和引出的速度，冷却方式也有一定影响。镀锌后拉丝与拉丝过程相似，应控制润滑、模具和冷却。

捻股是通过压线瓦和预变形器控制合理的成型压力和捻股的结构紧密、不松散、不反拨。与捻股相似，主要通过压线瓦和预变形器控制合理的成型压力和合绳的结构紧密、不松散、不反拨。

9.6 产品监视和测量过程

对钢铁产品来说，固有特性主要是化学成分、物理性能、外形尺寸和表面质量等。为了证明产品符合要求，必须进行监视和测量。在生产过程的哪个阶段和对哪些产品进行监视和测量，由顾客要求、产品标准和操作规程的策划来确定。产品的监视和测量对于使过程受控和使顾客满意具有保证和证实双重作用。

9.7 分析和改进过程

9.7.1 不合格品的控制

对不合格产品的控制是防止其非预期的使用或交付，也就是说不能将不合格品按原合同或生产计划交付给顾客或下工序使用。即使是让步处理，也必须征得顾客或下工序同意，不影响使用或再加工。让步处理应仅限于在商定的时间或数量内，对含有不合格特性的产品的交付。而有的企业将让步处理作为一种正常的程序，将不合格品更名为“协议材”或“让步材”放行。显然是不符合质量管理体系要求的。顾客对不合格处置的接收应是合同要求，或其他相关方的要求，而不是企业决定的。不合格品的控制应为分析与改进活动提供数据。

9.7.2 数据分析

数据分析就是对质量管理体系运行的信息进行分析，数据包括来自监视和测量的结果以及其他来源的数据，质量信息主要包括来自顾客、供方、体系、过程和产品监视和测量的信息。从数据分析中我们可以了解产品、过程和体系的动态，有助于找出差距进行改进，没有数据和数据分析，改进是盲目的和缺乏针对性。特别是对现状分析，数据分析能够发挥重要作用。

9.7.3 改进

9.7.3.1 纠正措施

对出现的不合格进行分析，采取针对性的措施，防止再发生不合格。

在审核纠正措施时，应与不合格品处置和不合格项处理相结合，对不合格品和不合格项采取的措施是否与原因分析有关。往往采取的措施的纠正，而不是纠正措施。对纠正措施实施效果的跟踪验证，也多数是对纠正的验证，而不是对纠正措施的验证，尽管采取了“纠正措施”，经常又会出现同样的不合格，所以对纠正措施的理解还存在一定的问题。如果真正采取了纠正措施，跟踪验证是必要的，但不一定要求立即生效，有的可能还需要一段时间才能证实措施是否有效。

9.7.3.2 预防措施

预防措施的信息应来自于顾客需求和期望的评审、相关方信息、市场分析、风险分析、失控预报、满意程度的测量、有关质量管理体系的记录、过程测量、产品监测、数据分析的输出、管理评审的输出、以往的经验教训等。

目前，各企业采取预防措施不多，即使采取了“预防措施”，其实针对的并不是潜在的不合格。为了采取有效的预防措施，应在潜在问题上下工夫。

9.7.3.3　持续改进

质量改进是质量管理的一部分，致力于增强满足质量要求的能力，包括有效性、效率或可追溯性。通过使用质量方针、质量目标、审核结果、数据分析、纠正和预防措施以及管理评审，持续改进质量管理体系的有效性。

持续改进与其他质量改进一样，也是致力于增强满足质量要求的能力。如果说纠正（为消除已发现的不合格所采取的措施）、纠正措施（为消除已发现的不合格或其他不期望情况的原因所采取的措施）和预防措施（为消除潜在不合格或其他潜在不期望情况的原因所采取的措施）也是质量改进措施的话，那么持续改进比上述这些措施具有更积极的意义。持续改进并不仅仅限于消除已发现的不合格或潜在的不合格，而是针对更高的目标进行改进，而且是循环的活动。即使没有发现显在的或潜在的不合格，也要进行改进。使持续改进成为每一个人的活动，成为组织永恒的目标。

第10章

安全生产管理

最近一个时期，钢铁企业出现的安全事故比较多，甚至造成严重的人员伤亡，引起了行业内外对这些高危行业安全生产问题的关注。面对产能过剩的矛盾和结构调整的艰巨任务，钢铁企业十分重视产品的结构调整，建立技术创新机制，实现节能减排，增强核心竞争力等，但是安全生产的重视尚未提升到应有的高度。如今打造“绿色”（环境保护）的呼声很高，对生产过程的“红色”（安全事故）关注不多。其实，“安全生产，事故为零”应是所有钢铁企业追求的目标，它应与“绿色钢铁”和“低碳经济”一样，成为钢铁企业转变发展方式的任务之一，也是质量经营的要求。

针对钢铁企业的生产实际，要实现“安全生产，事故为零”，以下几个方面的工作非常重要。

10.1 辨识和评价危险因素和危害因素

“危险源”是可能导致人身伤害和（或）健康损害的根源、状态或行为或其组合。“危险因素”是能使人造成伤亡，对物造成突发性损坏，或影响人的身体健康导致疾病，对物造成慢性损坏的因素。“危害因素”是将在一定时间范围内具有积累作用的因素。危险源包括“危险因素”和“危害因素”。“职业健康安全管理体系要求”，健康在先，标志这个标准更强调“职业健康”的重要性。强调“健康”的重要性是体现“以人为本”的管理理念。“以人为本”不仅是发展依靠人民，发展也为了人民。健康是人的基本权利，是生活质量和工作环境的最佳状态。为了落实“健康的重要性”，不仅要辨识、评价和控制“危险因素”，更应辨识、评价和控制“危害因素”。

《职业健康安全管理体系规范》(GB/T 28001—2011) 要求：“组织应建立并保持程序，以持续进行危险源辨识、风险评价和实施必要的控制措施。”危险源辨识、风险评价和控制是建立职业健康安全管理体系的基础，主要来源于风险管理思想。

目前多数钢铁企业的危险源辨识一般是以部门、分厂或车间为单位，按《生产过程危险和危害因素分类与代码》(GB/T 13816—1992) 或按《企业伤亡事故分类》(GB 6441—1986) 的危险和危害因素分类，对本部门或单位的生产活动和工作场所中具有的危险源进行辨识。危险源的辨识包括所有进入工作场所人员的活动、工作场所、设施及组织活动，并考虑三种时态（现在、过去和未来）和三种状态（正常、异常和紧急)。设备的开机、停机、检修等情况属于异常状态；发生火灾、爆炸、洪水等属于紧急状态。

危险源的风险评价方法也有很多，有定性评价方法和定量评价方法。风险评价表是评价风险的最简单的方法，是根据定性的判断伤害的可能性和严重程度而对风险进行分级评价。格雷厄姆法是一种常用的半定量方法，用于评价作业条件的危险性或风险值。

10.2 钢铁企业的危险因素和危害因素

我国钢铁企业从伤亡事故来看，主要的危险源是机械伤害和物体打击，车辆伤害居第三位，高处坠落居第四位，起重伤害居第五位，灼烫居第六位。生产过程的主要危险源中化学因素有一氧化碳、氮氧化物、二氧化硫、硫化氢、氯、苯、铅、汞、锰及其粉尘等；物理因素有高温、低温、高压、低压、噪声和振动、电离辐射（β 射线、γ 射线等)、非电离辐射（紫外线、红外线、射频辐射和激光等)。劳动过程的危险源也包括有精神紧张、劳动强度过大、生产定额不当和劳动者生理状况不适应等；在生产环境中有厂房通风条件差或设备安全装置落后等。

我国钢铁企业从伤亡事故来看，主要的危险因素是机械伤害和物体打击，车辆伤害居第三位，高处坠落居第四位，起重伤害居第五位，灼烫居第六位。生产过程的主要危害因素中化学因素有：一氧化碳、氮氧化物、二氧化硫、硫化氢、氯、苯、铅、汞、锰及其粉尘等；物理因素有：高温、低温、高压、低压、噪声和振动、电离辐射（β 射线、γ 射线等）、非电离辐射（紫外线、红外线、射频辐射和激光等）。

10.2.1 原料系统的危险因素和危害因素

钢铁企业原料场的主要危险因素有：各种机械运转和处理故障时所发生的机械伤害，其次是高处坠落和物体打击。在翻车机、接料槽和卸料过程中，有受车辆或机具伤害的危险。在清理矿槽过程中有被风管打伤、滑伤或跌伤的危险。在胶带运输过程中，在处理跑偏、打滑、压料、堵漏斗、跑小车、上托轮等作业时有被胶带绞伤的危险。在检查、清扫、维护抓斗吊车的机电设备或更换或处理钢丝绳、抓斗故障时有发生搞出坠落和物体打击的危险。在石灰石和焦炭破碎加工作业过程中有被物料飞出击伤、物体打击、机械伤害和起重伤害等危险。

原料场的主要危害因素有：原燃料装卸、运输、破碎、筛分过程中产生的粉尘，其次是破碎、筛分时的噪声。在原燃料中产生的粉尘除游离的二氧化硅外，还有铅、锌、砷、氟等对人体有害的物质。

10.2.2 焦化过程的危险因素和危害因素

焦化过程的主要危险因素有：焦炉和备煤系统移动或转动设备造成的机械伤害事故，推焦机等三相裸线造成的触电事故。推焦和装焦过程高温作业产生的被焦炭烫伤的事故。易燃易爆物质引发的火灾爆炸事故是焦化系统的主要危险因素。焦化生产过程中产生的煤气、苯类、吡啶等，容易发生火灾和爆炸。包括气体爆炸、粉尘爆炸和火灾性爆炸。

焦化过程的主要危害因素有：焦炉煤气中含有7%左右的一氧化碳，泄漏会发生中毒。焦炉生产过程的烟尘，其中含有粉尘、一氧化碳、硫化氢、二氧化硫、苯和焦油等，会危害工人的健康，特别是苯并芘（BaP）是致癌物质。在焦油氨水分离、蒸馏、贮槽和放散管等处的硫化氢、氯化氢和氨等泄漏，造成工人中毒。吡啶蒸气会伤害工人眼睛、皮肤和呼吸道系统。在苯精制的初馏分中苯类物质会伤及工人的皮肤和呼吸道系统，而且还是致癌物质。在酚、萘生产过程中，如果发生泄漏，萘会使人中毒，酚会烧伤皮肤。沥青的蒸汽、烟雾和粉尘会危及皮肤和眼睛，沥青烟中还含有苯并芘。焦化生产过程中噪声和高温作业，也对人的身心有伤害。

10.2.3 烧结过程的危险因素和危害因素

烧结过程的主要危险因素：在配料和混料时，如果矿槽内发生堵料、棚料或粘料现象，工人去捅或挖时，容易发生物料喷射，击伤面部或风管脱落伤人。在处理圆盘给料机排料口堵料时也容易造成机械伤害。如果烧不透遇水会造成返矿圆盘“放炮”烫伤等。烧结机突然停电时，点火器炉内火焰蹿出容易烧伤作业人员；突然停煤气会使空气进入煤气管道引起爆炸伤人。煤气管道或阀门泄漏煤气会引起煤气中毒事故。在机尾观测孔观察卸料或捅料时，容易被含尘热浪烧伤。在机头铲料，脚踩在轨道上被台车轮压伤，进入机头内补炉箅条时容易伤及头部或手。烧结矿单辊破碎机和热矿筛出口堵塞时，用水捅料容易被蒸汽和红料烫伤；热矿筛振动大，机械零件振断飞出会击伤人。冷却机的进出口和返矿槽出口堵料或“放炮”也容易烫伤。冷振动筛零件也有摔出伤人的现象。抽风除尘系统的抽风机转子失衡，叶片脱落击破机壳飞出伤人。油箱油管漏油容易引起火灾。进入除尘器或烟道内检查或处理故障时有煤气中毒的危险，如果孔门关闭会窒息；如果启动风机，必死无疑。进入电除尘器有被电击伤的危险。上下除尘器外部楼梯时有滑跌和坠落的危险。

烧结过程的主要危害因素是粉尘危害，一般粉尘量占烧结矿产量的3%左右，主要发生在烧结机机尾卸矿、成品矿的热破、热筛和冷破冷筛以及各进料点、混料过程和出料口，除尘系统的排放、卸灰和转运过程。毒物危害主要是烧结点火用的煤气（一氧化碳）和废气中的二氧化硫。如果管道、烟道或闸阀泄漏会引起中毒烧结机、单辊破碎机、热矿筛、一次返矿、冷却机和成品皮带运输机都属于高温作业岗位，有高温危害。烧结系统的噪声主要来自各种风机、破碎机、振动筛、卸料点及机电设备的运转撞击声，特别是主抽风机室、熔剂、燃料破碎间的噪声可达100dB(A)，会伤及人的听力。

10.2.4 炼铁过程的危险因素和危害因素

炼铁的主要危险因素有：在出铁或发生故障检修作业时，容易发生煤气泄漏，造成一氧化碳中毒。高炉喷吹煤粉的制备和喷吹设施可能发生爆炸。高炉的铁水和炉渣遇水或泄漏的煤气遇明火也会爆炸。高炉出铁时的开堵铁口操作失误，出铁沟的修补以及出渣出铁的渣铁飞溅，会被灼烫。出铁场的起重机、解体机和泥炮等也会形成机械伤害。

炼铁过程的主要危害因素有：高温热辐射，铁口的单向辐射热可达30J/(cm^2·min)，渣口的单向辐射热可达20J/(cm^2·min)。炉前出铁场、碾泥机等处会产生烟尘和粉尘，会伤及工人呼吸系统，严重的会造成矽肺病。炼铁过程的毒物危害主要是CO，炉渣中含有微量的H_2S和SO_2。高炉鼓风、喷吹煤粉、煤气放散和机电设备运转会产生噪声，有时也会超过100dB(A)。

10.2.5 炼钢过程的危险因素和危害因素

炼钢过程的主要危险因素有：原燃料和钢水钢渣的吊运，设备检修过程的设备与零件的拆卸和安装，会形成起重和机械伤害。火灾也是炼钢过程的主要危险因素。火灾事故的原因有三个方面：一是燃油、润滑油、液压油和可燃气体引起的；二是电气设备故障造成的；三是高温钢水炉渣喷溅和泄漏引起的。高温钢水炉渣喷溅或遇水也能引起爆炸，煤气爆炸、氧气爆炸、超压爆炸和电气爆炸等也是炼钢过程的危险因素。起重伤害和高处坠落也是炼钢过程的事故原因，特别是在设备检修过程，这类危险更值得注意。炼钢系统的电气设备多，特别是电炉高压系统或低电压大电流系统会产生触电伤亡事故。连铸的变电所的配电室、控制室、电缆隧道、液压站和计算机房容易发生火灾。浇注过程的钢包吊运和设备检修时设备的吊装容易产生起重伤害和高处坠落。

炼钢过程的主要危害因素有：来自原料的准备与和冶炼和精炼过程的粉尘，每吨转炉钢产生35kg粉尘，每吨电炉钢产生15kg粉尘。电炉熔化期的噪声高达120dB(A)，氧化期的噪声也有100dB(A)。车间的除尘风机、设备的液压泵和真空泵、耐火材料拆除机等产生的噪声一般在100dB(A)左右。炼钢过程的有毒有害气体主要是CO。铁水、钢水、钢渣的热辐射，电炉炼钢的紫外线辐射，液面控制系统采用同位素时放射线辐射，对人体也有危害。连铸过程也会产生一定的烟尘，连铸坯修磨、钢包拆除和修理以及结晶器修复也会产生粉尘。连铸系统的风机和泵会产生100dB(A)左右的噪声。连铸系统的高温热辐射和结晶器液面控制的同位素射线辐射，对工人健康也有伤害。

10.2.6 轧钢过程的危险因素和危害因素

轧钢过程的主要危险因素有：轧钢系统大量使用煤气、氧气、氢气、氨气、乙炔等易燃易爆气体、各种油类、酸、碱、电气设备和液压设备具有火灾和爆炸危险因素存在。行车故障是轧钢的又一危险因素，例如行车主体与厂房立柱之间挤压伤亡事故，行车装置故障、超重、脱钩也会形成危险。在轧钢生产、处理故障和检修过程存在机械、物体打击、起重伤害、高处坠落和灼伤。

轧钢过程的主要危害因素是噪声，特别是钢管生产过程的噪声热区超过90dB(A)，冷区超过100dB(A)。高温危害包括加热设备、涂镀层设备、热处理设备和轧件的高温会引发疾病。毒物危害主要有一氧化碳、氮氧化物、硫化氢、二氧化硫和氯化氢等有毒气体，酸洗过程会产生酸雾，对工人健康有危害。烟尘和粉尘危害主要在钢坯修磨、加热、除鳞、轧制、精整和热处理过程都会遇到烟尘或粉尘。在金属监测器、测厚仪和探伤时会有射线危害。

10.3 钢铁企业生产过程的风险控制

从危险因素和危害因素的辨识和风险评价来看，钢铁企业安全生产中存在的风险主要是冶炼伤害、机械伤害、电气伤害、防火防爆、中毒窒息、起重运输伤害和特种设备伤害以及职业病伤害。为了实现安全生产应对上述风险进行有效控制。

(1) 冶炼伤害及其控制：冶炼伤害主要是灼伤，这种伤害仅次于机械伤害和物体打击，居第三位。冶炼伤害来自高温铁水、钢水和炉渣喷溅、白云石、石灰、电石、蒸汽、热水、热钢件、煤气、氧气等着火灼伤、化学性和电弧灼伤等。伤害多发生在焦化、烧结、炼铁、炼钢、连铸和轧钢工序。主要控制措施主要是：按规定提供劳动保护用品，加强个体防护；制定和执行安全操作规程，严格标准化作业；加强探测，严防废钢带水和爆炸物；采用检测和探伤等方法，防止设备老化和破损。

(2) 机械伤害及其控制：机械伤害主要来自旋转式机械（轧机）、移动式机械（焦炉四大车）、往复式机械（剪切设备）和运输式设备（运输提升机械）等。主要控制措施是：加强安全点检，保持设备状态良好。严禁不停机清理和触摸，检修时应实施三方确认和挂牌，交叉作业安全联络，并设有醒目安全警戒和安全防护装置。

（3）电气伤害及其控制：电气伤害主要来自电-动（电力传动）、电-热（电热设备）、电-光（照明设备）和电-化（电解设备）等。主要的控制措施是：在接触和运行电器设备、进行检修和使用工具时应防止触电。安全规程操作防止短路电弧灼伤和防止电气火灾爆炸。

（4）火灾和爆炸伤害：火灾和爆炸伤害主要来自：钢水、铁水和炉渣，煤气、易燃气体、液体氧气、电气、蒸汽等。主要的控制措施是：采用防火措施，防止起火和火灾；采用灭火措施，减少次生伤害；采用防爆措施，减少爆炸伤害，必要时启动应急措施和预案。

（5）中毒和窒息伤害：中毒和窒息伤害主要来自：窒息性毒物（CO、N_2）、刺激性毒物（SO_2）、麻醉性毒物（汽油）、全身性毒物（铅、汞）等。主要控制措施是：采用空气置换，防止氮气窒息；采用防止泄漏、安全监控、保护用具和急救等措施防CO中毒；对危险化学品履行审批作业、安全防护和急救措施等，防止危险伤害。

（6）起重运输伤害：起重伤害主要来自：起重驾驶、指挥、点检和维修作业过程，主要控制措施是：加强安全管理、实施标准化作业、安全装置齐全可靠和采用专用安全吊索具。

运输伤害主要来自：厂内铁路和机动车辆驾驶。主要控制措施是：加强安全生产管理、实施标准化作业、专业培训持证上岗、建立安全标识和地面反光镜与后视镜，设立安全护栏和连锁装置。

（7）锅炉压力容器伤害：锅炉伤害主要来自锅炉爆炸、水击、二次燃烧与烟气爆炸等。主要的控制措施是：防止超压，定期校准压力表；防止过热，设置超温报警器；按规定进行水处理和除氧；加强缺陷检查、加强培训和规范操作。

压力容器伤害主要来自变形、泄漏、破裂引起爆炸、火灾和中毒。主要的控制措施是：认真遵守安全操作规程、加强容器检验，及时发现缺陷、加强容器维护和管理。对操作工加强培训，持证上岗。

（8）职业病伤害：钢铁企业常见职业病有：尘肺、职业中毒、中暑和噪声聋。主要预防措施是：定期体检，实行职业卫生监护；采用三级预防机制：

Ⅰ级预防：执行工程项目中的安全措施“三同时”；Ⅱ级预防：降低有害物质；Ⅲ级预防：患者早期治疗。

针对上述情况，钢铁企业应按过程、设备和岗位对危险源进行辨识和评价，对重要的危险源应规定安全生产的目标和指标。“事故为零”应是所有钢铁企业追求的目标，并按过程、设备和岗位分解安全生产指标，与经济效益、质量水平和节能减排一起纳入业绩考核项目中。

现在有些企业的《安全操作规程》只存在于设备操作或检修程序中，与生产过程有所脱节，在交接班时也很少进行危险预知活动。没有把危险源辨识作为时刻警惕的作业活动，甚至对劳动保护用品和危险因素的监测工具也缺乏规范使用。安全生产控制应包括对物的安全管理和对人的安全管理。对人的安全管理的关键是标准化作业，作业标准尽可能做到可视化。钢铁企业应在辨识和评价冶炼伤害、机械伤害、电气伤害、爆炸火灾、中毒窒息、起重伤害、运输伤害以及职业病等危险源后，采取消除或降低职业健康安全风险的措施，并对员工进行预知沟通，使安全生产得到有效控制。

安全生产控制应包括对物的安全管理和对人的安全管理。对人的安全管理的关键是标准化作业，对作业标准尽可能做到可视化。同时，落实岗位责任制，在一些重要、关键的岗位应设立相应的岗位责任人，如锅炉作业中的段长、组长、司炉工、化验工、维修工等岗位，详细列举出他们的责任；实现交接班制，明确交接班的检查内容、交接手续、记录要求。

10.4 配置安全消除、预防、隔离和防护装置

钢铁企业设备众多，这些设备涉及企业所有的生产工艺系统，安全管理稍有疏忽就会引起的混乱。目前，我国钢铁企业的生产设备已逐步实现大型化、现代化，不仅提高了产品的产量和质量，也应对安全生产提供了必要的设备保证。但从行业的整体情况看，企业对于生产设备的安全重视程度不够。现在，钢铁企业的信息化建设总水平和能力正在迈向国际先进水平行列，但多数企业的信息化体系中没有设置安全生产管理模块。

在对设备和设施的操作、检查、检修等三个重点环节的作业活动建立明确的作业流程和作业标准的基础上，企业要为生产设备配置安全消除、预防、隔离和防护装置，即实现生产设备的本质安全。“本质安全”主要取决于原

有设备、设施的安全化程度、生产过程中人的安全操作和设备、设施的管理与检修。其中，原有设备、设施的安全化程度起决定性作用。

10.5 特种设备和特种作业安全管理亟待加强

从我国钢铁企业的伤亡事故来看，机械伤害和物体打击是最主要的危险因素之一。近年来，钢企设备机械化和自动化程度有了很大的提高，但是特种设备和特种作业依然存在薄弱环节。例如，有些企业对特种设备管理的重点只放在向地方特种设备安全监督管理部门登记上（偏重设备注册）；特种作业人员的管理重点也只是关注给考核合格者发特种作业操作证（偏重资格认可）。这导致特种设备和特种作业缺乏对生产现场的安全管理，存在着较高的安全风险，须得到重视和控制。

特种设备是指涉及生命安全、危险性和危害性较大的设备，包括锅炉、压力容器、压力管道、起重机械等设备；特种作业是指容易发生伤亡事故，可能造成重大危害的作业，包括电工、焊工、起重机械和厂内机动车辆驾驶、登高架设、锅炉作业、压力容器操作、制冷、矿山通风和排水等作业，对钢铁企业来说，特别是与煤气和氧气有关的压力容器和管道，生产过程的起重和运输，检修过程的电工和焊工，具有多种危险和危害因素。

为了消除或预防特种设备和特种作业的安全事故，笔者认为，要从安全生产管理体系构建、过程控制、人员培训三个方面入手。

10.6 完善应急准备、预案和处理制度

通过安全生产管理可以预防事故和降低风险，但是达不到绝对安全。万一发生事故，应当采取应急准备和响应措施。事故应急管理是控制或排除事故、减少损失的重要措施。钢铁企业应警惕高炉垮塌事故，钢水、铁水爆炸事故，煤气火灾、爆炸事故，煤粉爆炸事故，煤气、硫化氢、氰化氢中毒事故和氧气火灾事故，等等。针对这些事故的分类和性质，企业应制订相应的应急预案。应急预案要按事故严重性和影响范围进行分级响应。预案包括应急求援、疏散撤离、紧急救护和处理事故。目前多数钢铁企业都有安全事故应急预案，但是否有效仍缺乏评审和演习。

10.7 严格落实安全生产的相关制度

安全生产责任制、安全生产教育和安全生产检查制度是国家法规的要求，是按照职业健康安全方针、目标和遵循管生产的同时必须管安全的原则所制定的，是各级负责人员、各职能部门及其工作人员和各岗位生产工人应执行的制度。

安全生产责任制的核心是实现安全生产的“五同时”，就是在计划、布置、检查、总结、评比生产的同时，计划、布置、检查、总结、评比安全工作。三级安全教育是安全生产教育的基本形式和方法，包括入厂安全教育、车间安全教育和岗位安全教育。其中岗位安全教育更重要，包括特种设备和特殊作业人员的专业安全教育，教育的重点应是生产过程和设备的危险源，安全装置、防护设施和安全作业规程以及应当遵守的劳动纪律。安全生产检查包括定期和不定期安全检查、专业性安全检查和季节性安全检查以及班前班后经常性安全检查等。进程本单位的安全生产工作，即使消除生产中的安全隐患是企业领导的重要职责之一。目前，很多的钢铁企业安全生产检查中的缺陷是领导不亲自参加，部门检查形式化。

10.8 职业健康安全管理的运行控制

职业健康安全管理的运行控制是 PDCA 过程中 D 的主要过程，是组织对危险源进行控制的关键过程。对运行控制应有形成文件的程序。必要时，应形成作业指导书或安全操作规程。

运行控制对象是与组织所辨识的和应当控制的过程，包括产品生产和服务提供的过程、设计和开发过程、采购过程（包括货物、设备和服务）、储运过程、机械和动力过程、设备维护和检修过程、特种设备和特殊工种、外包过程和参观访问等。

运行控制的内容是规定对与危险源有关过程的运行控制程序和运行准则，避免偏离职业健康安全方针和目标的要求。有的组织将运行控制程序包括在上述过程的质量、环境和能源管理控制程序中，也有的组织单独针对上述过程规定，例如《安全操作规程》（包括防止人身伤害和健康损害）。

运行控制也应针对过程或活动变更、材料的变更或计划的变更进行变更管理，是在危险源的辨识、风险的评价和控制措施变更后，也必须在运行控制中变更管理，有的称为“动态控制”。

产品生产和服务提供的过程应针对已经辨识和评价的危险源，防止风险做出操作性的运行控制。包括防止人为失误、控制失误后果、防止故障传递和防止能量释放。

设计和开发过程应对设计手段使生产设备或生产系统本身具有安全性，即使在误操作或发生故障的情况下也不会造成事故的功能，包括误操作不会导致事故发生或自动阻止误操作、设备、工艺发生故障时还能暂时正常工作或自动转变安全状态。

采购过程（包括货物、设备和服务的采购）应对合格供方选择条件和采购文件中包括有对防止人身伤害和健康损害的要求。

储运过程也应加强管理，分类存放、安全运输、排除隐患和认真监测。

机械和动力过程应针对机械伤害、电气伤害、燃烧爆炸和高空坠落等危险源进行识别和控制，防止对人身的伤害和对健康的损害。

设备维护和检修过程应以设备点检定修制为依据，针对检修中的危险源采取对策，以检修安全有关的法规为准绳，以检修安全计划为中心，以安全组织为保证的管理体系。

特种设备应强化安全管理、建立技术档案、接受安全监察。

特殊工种应进行安全技术培训、接受安全技术考核、必须持证上岗和加强对身体检查和健康监护工作。

外包过程应实施安全认定、进行资格审核、明确管理职责，不能以包代管。

对参观访问者进行适当的安全注意事项的沟通，并在现场进行引导，防止事故发生。

对运行控制来说，最重要的是对职业健康安全管理体系覆盖的过程和活动规定文件化的控制程序或作业指导书，规定操作程序、方法和准则，进行培训和教育，并在运行过程中进行监测，规范员工的作业行为。

另外，生产设备的设计、制造、安装和运行符合安全要求；对设备进行点检、维护和检修，使设备处于完好状态。安全合理地布置作业现场（5S管理）；安全点检作业现场物的因素（包括原辅材料、半成品、成品、设备和工具等）。从根本上消除或降低职业健康安全风险，实现“本质安全”。

10.9 安全生产必须“软硬兼施”

目前，不少钢铁企业在贯彻实施《职业健康安全管理体系 规范》(GB/T 28001)，建立了安全生产和职业健康的方针目标，对危险源进行了辨识和评价，针对目标建立了管理方案，对危险因素和危害因素建立了控制措施，并有应急准备和响应预案；但是许多企业并没有把它作为现代化安全生产的管理模式，只是在管理部门和文件化层次上忙活，基层的安全隐患、事件或事故依然频发。有的虽然没有造成人员伤亡，但材料、设备和设施损失很大。关键在于安全管理没有落实到基层岗位。既没有做到危险预知，也没有实施安全标准化作业。设备检修过程，特别是对外包作业，风险更大。死亡事故多是煤气中毒引起的，但是从钢铁行业总体来看，主要的危险因素仍然是机械伤害和物体打击、车辆伤害、高处坠落、起重伤害和高温灼烫。如果在操作岗位上没有把机械、电气、起重、运输、装卸、中毒、窒息、防火、防爆、灼烧等危险因素和危害因素的防控措施落实到危险预知和标准化作业中去，就很难实现安全生产。安全生产管理的重点应是作业前的危险预知和作业中的标准化作业。

另外，生产技术和设备的本质安全也非常重要。从工厂设计开始就应采用消除、预防、减弱、隔离、连锁、加强防护、合理布置、机械化、自动化等措施，防止人为失误、控制失误后果、防止能量释放和故障传递。在新建、改建和扩建过程中应落实资源投入和进入管理程序，在执行“三同时”过程中不应走过场。本质安全技术和设备，包括主体设备的安全、辅助设施的安全、供电供水的安全、防火防爆的技术、降低劳动环境危害的措施以及用机械化和自动化的无人操作技术等应作为安全措施计划的重点。“三同时”是指建设项目中的职业健康安全设施必须与主体工程同时策划、同时施工、同时生产和投入使用。组织的职业健康和安全状况取决于三个主要环节，设备或设施安全化程度、员工的操作水平和设备或设施的管理状况，其中设备或设施安全化程度起决定性作用。而设备或设施安全化程度正是“三同时”所要求达到的目标。

10.10 以“海恩法则”重视安全事故预防

德国人帕布斯·海恩认为，每一起严重事故的背后，必然有29次轻微事故和300起未遂先兆以及1000起事故隐患。这一观点被称为“海恩法则”。“海恩法则”强调事故的发生是隐患、先兆和轻微事故或事件积累的结果，即使技术先进和管理严格，在实际操作中，也无法取代员工的素质和干部的责任心。

对某些企业来说，事故是新的，但问题是老的；不是不知道，而是不重视；不是没信息，而是不监测；不是没措施，而是不落实；不是没管理，而是不坚持。

对某些企业来说，安全事故是新的，但问题是老的，关键在于对隐患、先兆和轻微事故或事件没有进行监测分析、提高意识和进行防范。对于事故隐患，企业不是不知道，而是不重视；不是没有信息，而是不监测；不是没措施，而是不落实；不是没管理，而是不坚持。

在工业发达国家的钢铁企业，虽然生产车间和设备配置了消除、预防、隔离和防护等安全装置，但是员工上班见面都还相互提醒，在上岗操作前会认真进行危险预知活动，在车间内外行走也用手指确认前后左右安全。管理者头戴安全帽，胳膊戴有安全袖标；车间内部通道有红绿灯。在危险源处设有监测仪表和可视化标识；每周有一次安全日，厂区升挂安全旗，员工和管理者都佩戴安全胸标，即使是参观者也必须戴安全帽、眼镜和耳塞。这些看起来是形式，其实是表现了企业文化、员工的素质和干部的责任心。

煤气作业区煤气报警仪器失效，检修过程缺乏防止泄漏和倒灌措施，氧气呼吸器压力不足，消防灭火器材过期，乙炔瓶和氧气瓶在一起操作，特别的对铁罐、钢包或铸型的水分缺乏监测，等等，这些隐患和先兆在我国一些随处可见。正是对轻微事故没有引起重视，重大事故的发生是必然的，只是时间早晚的问题。

“安全第一，预防为主”的方针不是一句口号。企业要实现安全生产，必须对轻微事故、未遂先兆和事故隐患进行监测、分析和控制，将风险降到可容许程度，防患于未然。

宝钢为了落实科学发展观，坚持“安全第一、预防为主、综合治理”的方针，坚持以人为本、安全发展的理念。以《企业安全生产标准化基本规范》和相关标准为依据，通过推进安全生产标准化建设，实现安全管理标准化、作业现场标准化和操作过程标准化，全面夯实安全生产工作基础，提高事故防范能力。

鞍钢也树立“以人为本，安全发展”的理念，坚持“安全第一，预防为主，综合治理”的安全生产方针，以对职工和企业高度负责的精神，把安全生产摆在更加突出的位置，提出了“以人为本，安全就是效益，实现零工伤”的安全理念和目标。

第11章

重视环境管理

11.1 识别和确定“环境因素”

《中华人民共和国环境保护法》中把环境定义为：“指影响人类社会生存和发展的各种天然的和经过人工改造的自然因素总体，包括大气、水、海洋、土地、矿藏、森林、草原、野生动物、自然古迹、人文遗迹、自然保护区、风景名胜区、城市和乡村等。”也就是说，环境是指影响人类生存和发展（包括生活和生产）的自然因素和社会因素的总和。自然因素有大气、水、海洋、土地、矿藏、森林、草原、野生动物等，社会因素有自然古迹、人文遗迹、自然保护区、风景名胜区、城市和乡村等。其实社会因素中很多是经过人工改造的自然因素。通常环境概念是指自然因素。

从范围来讲，“环境”是从企业内部、外部到全球（外部存在）。从形态来说，“环境”是物质的客观存在及其相互作用、依存和转换。物质的客观存在是“环境”，物质之间相互作用和转换也形成“环境”。

环境是由环境因素组成的，环境因素之间是相互作用、相互影响和相互制约的。环境的质量是由环境因素决定的，但是环境的质量并不是由环境因素的平均状态控制的，而是由环境因素中最差的状态决定的；并且要素之间只要是最差的就是具有同样的或等值的影响。环境因素对环境质量的影响大于环境因素个体的总和。现在，各种类型的企业都越来越重视环境管理，并通过环境方针和目标来控制活动、产品和服务对环境的影响，以实现并证实良好的环境绩效。

“环境因素”是一个企业的活动、产品或服务中能与环境发生相互作用的要素。具有或能够产生重大环境影响的环境因素叫做“重要环境因素”。产品是过程的结果，任何产品和服务都有生产和服务提供过程。例如生铁是高炉冶炼过程的产物，钢是转炉或电炉冶炼的产物，钢材是轧机轧制过程的产物。任何过程都有输入和输出。在产出铁、钢或钢材等预期产品的同时，也会产出一些非预期的产品，例如废水、废气、废渣、噪声等，这些非预期的产品也是在企业生产或服务提供过程中产生的，并与环境发生作用，对环境产生影响。生产过程产出的废水、废气、废渣、噪声等都会对环境产生直接的或间接的影响，这些要素就是“环境因素”。对不同企业和不同过程，“重要环境因素”可能不同。

“环境影响”是由环境因素造成的，包括有害的影响和有益的影响。也就是说，全部地或部分地由环境因素引起的对环境的改变，无论是有益的影响，还是有害的影响，都叫做“环境影响”。环境因素和环境影响之间是因果关系。

企业的活动包括采购、运输、储存原材料半成品和产品、产品的设计、制造、资源的开发和能源的利用。这些活动都能产生环境影响。有害的环境影响是指排出污染物；有益的环境影响是指可回收的包装物、绿化和可替代能源等。

11.2 钢铁企业的“重要环境因素”

钢铁企业是高能耗、重污染的行业，对区域或局部环境的影响较大，而且有害的影响比较多。目前我国钢铁工业主要以高炉-转炉流程为主，另外还有一部分电炉流程。以高炉-转炉流程为主的工业，生产 1t 钢需要消耗 1500kg 铁矿石，600kg 炼焦煤，200kg 石灰石和萤石，175kg 废钢和 15t 新水；产生 10t 左右的外排废水，1500kg 废气，粉尘 8kg，600kg 废渣和其他固体废弃物。电炉流程的工业也同样地产生相当数量的废水、废气和废渣和其他固体废弃物。

11.2.1 钢铁工业的废气

钢铁工业的废气排放量大，污染范围广，约占全国总排放量的 18%，居第2位。在废气中粉尘颗粒细，吸附力强，1μm以下占多数。废气温度高，400～1000℃，最高可达1400～1600℃，治理难度大。同时烟气阵发性强。除粉尘外，还含有CO、SO_x、NO_x等。出铁、出渣、出钢、吹氧时排放多，废气的余热、煤气、氧化铁等都具有回收价值。焦炉废气中含有H_2S、BaP、BSO等有害物质。

废气中含有粉尘、热能和化学物质，为了充分利用废气中的有用物质和能量，首先应将粉尘除去。除尘的方法有4种：利用惯性力、借助于过滤器、利用水滴的湿法除尘、利用电荷进行扑集的除尘。根据粉尘的大小和性质，钢铁工业采用的除尘器有重力除尘器、旋风除尘器、袋式除尘器、喷淋洗涤塔、湿式除尘器、文氏管除尘器和静电除尘器。

除尘后的高炉煤气可以用于余压发电，降压后的煤气可以回收作为燃料。高炉炉顶排除的煤气中含有较高的CO，其热值为3.7MJ/m^3，可以和天然气或焦炉煤气混合增加其热值或单独使用。高炉产生的大量煤气经管道直接输送到重力沉淀室，然后输送到喷淋洗涤塔和静电除尘器或湿式除尘器。高CO浓度的干净煤气燃烧预热高炉用风、产生鼓风机的电力或满足其他燃料要求，同时回收的颗粒物质烧结后在循环到高炉中。高炉喷吹煤粉或高温还原气体，既可以减低焦比，又能减少向大气排放化学物质。直接还原炼铁能够降低对环境的污染。

转炉废气除尘后收集的泥渣，有粗泥渣和细泥渣之分。粗泥渣适于烧结厂的再利用，回收金属铁，降低成本。细泥渣作成滤饼代替铁矿石或精矿粉也可以用于烧结。电炉废气中的粉尘可以制成生球团返回电炉使用。采用四孔喷枪和降低供氧强度，能够减少废气中的含尘量和红泥水中的悬浮物。除尘后的气体仍然处于高温状态（1260℃），通过热交换器或废热锅炉可以回收热能。转炉的大量废气也必须先除尘。气体中还含有的CO（含量为60%）可以燃烧使锅炉产生蒸汽发电。电炉的废气中含有的粉尘浓度相对比较低，难以去除。一般整个电炉车间安装排烟系统，将收集的烟气送到袋式除尘器净化，回收利用。电炉废气中常常含有Zn、Pb和Cu，采用苛性钠浸出，用Zn置换Pb和Cu，然后再用电解沉积Zn。

11.2.2 钢铁工业的废水

钢铁工业的废水包括有料场废水、烧结废水、焦炉废水、高炉煤气洗涤水、高炉冲渣水、转炉烟气除尘废水、轧钢乳状液废水等。这些废水中具有不同的pH值，含有悬浮物、重金属、有机物、油污、酸碱等。焦炉废水中含有酚和氰化物等有害物质。

钢铁工业使用大量的水作为冷却剂和在各种除尘器中作为吸附介质。这两种用途的水都吸附了微粒状物质，必须分离后才能循环使用或排放。分离技术分两段工序，即澄清或浓缩和过滤。

对酸洗和电镀过程产生的含有重金属的废水，最简单的治理方法是氢氧化物沉淀法，可以去除Cu、Pb、Zn、Cd和As等金属离子。对含6价铬的废水可以采用电解法和离子交换法。减少外排废水和合理用水是控制污染的最好办法。目前普遍采取循环水系统、综合利用或净化废水的办法。

对焦化废水采取特殊的治理技术。因为炼焦与回收焦化产品过程中，产生含有大量高浓度酚、氰、油类等有害物质的污水，必须治理，比较先进的方法是活性污泥法分解酚和氰化物。

11.2.3 钢铁工业的固体废物

钢铁工业的固体废物，包括有铁矿采矿时产生的剥离废物、选矿时产生的大量尾矿、高炉炉渣、转炉炉渣、电炉炉渣、铁合金炉渣、含铁尘泥、电镀金属污泥、6价铬渣等。

对铁矿山开采设置采场、排土场和尾矿所造成的植被破坏，应积极安排好复垦工作。钢铁工业的废渣可以作为水泥、道路和混凝土构件等的原料。高炉炉渣经缓冷（空冷）成为“干渣”，破碎筛分后用于路基材料或混凝土粗骨料；高炉炉渣经急冷（水淬），软质的可以用于做水泥原料，硬质的可以用于做混凝土细骨料。掺合约50%高炉渣的高炉水泥与普通水泥相比，石灰石使用量减少，是节省能源和资源的材料。高炉渣还可以作为建筑材料、肥料和土壤改良材料。钢铁炉渣的再资源化的前景是非常好的。

但是，转炉渣和电炉渣具有膨胀崩裂性，适用范围受到限制。如果采用蒸汽固化处理。可以用于路基材料。发达国家钢铁炉渣的利用率已经达到98%～100%，而我国还不到85%。特别值得指出的是在生产铬铁时产生的废渣中含有6价铬，必须进行控制和治理。比较可行的方法是将6价铬经高温还原成3价铬，进行无害化处理。也可以将铬渣用于房屋建筑和管线沟的基础填料，在道路建设中作为隔热材料，具有很好的承载性。还可以作为玻璃制品的着色剂、生产钙镁磷肥添加剂等。

11.3 建立和实施环境管理体系

有关环境的法律法规日趋严格，并促进了环境保护的经济政策和其他措施都在相继制定，另外相关方对环境问题和可持续发展的关注也在普遍增长。例如在《中华人民共和国宪法》中规定："国家保护和改善生活环境和生态环境，防治污染和其他公害。""一切国家机关和武装力量、各政党和各社会团体、各企业事业单位都必须遵守宪法和法律。一切违反宪法和法律的行为，必须予以追究。"在《中华人民共和国环境保护法》中确定了经济建设、社会发展与环境保护协调发展的基本方针，各级政府、一切单位和个人保护环境的权利和义务。我国环境保护的基本方针是：坚持环境保护基本国策，推行可持续发展战略，贯彻经济建设、城乡建设、环境建设同步规划、同步实施、同步发展的方针，积极促进经济体制和经济增长方式的转变，实现经济效益、社会效益和环境效益的统一。环境保护的基本政策是：预防为主、防治结合的政策；污染者负担的政策；强化环境管理的政策。企业为了遵守法律法规，通过环境方针和目标来控制过程和活动对环境的影响，证实环境绩效好。企业为了能够评价和证实环境绩效，并能够持续满足法律和方针要求，应建立一个覆盖企业的结构化的管理体系。

环境管理体系也是企业管理体系的一个组成部分。环境管理体系的建立和实施以实现环境方针和环境目标为依据，同时考虑有效性和可行性。环境管理体系有5个一级要素（环境方针、策划、实施与运行、检查与管理评审）和分成的若干二级要素。建立环境管理体系对企业有社会效益和环境效益。

环境方针是指"由最高管理者就企业的环境绩效正式表述的总体意图和方向"。环境方针的内容应符合国家法律法规要求，适合于本企业的实际，包括企业生产和管理过程、产品和服务特点、企业的规模大小。在环境方针中应体现企业领导与员工的承诺，包括承诺遵守法律法规，承诺预防污染（例如，合理优化设计、节能减排降耗、发展循环经济等）、承诺持续改进（例如建立并实施环境绩效评价程序，并利用评价结果，实现持续改进）。

环境方针应能够为制定环境目标和指标提供框架。企业应当对方针进行定期评审与修订，以反映不断变化的条件和信息。企业也应当就环境方针同所有为本企业或代表本企业工作的人员进行沟通，包括与为其工作的合同方进行沟通。对合同方，不必拘泥于传达方针条文，而可采取其他形式，如规则、指令、程序等，或仅传达方针中和它有关的部分。环境方针可简短明确，但不只是口号，应有利于理解和贯彻实施。

环境方针是企业总方针的重要组成部分；整合时，应协调一致。环境方针为建立环境目标、环境指标和采取措施提供了一个框架。最高管理者在制定环境方针时应广泛听取相关方和员工的意见。

环境目标是“企业依据其环境方针规定的自己所要实现的总体环境目的”。环境指标是“直接由环境目标产生，或为实现环境目标所须规定并满足的具体的绩效要求，它们可适用于整个企业或其局部”。该标准要求，企业应针对其内部有关职能和层次，建立、实施并保持形成文件的环境目标和指标。如果可能，目标和指标应可测量。目标和指标应符合环境方针，包括对污染预防、持续改进和遵守适用的法律法规和其他要求的承诺。企业在建立和评审目标和指标时，应考虑法律法规和其他要求，以及它自身的重要环境因素。此外，还应考虑可选的技术方案，财务、运行和经营要求，以及相关方的观点。

环境目标是在环境方针指引下而编制的文件化保护环境和预防污染的目标。在制定环境目标时，应考虑环境环境因素（特别是重大环境因素）、法规和其他相关要求以及环境评审结果。环境目标尽可能量化，用环境参数表达，既便于分解可行，又有利于考核。例如“废水零排放”、“废气无害化”和“固废资源化”等。环境目标应定期进行评审和根据实际情况进行修订。

环境指标是目标的细化，依据环境目标制定环境指标，是对环境绩效做出的具体规定和时限要求。环境指标应分解落实到职能、层次或岗位（例如二级单位）。环境指标更应量化或有可测量性。

环境指标可根据企业实际情况包括下列指标：生产取水量、生产水复用率、高炉煤气回收利用率、转炉煤气回收热量、电炉余热利用量、余热余能回收利用量、含铁尘泥回收利用率、高炉渣利用率、转炉渣利用率、电炉渣利用率、噪声可根据企业所在功能区执行适宜噪声标准。

为了实现环境方针，应在企业的各个职能和层次上建立、执行和更新环境目标和环境指标。各层次的目标和指标应形成文件。

建立目标和指标的目的在于明确企业的环境管理方向，凝聚员工的关注焦点，激发企业的潜能。环境的目标和指标必须考虑本企业的重要环境因素和法律法规要求，并与环境方针协调一致。环境目标和指标应是可测量（不一定量化），必要时，要有时限要求。目标和指标的制定要兼顾短、中、长期目标和指标，首先关注需要优先解决的环境问题及起关键作用的职能和层次。

在建立和评审目标时要考虑：法律和其他要求、环境方针和企业自身的重要环境因素和相关方的观点和要求。又就是说，环境目标和环境指标应与方针相呼应，体现“两个承诺”。

《中华人民共和国国民经济和社会发展第十二个五年规划纲要》要求，化学需氧量、二氧化硫排放分别减少8%，氨氮、氮氧化物排放分别减少10%。工业和信息化部发布的《关于钢铁工业节能减排的指导意见》要求，到“十二五”末，重点大中型企业基本建成资源节约型、环境友好型企业，能耗、水耗达到国际先进水平。钢铁联合企业废水基本实现“零”排放；氮氧化物、二噁英等污染物排放得到有效控制。冶金废渣基本实现综合利用，尾矿综合利用率较大幅度提高。大幅提升废钢资源循环利用水平，铁钢比降低5个百分点。钢铁企业节能减排的工作任重道远。钢铁企业的节能减排的目标：一是普及推广已成熟的节能减排技术，大中型钢铁企业2015年干熄焦率达到100%。二是按国家要求2015年焦化、烧结、炼铁、炼钢的工序能耗达标率要达到100%。三是凡没有通过国家建设项目环境影响评价的，要努力完善环保措施，补办手续，获得审批。

钢铁企业的环境指标可根据企业实际情况包括下列指标：生产取水量、生产水复用率、高炉煤气回收利用率、转炉煤气回收热量、电炉余热利用量、余热余能回收利用量、含铁尘泥回收利用率、高炉渣利用率、转炉渣利用率、电炉渣利用率、噪声可根据企业所在功能区执行适宜噪声标准。

为了实现环境目标，企业制定一个或多个环境管理方案。环境管理方案是成功实施体系的一个关键要素。环境管理方案的作用是保证目标和指标的实现。管理方案应逐层和逐步细化，内容包括职责、方法、时限、人员和对新活动的环境评审。在情况发生变化时（新增活动、产品开发、工艺更改的设计、计划、施工、运行）应相应地对管理方案进行修改。

管理方案和运行控制是两个不同层次的问题。管理方案是属于目标和指标管理层次的问题，而运行控制是环境因素控制层次的问题，两者不应混淆。制定并实施一个或多个方案，对于环境管理体系的成功实施非常重要。方案应当说明如何实现企业的环境目标和指标。

为了控制实施与运行环境管理体系的要求，首先应有文件明确规定企业领导和所有部门的作用和所承担的相关的环境职责，特别是关键职责。标准要求，应明确各层次的任务、职责、权限，并形成文件。最高管理者是环境管理体系的主要负责人，为了协助最高管理者尽职尽责，完成使命，最高管理者应指定管理者代表，明确其任务、职责和权限。管理者代表负责建立、实施和保持环境管理体系，并向最高管理者报告环境管理体系的运行情况，并提供评审和改进。管理者代表应属于企业高层领导，否则难于发挥作用和行使职权。

为了控制实施与运行环境管理体系的要求，最高管理者应为体系实施与运行提供必要的资源，包括人力资源和专项技能、企业的基础设施以及技术和财力资源。人力资源和专项技能非常重要，包括管理和控制，必须具有环境管理能力和专项操作技能。为了防止环境污染必须配置必要的设备和设施，例如除尘设备、水净化装置、固废回收设施等。有些项目需要采用一定的技术，例如废气脱硫脱硝技术，废水脱酚脱苯技术，固废资源化技术等。另外，为了控制实施与运行环境管理体系，也必须提供一定的财务支持，例如有的钢铁企业为了进行环境治理，投入了上亿元的资金，转变成为“绿色企业”。

企业应建立并保持一个应急准备和响应程序，主要是用以识别对环境能够造成影响的潜在的紧急情况和事故，以及如何应急准备和一旦发生时应如何及时响应，以预防或减少环境影响。包括：识别对环境能够造成影响的潜在的紧急情况和事故有关过程。如果产生应如何对应和处置，包括预防、监控、预警、应急、抢救、消防、医疗、通讯、生活保障和善后处理等。必要时，特别是发生后，应对程序进行评审、修订或采取纠正措施的记录。可行时，定期检验或进行演练。

对环境管理体系进行监视和测量是 PDCA 过程的 C，是实施有效运行控制的重要环节，也应建立控制程序。监测程序是对可能具有重大环境影响的运行和活动的关键特性进行监视和测量。监测内容包括：环境方针、目标和指标以及管理方案的完成情况，重要环境因素实际表现，运行控制程序执行情况，程序内容包括：如何进行例行监测或临时监测，如何按标准进行评价，如何使用、检定、维护和保管监测设备，如何记录和保管记录，何时向谁报告监测结果和发现的问题。

另外，企业应建立、实施并保持一个或多个定期评价对适用法律法规的遵守情况程序。评价的对象应包括：环境方针、目标、指标和管理方案，重要环境因素的识别、评价和控制，重要环境因素的监视和测量情况，新建、改建和扩建项目的环评，排污许可证和排污总量等。企业也应评价对其他要求的遵守情况。

环境管理体系也要求进行环境绩效的评价，在环境管理体系条件下，可对照企业的环境方针、环境目标、环境指标及其他环境绩效要求对结果进行测量。环境绩效除方针、目标和指标外，也应细化到各过程或工序，主要是节能减排的测量结果。

企业不断对环境管理体系进行强化的过程，目的是根据企业的环境方针，实现对整体环境绩效的改进。持续改进包括环境管理体系的改进和完善与环境表现的改进和完善，但是持续改进并不要求同时发生于活动的所有方面。同时改进所有的方方面面是不可能的，应根据企业的经济、技术可能性和环境方针、目标和指标来选择改进的方向、内容和程度。持续改进应贯穿于环境管理体系建立、实施和运行的自始至终。体系或过程的改进（包括员工的改进活动）是手段，环境表现（行为）改进是目的。

11.4 配置防止环境污染和环境保护设施

为了防止环境污染和环境保护，实现节能减排的主要目标，钢铁企业应遵守适用的法律法规、加强管理和提高执行能力外，更应采用有利于节能减排的设施，包括新设备、新工艺、新技术，以促进资源综合利用和清洁生产。调整生产、能源结构、减低能耗，减少排放，实现钢铁企业和社会的和谐发展。

目前我国粗钢产能在 10 亿吨左右，2013 年我国粗产量为 7.79 亿吨，居世界第一，占全球粗钢产量的 48.5%。受粗钢产量增长等因素的影响，钢铁企业的总能耗、用水总量、重复用水量等总量指标仍呈现出上升趋势，钢渣、高炉渣、含铁尘泥和高炉煤气、转炉煤气、焦炉煤气产生量也比上年同期有所增长。因此，配置防止环境污染和环境保护设施仍然十分重要。

钢铁污染物的主要来源是二氧化硫、粉尘、废水和固体废弃物。特别是对有毒有害的气体的处理，例如氮氧化物、挥发性有机物(如苯并芘)、卤代烃类（如二噁英）、重金属、降低废水中的氮以及固体废弃物综合处理利用等设施，对防止污染和环境保护具有重要作用。

宝钢集团有限公司董事长徐乐江认为，环境保护措施是治理钢铁产能过剩的一个办法。节能减排、环境保护在今后很长一段时间内都将是钢铁行业的任务，而实现这一目标则要从技术和管理上下工夫。宝钢采取建设烟气脱硫措施，降低 SO_2 排放总量，利用低 N 燃烧技术，控制 NO_x 的排放。进一步提高烟尘、粉尘与二次扬尘治理技术和装备水平，严格控制无组织排放与二次扬尘。对焦化污水采用微生物替代化学处理，不仅降低处理成本，而且可以防止二次污染。对冶炼过程的 CO_2、二噁英等有机毒物也采用监控和防治措施。对轧钢过程开发无铬钝化替代有铬钝化，研究采用绿色涂镀液和辅料，并建设高锌尘泥脱锌设备，回收利用脱锌后的尘泥。另外，宝钢健全了环境（包括主要污染源）的自动监测系统，对防止环境污染和环境保护具有重要作用。

鞍钢技术改造坚持环保设备与主体设备同时设计、同时施工、同时竣工投产，坚持采用无污染、少污染的新工艺、新设备，淘汰落后的用水设备和高耗水设备，采用节水性生产工艺或不耗水工艺，从生产源头抓节水，变“末端治理”为“提前预防”，达到事半功倍的效果。

鞍钢认真贯彻落实科学发展观，致力于建设“绿色制造、绿色经营”的样板型钢铁基地，充分发挥两化融合促进节能减排作用，注重资源综合利用，积极发展清洁生产、循环经济和低碳经济。采用焦化废水强化处理关键技术，解决焦化废水处理中的污染物的脱除问题。采用干法除尘、干熄焦、干式高炉炉顶余压发电（TRT）等不耗水或少耗水工艺。鞍钢也重视节约用水及水污染治理的工艺技术。

武钢也通过大力推进清洁生产，并结合技术改造、综合利用和源头控制，废水的总排污口中 COD、石油类等各种污染物随机抽样达标率为 100%。工业废气中烟尘、粉尘、二氧化硫等排放浓度达标率也为 100%。另外，重视“三废”资源再利用，开发了一批综合利用产品，例如矿渣微晶玻璃、高耐磨钢渣矿渣混凝土、粒子钢、精矿粉等一系列产品。

11.5 完善应急准备、预案和处理制度

完善应急准备、预案和处理制度是涉及范围广、专业性强的工作，也是

一项非常复杂的系统工程。为了完善应急准备、确保预案和处理的科学性、针对性和可操作性，应根据《中华人民共和国环境保护法》、《国家突发环境事件应急预案》及其他相关法律、法规、规章等要求，对企业的基本情况、应急能力、危险辨识、应急资源等进行了全面科学的分析和评估。

根据企业基本情况，具体规定应急组织机构及组成人员和职责划分、事故报告与通报、污染事故现场应急措施、抢险救援及控制措施、受伤人员现场救护救治、现场保护与污染清除、事故现场的恢复和善后、应急终止后的行动、应急保障、应急救援培训计划、演练计划、应急预案评审与发布等。规范企业环境污染事故应急工作，强化对突发性环境污染事故的处置能力，形成防范有力、指挥有序、快速高效和协调一致的环境污染事故应急处置体系，能够最大限度地保护人的生命安全，保障生产设施安全，减小环境污染程度提供了技术、制度和组织上的保障。

环境污染事故源应包括厂区平面布置、工艺流程及排污管线、产品在从原料到产品存储的生产过程中可能发生的潜在环境污染事故源基本情况，包括事故源的名称、数量、位置，可能发生事故的时空特点。

预防工作应对企业在生产过程中产生、贮存、运输、销毁废弃化学品、放射源等事故源进行调查，掌握本企业潜在事故源环境优先污染物的产生、种类及分布情况。针对污染物的特点提出相应的应急措施。建立优先污染物的快速监测方法，购置优先污染物的快速监测设备，建立优先污染物的处置技术。

预警及措施是按照突发事故严重性、紧急程度和可能波及的范围，对突发性环境污染事故的预警进行分级。根据事态的发展情况和采取措施的效果，预警可以升级、降级或解除。收集到的有关信息证明突发性环境污染事故即将发生或者发生的可能性增大时，按照相关应急预案执行。

企业的环境预案，本着实事求是、切实可行的方针，贯彻坚持以人为本，预防为主；统一领导，分类管理，分级响应；紧急与平时相结合，专职和兼职相结合，充分利用现有资源，积极做好应对突发性环境事故的思想准备、物资准备、技术准备、工作准备，加强培训演练，在应急时反应快速有效。

11.6 严格落实相关法律法规和制度

钢铁企业应严格落实相关法律法规和制度，认真执行《中华人民共和国环境保护法》、《中华人民共和国大气污染防止法》、《中华人民共和国水污染防治法》、《中华人民共和国固体废物污染环境防治法》、《中华人民共和国环境噪声污染防治法》及有关方针政策，制定本企业的环境保护管理制度，包括环境管理制度、环境统计上报制度、环境保护会议制度、环境保护奖惩制度等。明确环境管理职责、重视“三废”污染，保护环境。对环保设施和设备进行认真管理，制定环境污染应急预案，新建项目执行环保设施“三同时”制度等。

宝钢是中国钢铁行业第一家通过 GB/T 24001 环境管理体系认证的企业。在公司主要钢铁生产单元全面推广“三流一态”能源管理体系，编制了《能耗指标基准值与标杆值管理程序》、《冶金节能减排手册》和《建筑垃圾处置管理办法》。

鞍钢、武钢、太钢和沙钢等钢铁企业也根据法律法规编制了本企业的环境保护制度。

11.7 让“动脉”与“静脉”闭路循环

将“资源—生产—社会”作为动脉系统，将“废气物—再利用—再资源化”作为静脉系统，使社会进入循环经济的时代，未来的钢铁工业应坚持这一发展方向并实现这种“动脉”与“静脉”闭路循环的清洁生产。这是质量经营的主张和要求。

为了取得与资源利用效率和环境友好相协调的可持续发展，建立环境管理体系，必须对钢铁工业的环境因素进行识别和评价，并对它们进行控制。从而实现清洁生产，从生产源头着手，进行全过程控制，对废弃物进行回收、处理和再生，使贯彻实施 GB/T 24001 的过程与环境因素的再资源化或再能源化相结合，具有非常重要的战略意义。

近年来，随着我国钢铁工业现代化的发展，环境管理和技术也有很大的变化。但是，钢铁工业仍然是资源和能源消耗比较多的工业部门之一，也是污染大户。因此，在钢铁工业进一步发展中必须重视环境保护工作，继续向再资源化、再能源化和清洁生产方向发展。

(1) 再资源化：目前，钢铁工业的炉渣用作水泥的掺和料、铺路用的原料和混凝土原料。高炉渣的利用率达到100%（特殊渣除外），转炉渣的利用率也在逐年提高。含铁尘泥作为回收料返回使用。但是，为了节约资源，今后将追求新的资源循环，即将废弃的塑料（氯乙烯）在高炉中继续处理。既节约焦炭资源，又解决废弃塑料的污染问题。

（2）再能源化：高炉煤气是钢铁工业最重要的能源，炼铁过程各工序的废热，多数已经用于预热或余热发电。转炉回收的煤气，通过燃烧法或不燃烧法转换成蒸汽或电能，实现负能炼钢。今后将探讨如何利用中温（200℃左右）和低温（80℃以下）的热能，比较可行的措施是用于城市居民生活。还有钢铁厂废水资源化问题等等。

（3）清洁生产：清洁生产的概念不仅限于废气的净化与利用、固体废弃物的回收与利用、建立封闭的水循环系统、设计短流程、开发直接还原、熔融还原、高效连铸或直接炼钢等。而是将自然生态体系引入并建立人间生态体系，达到“节能降耗，减污增效”，生产出绿色产品的目的。将资源—生产—社会作为动脉系统，将废弃物—再生利用—再资源化作为静脉系统，使社会变成循环的时代，未来的钢铁工业就是实现这种循环的清洁生产。

宝钢在未来发展规划中将循环经济与规模、技术、体系能力一起列为公司聚焦的四大重点。鞍钢明确提出“绿色制造”：我们的社会责任。坚持节能减排、发展循环经济和实现生态文明。本钢把节能环保作为钢铁企业共同的追求，共同的责任和永恒的发展主题。攀钢认为，“绿色钢铁”既是追求也是责任。武钢在发展“绿色钢铁”关键放在“循环”上，走资源循环利用的道路。首钢在搬迁调整过程中实践可持续发展。沙钢把“绿色钢铁”作为主旋律，用最低的消耗、最少的排放获得最大的产出。太钢也认为“绿色钢铁”是 21 世纪行业主旋律。

第12章

加强能源管理

12.1 能源和能源因素

关于能源的定义很多，在《中华人民共和国能源法》和《中华人民共和国节约能源法》中将能源定义为“是指煤炭、石油、天然气、生物质能和电力、热力以及其他直接或者通过加工、转换而取得有用能的各种资源”。有的定义为“能源是向自然界提供能量转化的物质（矿物质能源，核物理能源，大气环流能源，地理性能源）”；有的定义为“是指可产生各种能量（如热量、电能、光能和机械能等）或可做功的物质”；还有的定义为“是指能够直接取得或者通过加工、转换而取得有用能的各种资源，包括煤炭、原油、天然气、煤层气、水能、核能、风能、太阳能、地热能、生物质能等一次能源和电力、热力、成品油等二次能源，以及其他新能源和可再生能源”。

“能源”定义为“可以直接或者通过转换提供人类所需的有用能的资源”。“能源”可以理解为是自然界中能为人类提供所需要的某种形式能量的物质资源。是指能够直接取得的或者通过加工、转换而取得的有用的各种能量资源，包括煤炭、石油、天然气、水能、风能、生物能、太阳能、地热能、海洋能、核能等一次能源和焦炭、煤气、汽油、柴油、电能和激光等二次能源。一次能源中水能、风能、生物能、太阳能、地热能、海洋能、核能属于可再生能源，而煤炭、石油和天然气属于不可再生能源。

“能源因素”定义为“是在组织的活动、产品和服务中，影响能源消耗、能源利用效率的因素”。我们可以对能源因素做如下理解：

（1）能源因素不是能源，是影响能源消耗和使用效率的因素。

（2）能源因素是在组织管理体系范围内能够控制或施加影响的活动、产品和服务范围内的因素。

（3）能源因素不仅限于现在的生产或服务过程，也包括未来设计和开发或变更的活动、产品和服务。

（4）能源因素不仅限于正常的生产和服务过程，也包括检修或事故时可能对能源消耗和使用效率的影响。

（5）能源因素不仅与组织的生产和服务过程有关，也应考虑法律法规（例如《中华人民共和国节约能源法》）和标准的（例如《粗钢生产主要工序单位产品能源消耗限额》）要求。

12.2 能源管理的基本概念

能源管理分为宏观管理与微观管理。政府及有关部门对能源的开发、生产和消费的全过程是能源宏观管理；而企业对能源供给与消费的全过程进行管理是能源微观管理。能源管理是指对能源生产过程的管理和消费过程的管理。具体来说能源管理是指对能源消费过程的策划、实施、控制、检测和监督等一系列工作。

我国虽然是世界钢铁大国，但是钢铁工业总能耗已占全国工业总能耗的15%，而能源有效率仅为30%左右，与国际先进水平相比差距很大。我国钢铁行业吨钢综合能耗和工序能耗仍然高于世界先进水平，在一定程度上影响我国的经济发展。虽然近年来我国钢铁企业的能源管理取得了一定成绩，大中型钢铁企业的吨钢综合能耗 2010 年与 2005 年相比，吨钢综合能耗下降 12.8%，年均下降 2.6%；2011 年与 2010 年相比，吨钢能耗仅下降 0.5%；从 2012 年每月指标来看，吨钢能耗指标起伏不定，总体呈上升趋势。有些企业的能源管理缺乏全面系统地策划、实施、检查和改进。为了切实地加强企业的能源管理，促进节约能源并降低成本，建立能源管理体系，是非常重要的措施。对我国现阶段实现“十二五”规划提出的节能目标具有十分重要的意义。在企业内部建立规范的能源管理体系，会使能源管理形成一个完整整体，全面系统地策划、实施、检查和改进各项能源管理活动，实施全过程管理，以期获得最佳的节能效果。钢铁工业是高能耗、高污染的传统产业。

《中华人民共和国国民经济和社会发展第十二个五年规划纲要》要求，单位国内生产总值能源消耗降低16%，强调加强资源节约和管理，落实节约优先战略，全面实行资源利用总量控制。纲要中提出，“抑制高耗能产业过快增长，突出抓好工业、建筑、交通、公共机构等领域节能，加强重点用能单位节能管理。强化节能目标责任考核，健全奖惩制度。完善节能法规和标准，制定完善并严格执行主要耗能产品能耗限额和产品能效标准，加强固定资产投资项目节能评估和审查。健全节能市场化机制，加快推行合同能源管理和电力需求管理，完善能效标识、节能产品认证和节能产品政府强制采购制度。推广先进节能技术和产品。加强节能能力建设。开展万家企业节能低碳行动，深入推进节能减排全民行动”。

工业和信息化部发布的《关于钢铁工业节能减排的指导意见》要求，到“十二五”末，重点大中型企业基本建成资源节约型、环境友好型企业，能耗、水耗达到国际先进水平。吨钢综合能耗不超过615kg标准煤，主要生产工序能耗全部达到国家《粗钢生产主要工序单位产品能源消耗限额》和《焦炭单位产品能源消耗限额》限定值。《关于钢铁工业节能减排的指导意见》（以下简称《指导意见》）还指出，要全面实施综合污（废）水回收利用，钢铁联合企业废水基本实现“零”排放；氮氧化物、二噁英等污染物排放得到有效控制。冶金废渣基本实现综合利用，尾矿综合利用率较大幅度提高。大幅提升废钢资源循环利用水平，铁钢比降低5个百分点。钢铁企业节能减排的工作任重道远。到2011年年底，重点大中型钢铁企业吨钢综合能耗不超过620kg标准煤；吨钢耗用新水量低于5m^3，水重复利用率95%以上；吨钢烟粉尘排放量小于1.0kg，吨钢二氧化硫排放量低于1.8kg，吨钢化学需氧量排放量低于0.2kg；二次能源基本实现回收利用；钢渣综合利用率94%，铁渣综合利用率97%，尘泥综合利用率99%，尾矿综合利用率10%。钢铁工业新增2200万吨标准煤的节能能力，污染物排放浓度和排放总量双达标。

《指导意见》要求，一是加快淘汰落后产能，严格执行国家炼钢、炼铁、铁合金、焦炭等落后产能淘汰标准，分解制定和严格执行淘汰落后产能年度计划，确保2011年年底前实现淘汰400m^3及以下高炉炼铁能力12540万吨，30t及以下转炉和电炉炼钢能力2820万吨的目标等任务积极研究制定以节能环保强制性标准淘汰落后产能的具体措施。

钢铁企业的节能减排的目标：一是普及推广已成熟的节能减排技术，大中型钢铁企业 2015 年干熄焦率达到 100%。二是按国家要求 2015 年焦化、烧结、炼铁、炼钢的工序能耗达标率要达到 100%。三是凡没有通过国家建设项目环境影响评价的，要努力完善环保措施，补办手续，获得审批。

为了实现“十二五”的目标要求，必须加强钢铁企业的能源管理。建立和实施能源管理体系可以使识别和控制一次能源（如煤、石油）、中间能源（电力、蒸汽、焦炭等）和其他能源（包括外包加工环节用能、使用及废弃过程中的能源消耗、物流运输过程中的用能等）过程标准化、规范化和长效化，提高能源使用、转换和加工的效率。根据方针、目标和指标管理和标杆对比可以核定合理的能源消耗定额；“运行控制”能够规范能源管理程序和建立健全管理制度；“监视和测量”可以完善能源计量和能源审计过程。使能源管理实现从主体设备到生产全过程，从生产部门到企业所有单位，从企业本身到相关方，从经验管理到科学管理的转变，将能源管理与结构调整和技术进步结合起来，形成全面能源管理机制，也是企业质量经营的重要内容。

12.3　能源管理体系标准

加强能源管理是由我国基本国情决定的，不仅仅可以转变经济增长方式，而且有利于贯彻科学发展观，是全面建设小康社会的重要保障，也是保障经济和国家安全的重要举措。我国为了贯彻实施节能减排的方针，于 2009 年发布实施了能源管理体系标准《能源管理体系　要求》(GB/T 23331—2009)。为了等同采用国际标准 ISO50001：2011《能源管理体系　要求及使用指南》，国家质量监督检验检疫总局和国家标准化管理委员会在 2012 年 12 月 31 日发布，并于 2013 年 10 月 1 日实施《能源管理体系　要求》(GB/T 23331—2012/ISO50001：2011)，代替 GB/T 23331—2009。

能源管理体系标准的目的仍然是引导组织建立能源管理体系和必要的管理过程，提高其能源绩效，包括提高能源利用效率和降低能源消耗。标准的实施旨在通过系统的能源管理，降低能源成本，减少温室气体排放以及其他相关环境影响。能源管理体系标准适用于所有类型和规模的组织，不受其他地理位置、文化及社会条件等的影响。

能源管理体系是按系统管理原理，通过实施一系列完整的标准、规范，在组织内建立起一个完整有效的、文件化的能源管理体系，建立和实施过程的控制，使组织的活动、过程及其要素不断优化，通过节能监测、能源审计、平衡统计、能效对标、自我评价、节能技改、节能考核、内部审核和管理评审等措施，不断提高能源管理体系持续改进的有效性，实现能源管理方针和预期的能源目标。

标准规定了能源管理体系的要求，使组织能够根据法律法规要求和主要能源用信息来制定和实施能源方针、建立能源目标、指标及能源管理实施方案。能源管理体系可使组织实现其承诺的能源方针，采取必要的措施来改进能源绩效，并证实体系符合本标准要求。标准适用于组织控制下的各项活动，并可根据体系的复杂性、文化程度及资源等特殊要求灵活运用。

标准是组织企业最高管理者的一项战略性决策。根据这个标准的要求，能够启动企业最高管理者的承诺和全员参与，以及制定并实施能源方针和目标。贯彻实施该标准能够规范企业的能源管理，降低能源消耗和提高能源利用效率。通过贯彻实施能源管理体系标准，可以使企业利用过程方法对企业的能源因素进行优化和控制；通过系统方法与法律法规结合，降低能源消耗、提高能源利用效率。应用先进有效的节能技术与管理经验。贯彻实施该标准还可以提高能源管理的有效性，并改进其整体绩效。同时会提高了相关方的信任，确信其已经建立了适宜的能源管理体系。

建立能源管理体系使企业有效地识别和遵守适用法律法规。有效地将企业现有的能源管理与有关的法律法规、标准和政策要求结合，使企业能够强化能源管理，降低能源消耗和提高能源利用效率。

12.4 能源管理的控制对象

能源管理体系是以“能源”为核心进行管理和控制，通过“活动、产品和服务”识别和评价能源因素，以及适用的法律法规要求，确定具体的能源目标和指标，根据产品实现全过程以及减少外部影响所产生的能源消耗来确定相关的管理要求。组织的能源消耗、提高能源利用效率将涉及产品实现的全过程，因此，能源管理的控制范围也涉及产品实现的全过程。另外，由于与组织运行相关的经营管理和生活运营也消耗能源、也同样存在节能潜力，因此也应在能源管理体系的控制范围之内。虽然能源消耗一般都发生在组织内部，但是能源供应商也会对组织的能源管理产生影响。因此，能源供应商也包括在组织的能源管理体系的控制范围之内。

能源管理控制的对象主要是“影响能源消耗、能源利用效率的因素”，即通过管理，将能源消耗控制到规定的目标范围之内。在确定能源目标和指标时，一方面要考虑到有关的法律法规要求和组织的自身需求；另一面能源管理在满足能源目标和指标的同时，也应注重不断挖掘节能潜力、不断提高能源利用效率。能源因素与组织提供的产品和生产过程的工艺设备有关，所以能源管理除要控制对能源利用效率产生重大影响的过程外，也要更加关注设备以及系统间的影响。能源管理控制的对象不仅仅是生产过程的节能降耗，也需要控制生产过程的能源采购和生产过程的设施与设备。

12.5 钢铁工业的过程节能

我国钢铁工业是能源和资源消耗的大户，能源消耗构成中煤炭消耗约占70%，焦炭消耗占全国的79%，总能耗约占全国工业总能耗的15%，而能源有效率仅为30%左右，全行业固体废物回收利用率在53%，水资源利用率在40%左右。总体上讲，我国钢铁工业的资源和能源综合利用指标与国际先进水平相比，其差距在20%~40%。与国际先进水平相比差距很大。

根据国家发改委能源研究所的统计，我国钢铁的单位产品能耗和国际先进水平的差距为21.4%，能源有效率仅为30%左右，比发达国家低10%。可以看出我国钢铁企业的节能空间很大。差距不仅仅在于能源消耗高，而且“二次能源”利用效率也低。钢铁企业的能源管理不仅应重视降低各生产工序的能源消耗，也必须考虑能源的转化、回收和利用。

宝钢的节能主要从节电、节气、节水工作入手，大幅降低能源成本。通过优化能源电力，做好蒸汽-余热供汽-发电综合平衡；开展天然气运行优化研究，开发基于煤气平衡要素的检修模型，达到了煤气平衡条件下的系统优化和供需平衡；通过开展工序节水，结合工序耗水目标，落实节水技术与管理措施。

12.5.1 焦化过程的节能

（1）焦炉大型化：近年来，焦炉大型化是一种发展趋势，炭化室高度已经由4m左右增高到6~8m；长度也由13m左右增长到16~17m；每孔炭化室的容积由25m³左右增大到50m³；每孔的装煤量由20t增加到40t。

（2）焦炉煤气回收利用：从炭化室到上升管逸出的650~700℃荒煤气带出热约占焦炉输出热的30%。一般采用喷洒循环氨水进行冷却，循环氨水的大量蒸发浪费了大量的热量。现在已经开发采用有机热媒体（导热油）来回收荒煤气带出的热量，即将上升管做成夹套管，有机热媒体（导热油）通过夹套管与高温荒煤气间接换热，被加热的可去蒸氨，有机热媒体（导热油）可用于煤焦油蒸馏，也可用于入炉煤的干馏。

（3）干熄焦：采用干熄焦可以回收约80%的红焦显热。平均每熄1t红焦可回收3.9MPa、450℃蒸汽0.45~0.58t，还可以改善焦炭质量，降低高炉焦比。

在保持焦炭质量不变的情况下，采用干熄焦可在配煤中多用10%~15%的弱黏结性煤。采用干熄焦技术可大大减少环境污染。干熄焦回收红焦热产生蒸汽，并可用于发电，避免了生产等量蒸汽燃煤而对大气的污染。

（4）煤调湿：煤炭调湿技术是将水分为8%~10%的装炉的原料煤，在不影响装炉扬尘的情况下，将湿度调整在6%左右，然后装炉炼焦。煤调湿可以降低干馏热量、提高生产效率和焦炭质量。调湿的热源可以使用低压蒸汽，也可以回收利用焦炉煤气的显热。以焦炉烟道180~230℃的废气作为热源，对入炉煤进行调湿。将入炉煤与的焦炉烟道气直接接触换热。这样可以提高烟气余热利用率。这种工艺流程短，设备少，投资省，操作成本低，占地面积少，但是必须设置庞大的除尘器。另外，也有的企业采用流化床的方法进行调湿。应用最多的煤调湿装置是以低压蒸汽为热源。

12.5.2 烧结过程的节能

（1）厚料层烧结：烧结节能主要来自烧结机大型化、厚料层烧结和工艺流程改进。厚料层技术包括小球烧结、低温烧结、燃料分加技术等，使料层厚度达到：粉矿为650~750mm，精矿为600~700mm。

（2）新型点火器：为了适应微碳粉和焦粉作为燃料的需要，开发高效烧嘴改善煤气和空气的混合；烧嘴从线形发展到缝隙形、面形和多缝隙形。点火器小型化（内部容积为2m³），使点火器内保持微负压，点火温度在1200~1400℃；特别是在负压达到-46.7kPa以下时，工序能耗会明显下降。预热点火器的空气和控制点火器压力；将辐射热点火直接用明火点火。

（3）废气余热回收：冷却机废气和烧结机烟气的显热约占烧结过程全部热支出的50%，充分回收和利用这部分热量可以显著降低烧结工序能耗。但是这部分热属于中低温废气，利用难度大。冷却机废气主要回收利用方式有：用于加热回收蒸汽、预热点火用的空气、预热点火前的原料，如果点火前原料层的上部温度达到300℃。

（4）降低电耗：主要依靠降低抽风系统的漏风率和变频调速技术。过去是在风机在最大转速时用阀门调节风量，后来改为依靠调节风机的电压和频率实现了节能。为了降低漏风率，改进给料和卸料的密封系统以及烧结车和侧壁一体化。

12.5.3 炼铁过程的节能

（1）全面实行精料方针：全面实行精料方针，提高精矿品位，改进炉料结构，稳定炉料成分，提高辅料质量，强化高炉入炉料混匀设施。铁矿品位波动范围不超过0.5%，碱度波动不超过0.05；改善燃料质量，推广应用铁水预处理技术，降低炼钢铁水的硫、硅含量，加强废钢分类加工，发展活性石灰生产。

（2）高炉煤气全部回收：高炉炼铁过程产生的大量炉气中含有一定量的一氧化碳气体[$w(CO)>20\%$]，故称高炉煤气。高炉煤气中含有大量的可燃性成分并夹杂有大量的灰尘，温度通常为150～400℃。从炉顶排出的废气一般先经重力除尘器后，再进行洗涤处理和深度除尘。

高炉煤气中不可燃烧的惰性气体约占75%，可燃成分仅占25%，发热值低，采用低热值煤气燃气轮机（CCPP）技术和工艺对回收和利用高炉煤气具有重要意义。

（3）炉顶煤气余压发电：积极推广高炉炉顶煤气余压发电技术（TRT），炉顶压力大于0.1MPa的大型高炉均应配装TRT系统。高炉煤气除尘逐步从湿法过渡到干法除尘有利于提高TRT发电量（比湿法除尘提高30%以上），并可以节约水消耗。

（4）强化冶炼技术：包括大风量和高压操作、高风温、喷吹燃料和富氧鼓风。

（5）余热回收：回收热风炉烟道废气余热，预热煤气和助燃空气，可以提高热风炉热能利用效率，降低能源消耗。

12.5.4 炼钢过程的节能

（1）铁钢界面“一罐制”技术：铁钢界面“一罐制”技术是在受铁罐容积与转炉容积相匹配。铁水从受铁罐到转炉只经过一次暴露冷却，并加盖保温。铁钢界面“一罐制”技术可以减少铁水降温和降低能源消耗。

（2）转炉煤气全部回收利用：转炉煤气干法除尘效率高，可将粉尘浓度降到 $10mg/m^3$ 以下，不存在二次污染和不用污水处理。煤气发热值高，是实现转炉煤气全部利用和转炉负能炼钢的关键。

（3）转炉烟气余热发电：转炉余热资源包括转炉煤气、转炉烟道冷却低温蒸汽等。以电能形式回收转炉余热是转炉节能的良好途径。以电能形式回收转炉炼钢煤气余能的再电气化。回收后的转炉煤气平均热值介于回收的高炉煤气和焦炉煤气之间。如果转炉煤气回收大于 $100m^3/t$，煤气经干法净化后作为二次能源主要供自备电厂发电。

12.5.5 轧钢过程的节能

（1）热送热装：铸坯热送热装，可以降低能耗，减少烧损，提高成材率，简化生产工艺流程，缩短生产周期，节约生产费用，降低铸坯库存，减少资金占用，提高加热炉生产能力，减少轧制事故和废品，节省厂房面积和劳动力，可以大幅度降低产品成本，增加经济效益。

铸坯热送热装外表温度在500℃以上，其综合效益可达吨坯100元左右。因此越来越多的企业正在加大铸坯热装热送力度，并把铸坯热装比作为一项重要的考核指标，不少企业铸坯热装率已达90%，甚至更高。

（2）蓄热式加热炉：蓄热式加热炉是通过换向装置使两个蓄热室交替吸热放热，最大限度地回收烟气的热量，再将助燃空气和煤气加热到1000℃以上，即使低热值的劣质燃料（如高炉煤气）也能实现稳定着火和高效燃烧，可节省燃料40%～70%。产量提高15%以上，钢坯氧化烧损下降40%以上，NO_x 排放小于 $100\times10^{-4}\%$，烟气排放温度低于160℃，并且实现了对低热值的高炉煤气的利用。

（3）加热炉绝热和保温：水梁立柱采用双层绝热包扎，炉衬采用复合炉衬和高效保温材料可以减少热损失，降低能耗。

12.5.6 能源加工转换过程

(1) 将煤、高炉煤气转换为焦炭和副产焦炉煤气以及焦炭显热，并将副产焦炉煤气和焦炭显热回收、利用。采用干熄焦系统回收焦炭显热，产生蒸汽，并用于生产和电能转换。

(2) 将球团矿、烧结矿、焦炭、煤粉、风、富氧等转换为铁水和副产高炉煤气，并将副产高炉煤气回收、利用。通过 TRT 发电将高炉煤气余压余能转换电能。

(3) 将铁水、氧气等转换为钢水和副产转炉煤气和高温烟气，并将副产转炉煤气回收、利用。利用高温烟气产生蒸汽回收利用于生产和电能转换。

(4) 按照不同用户的要求，对压缩空气、氧气、氮气等载能工质进行分离、净化等，确保符合能源要求。

(5) 按照不同用户的要求，对水、电、风、蒸汽、煤气系统分质、分压加工，确保符合能源要求。

12.6 能源的监视、测量和评价

能源管理体系与质量、环境和安全生产管理体系相似，也是 PDCA 的管理模式，既要求策划和实施，监视测量和评价也非常重要。

能源计量是能源管理体系监视测量的基础，应加强能源计量网建设，确保能源计量数据准确可靠。能源的范围包括煤炭、原油、天然气、焦炭、煤气、热力、成品油、液化石油气和其他直接或者通过加工、转换而取得有用能的各种资源。计量器具主要有水表、电能表、流量计、衡器、计量罐等，能源计量不仅应配置完整，而且也应根据《钢铁企业能源计量器具配备和管理要求》(GB/T 21368—2008)，对进行必要的检定、校准、维护和检修。

能源的监视测量的对象应包括采购能源的质量、生产过程和辅助过程的能源消耗、设施和设备能源的使用和效率。能源的监测不仅包括吨钢综合能耗和工能耗的能耗限额限定值、准入值和先进值等，也应监测主要二次能源回收量。

能源审计也应是能源管理体系监视测量的方式之一。能源审计是通过对企业生产现场调查、资料核查和分析能源利用状况，确认能源利用水平，检查存在的问题，分析对比挖掘节能潜力，提出切实可行的节能措施和建议。能源审计依据《中华人民共和国节约能源法》、《企业能源审计技术通则》等适用的法律法规，对企业的能源系统、煤碳、煤气、燃气、燃油、供水、排水、电力、氧气、氮气、蒸汽和压缩空气系统和主要用能设备审计能源管理、能源利用和能源流程、能源计量和统计、能源消费结构、用能设备运行效率、产品综合能耗及实物能耗、能源成本、节能量、节能技改项目等进行审查，并了解企业能源消费结构、能源消费和产品能耗指标进行分析，根据审计内容和结果，对企业的各种能耗指标计算分析、能源成本与能源利用效果的评价。

能源管理评价是能源管理体系的重要内容。评价应包括方针、目标、指标和管理方案完成情况，也包括对为能源管理基准和（或）标杆对能源管理绩效、对能源消耗和利用效率。标杆管理为钢铁企业能源管理的技术创新提供了目标和增强了能力。定期对适用的法律法规、标准及其他要求的遵循情况，合规性进行评价的重要内容。

12.7 能源管控中心

能源管控中心（EMS）是采用自动化、信息化和集中管理模式对企业能源系统的生产、输配和消耗环节集中扁平化的动态监控和数字化管理，改进和优化能源平衡，实现系统性节能降耗的管控一体化系统，也就是说在现代化的监控技术和信息技术的支撑下，对能源系统的管理模式进行改造。从能源计量开始，对企业能源运行和能源介质进行全过程和全方位的管理，科学进行能源计划、调度和平衡，使企业建立能源计量、计划和监测网络，不断优化能源调度管理，提高能源系统效率。

能源管控中心提供与能源设备和仪表的接口相关的能源计量网络，对企业生产过程中焦炉煤气、高炉煤气、转炉煤气、天然气、氧气、氮气、压缩空气、蒸汽、电力等各种能源介质的压力、流量、温度、热值、质量、阀门开闭、开关信号、动力设备运行状态计量信息（有的企业还包括环保信息）进行实时采集、计量与监控，实时掌控能源运行状况。

能源管控中心提供能耗预测系统，负责预测各种能源介质的需求量，及时准备能源，保证能源供应。根据企业的生产计划，结合能源设备的运行情况和能源库存情况，进行能源平衡，制定能源生产计划、外购计划和外销计划。

能源管控中心负责能源监控，包括供配电监控、动力监控、给排水监控。根据能源供需计划对能源系统进行实时监控和调整。

能源管控中心负责能源调度，钢铁企业生产过程中不确定因素很多，需要对企业各种能源进行动态调度和优化管理，包括优化能源介质的传输、转换、分配、评估，保障能源系统的有效运行。

能源管控中心负责能源分析，在建立能源预测模型和能源投入产出模型的基础上，优化能源结构，有效能源利用。通过各项能源指标的监测和分析，及时采取有效措施，提高能源利用效率。

20 世纪 80 年代宝钢从日本引进能源管理中心。该中心能够使钢铁企业从原有的事后统计、分析、查找原因的能源管理模式，向以生产流程和生产计划为中心进行预案设置、过程跟踪、实时统计和潮流分析的能源管理模式转变。以现代化的能源管理中心代替传统的能源管理模式，可使钢铁企业的总用能量降低 2%。能源管理中心的建立不仅对钢厂能源的统一调度、节能降耗有重要作用，同时对于钢铁企业能源事故预案的制订和执行、事故原因的快速分析和事故的及时判断处理、正常和异常情况时能源供需的合理调整和平衡等方面，都十分有效。

但是，如果企业对能源管控中心系统缺乏足够认识，节能技术改造只以单体设备或工序为主，缺乏系统性，而且对能源管控中心的优势和作用认识不足；企业能源系统的装备水平低，能源系统监测、控制系统达不到能源管控中心系统需要的配置水平，难以实现对生产和能源系统监控与系统优化调度的有机结合以及在能源自动控制和优化管理方面的经验比较缺乏的企业，就不具备建立能源管控中心是条件，即使建立也发挥不了作用。能源管控中心是能源管理体系的重要资源，能源管理体系的建立、实施和改进对建立能源管控中心会逐步提供必要的条件。

第13章

管理体系整合

13.1　管理体系整合的概念

整合就是把一些相同或相似的程序通过某种方式使其结合，从而实现管理系统的规定共用和协调工作，形成有效的整体运行，也是指多个管理体系原来独立的程序通过某种方式，使其结合成为一个统一的过程和体系。

我国有很多钢铁企业已经完成了质量管理体系（GB/T 19001）、环境管理体系（GB/T 24001）、职业健康安全管理体系（GB/T 28001）的认证，有些钢铁企业正在贯彻实施能源管理体系（GB/T 23331）。有的企业正在贯彻实施《信息化和工业化融合管理体系》，另外我国仍然继续发布其他管理标准。目前有不少钢铁企业在贯彻实施多种管理标准时，就存在多种管理体系中有些运行程序相同，而管理过程和方法重复，质量经营应探讨简捷有效的管理方法实现整合。

上述管理体系标准分别是为了规范和提高质量、环境、安全、能源、信息化和工业化融合管理水平，从不同的方面使企业以高效率实现企业方针和目标，提高企业管理能力和增强企业竞争实力。

以上几个管理体系标准都是采用从方针目标规划的策划，实施运行、检查与改进模式，并对最高管理者、管理者代表、组织机构和职责权限、方针、目标和方案、资源管理（包括人力、物力、信息等）、文件和记录管理、合规性评价、改进方法（包括对不符合的控制、纠正和预防措施、持续改进）、内部审核和管理评审等提出类似的要求。如果不同的管理体系进行重复或不同管理，对企业管理有不利影响。

所谓“整合”就是将上述管理体系中相同的或相似的要素或过程进行统一策划、实施、检查及改进。也就是说，遵循策划、实施、检查、改进（PDCA）循环模式使管理体系发挥最大的效能。

在我国国民经济以市场机制运行，企业的最高管理者必须组织制定符合市场要求，满足顾客要求，关注员工利益，节能减排和安全生产，信息化和工业化融合等方针和目标的整合。

为了实现整合的方针和目标，必须统一策划组织机构和权责分工。资源管理也必须满足质量、环境、安全、能源管理和信息化和工业化融合等管理体系标准的要求，识别并完成各管理体系所必需的组织机构设置、相应的职责和权限和必要的资源配备等。

针对各管理体系标准的要求，编制反映各管理体系标准具有特性要求的管理体系文件，例如：GB/T 19001 质量管理体系标准应识别和控制对产品质量有重要影响的工艺和工序；GB/T 24001 环境管理体系标准应识别和控制与环境有影响的因素；GB/T 28001 职业健康安全管理体系标准应识别和控制职业活动中可能的危险源；GB/T 23331 能源管理体系标准，应进行能源评审；信息化和工业化融合等管理体系应规范企业系统推进两化融合的通用方法。所有这些管理体系标准均有个性要求的，应单独编制程序文件，尽可能地体现不同管理体系标准间的区别。但在各管理体系标准中也存在一些要求基本相同的程序，如培训程序、文件控制程序、记录控制程序、内审程序、管理评审程序等。通过对上述程序文件的整合，也能够减少管理体系文件的数量。

13.2 管理体系整合的内容

各管理标准间存在的相同之处和所具有的优势是进行多种管理体系整合的基础。

各管理标准的相同之处：

（1）各管理体系的目的相同。各管理标准表面看分别是为了推动组织实现质量、环境、安全、信息化和工业化融合等不同方面的目标，其根本目的则是从不同的角度推动组织进步，进而实现组织整体素质提高和实力增强。

（2）各管理体系的机理相同。各管理标准为使组织以最小的投入获得最大效益，以最高效率实现组织的管理方针和目标，都要求组织内各个层次、各个区域、各个专业的管理及各项活动都最精确地指向组织的管理方针和目标，减少因方向偏差导致的成本损失。

（3）各管理体系的方法相同。各管理标准从总体思路到要素要求等，都强调和运用 PDCA 循环的原理。同样，在标准的建立、实施、审核及改进中 PDCA 循环也应得到全面的推广应用。

各管理体系的理念相同。追求持续改进是各管理标准提倡的重要理念。各管理标准都强调组织要通过持续改进以使组织具有长久的适应外部环境变化的能力，从而长久地提高组织的综合实力。

管理体系整合包括以下内容。

13.2.1 强调最高管理者和管理者代表的作用

在 GB/T 19001 质量管理体系　要求的 5.1 中规定：最高管理者应对其建立、实施质量管理体系并持续改进其有效性的承诺提供证据。5.5.2 中规定：最高管理者应指定具有相应技术和能力的人担任管理者代表，无论其是否具有其他方面的职责和权限。

在 GB/T 24001 环境管理体系　要求的 4.4.1 中规定：管理者应确保为环境管理体系的建立、实施、保持和改进提供必要的资源。组织的最高管理者应任命专门的管理者代表，无论他（们）是否还负有其他方面的责任，应明确规定其作用、职责和权限。

在 GB/T 28001 职业健康安全管理体系　要求的 4.4.1 中规定：最高管理者应对职业健康安全和职业健康安全管理体系承担最终责任。组织应任命最高管理者中的成员，承担特定的职业健康安全职责，无论他（们）是否还负有其他方面的职责。

在 GB/T 23331 能源管理体系　要求的 4.2.1 中规定：最高管理者应承诺支持能源管理体系，并持续改进能源管理体系的有效性；4.2.2 中规定：最高管理者应指定具有相应技术和能力的人担任管理者代表，无论其是否具有其他方面的职责和权限。

在信息化和工业化融合管理体系的 5.1 中规定：最高管理者应承诺建立、实施和保持两化融合管理体系，并持续改进其有效性。

13.2.2 规定管理职责和权限

各管理体系标准都要求企业对管理机构的作用、职责和权限作出明确规定。

在 GB/T 19001 质量管理体系的5.5.1中规定了质量管理体系的职责和权限。

在 GB/T 24001 环境管理体系的4.4.1中规定了环境管理体系的职责和权限。

在 GB/T 28001 职业健康安全管理体系的4.4.1中规定了职业健康安全管理体系的职责、责任和权限。

在 GB/T 23331 能源管理体系的4.2中规定了能源管理体系的管理职责。

在信息化和工业化融合管理体系的5.7.1中规定了业务流程职责、部门职责和岗位职责。

13.2.3 建立方针、目标和指标

各管理体系标准都要求企业最高管理者组织制定的方针与企业的宗旨和方向相适应，满足相关方要求，为制定目标提供框架，在企业内得到沟通和理解，并在持续适宜性方面得到评审。针对其内部相关职能和层次，建立目标，并形成文件。质量、环境、安全和能源的目标全是根据方针而制定的。方针是由最高管理者根据企业质量、环境、安全和能源绩效正式表述的总的意图和方向；目标是依据方针规定的要实现的总体目标和具体目标。

GB/T 19001 质量管理体系标准的5.3中规定了质量方针，在5.4.1中规定了质量目标。

GB/T 24001 环境管理体系标准的4.2中规定了环境方针，4.3.3中规定了目标和指标。

GB/T 28001 职业健康安全标准的4.2中规定了职业健康安全方针，在4.3.3中规定了健康目标。

GB/T 23331 能源管理标准的4.3中规定了能源方针，在4.4.6中规定了能源目标。

在信息化和工业化融合管理体系的5.4中规定了两化融合的方针，在5.5中规定了两化融合的目标。

13.2.4 沟通与交流

各管理体系都规定了相似的交流与沟通管理程序，包括外部和内部的沟通与交流。

GB/T 19001 质量管理体系标准的5.5.3 是“内部沟通”，7.2.3 是“顾客沟通”。

GB/T 24001 环境管理体系标准的4.4.3 是“信息交流”，包括内部各层次和职能间的信息交流和与外部相关方联络。

GB/T 28001 职业健康安全标准的4.4.3.1“沟通”中规定，在内部不同层次和职能进行内部沟通和与承包方与访问者的沟通。

GB/T 23331 能源管理体系标准的4.5.3“信息交流”中规定各职能和层级间的信息交流和沟通相关信息。

在信息化和工业化融合管理体系的5.7.2 中规定了协调与沟通机制。

13.2.5 文件和记录管理

各管理体系都规定了相似的文件和记录管理程序。文件控制包括编制、审批、发布、使用、评审、修改和作废等。记录控制包括标识、贮存、保护、检索、保留和处理。

GB/T 19001 质量管理体系标准的4.2.3 中规定了“文件控制”，4.2.4 中规定了“记录控制”。

GB/T 24001 环境管理体系标准4.4.5 中规定了“文件控制”，4.5.3 中规定了“记录控制”。

GB/T 28001 职业健康安全管理体系的4.4.5 中规定了“文件和资料控制”，4.5.3 中规定了“记录管理”。

GB/T 23331 能源管理体系标准的4.5.4.2 中规定了“文件控制”，4.6.5 中规定了“记录控制”。

在信息化和工业化融合管理体系的4.2.2 中规定了“文件控制”，4.2.3 中规定了“记录控制”。

13.2.6 人员的能力和培训

各管理体系都规定了相似的人力资源控制程序。主要是进行适当教育、培训技能和经验，使影响质量、环境、安全和能源管理体系要求符合性的工作人员应能够胜任。

GB/T 19001 质量管理体系标准的 6. 2. 2 中规定了“能力、意识和培训”，要求：“组织应确定从事影响产品要求符合性工作的人员所必需的能力”。

GB/T 24001 环境管理体系标准的 4. 4. 2 中规定了“能力、培训和意识”，要求：组织应确定培训的需求，应要求其工作可能对环境产生重大影响的所有人员都经过相应的培训。

GB/T 28001 职业健康安全的 4. 4. 2 中规定了“能力、培训和意识”，规定：“对职业健康安全有影响任务的人员都具有相应的能力，该能力应根据适当的教育、培训和经历来确定”。

GB/T 23331 能源管理体系标准的 4. 5. 2 中规定了“能力、培训与意识”，规定：“组织应确保与主要能源使用的有关人员具有基于相应教育、培训、技能或经验所具备的能力，无论这些人员是为组织或代表组织工作，组织应识别与主要能源使用及与能源管理体系运行控制有关的培训需求，并提供培训或采取其他措施来满足这些需求。”

在信息化和工业化融合管理体系的 6. 3 中规定了“人才保障”。

13. 2. 7 遵循法律法规要求

GB/T 19001 质量管理体系标准的 5. 1“管理承诺”中，要求“向组织传达满足顾客和法律法规要求的重要性”。

GB/T 24001 环境管理体系标准的 4. 3. 2“法律、法规和其他要求”中，要求“组织应建立、实施并保持一个或多个程序，用来识别适用于其活动、产品和服务中环境因素的法律法规和其他应遵守的要求，并建立获取这些要求的渠道”。

GB/T 28001 职业健康安全管理体系标准的 4. 3. 2“法律法规和其他要求”中，要求“组织应建立、实施并保持程序，以识别和获取适用于本组织的法律法规和其他职业健康安全要求”。

GB/T 23331 能源管理体系标准的 4. 4. 2“法律法规及其他要求”中规定确保将法律法规及其他要求应用于能源管理活动中。

13. 2. 8 不符合、纠正、纠正措施和预防措施

GB/T 19001 质量管理体系标准的 8. 3“不合格品控制”规定“组织应确

保不符合产品要求的产品得到识别和控制，以防止其非预期的使用或交付”。8.5.2“纠正措施”中规定：“组织应采取措施，以消除不合格的原因，防止不合格的再发生。”8.5.3“预防措施”中规定：“组织应确定措施，以消除潜在不合格的原因，防止不合格的发生。预防措施应与潜在问题的影响程度相适应。”

GB/T 24001 环境管理体系标准的4.5.3“不符合、纠正措施和预防措施”中规定“组织应建立、实施并保持一个或多个程序，用来处理实际或潜在的不符合，采取纠正措施和预防措施”。

GB/T 28001 职业健康安全管理体系标准的4.5.3.2“不符合、纠正措施和预防措施”中规定“组织应建立、实施并保持程序，以处理实际和潜在的不符合，并采取纠正措施和预防措施”。

GB/T 23331 能源管理体系标准的4.6.4“不符合、纠正、纠正措施和预防措施”中规定“组织应通过纠正、纠正措施和预防措施来识别和处理实际的或潜在的不符合”。

在信息化和工业化融合管理体系的8.7.2“不符合、纠正和预防措施”中规定“企业应编制形成文件的程序，以处理实际或潜在的不符合，并采取纠正措施或预防措施”。

13.2.9 内部审核和管理评审

各管理体系标准都要求进行内部审核和管理评审来评价体系运行的有效性、适宜性和充分性。

GB/T 19001 质量管理体系标准的8.2.2“内部审核”和5.6“管理评审”中，分别要求“组织应按策划的时间间隔进行内部审核，以确定质量管理体系是否……得到有效实施与保持”，“最高管理者应按策划的时间间隔评审质量管理体系，以确保其持续的适宜性、充分性和有效性”。

GB/T 24001 环境管理体系标准的4.5.5“内部审核”和4.6“管理评审”中，分别要求组织应制定程序，进行内部审核和管理评审，目的在于评价环境管理体系是否符合标准要求和得到了正确的实施和保持。

GB/T 28001 职业健康安全管理体系标准标准4.5.5“内部审核”和4.6“管理评审”中，也分别要求“组织应制定程序，目的是判定职业健康安全管理体系是否符合标准要求和得到了正确的实施和维护，有效满足组织的方针和目标”和“最高管理者应按计划的时间间隔，对组织的职业健康安全管理体系进行评审，以确保其持续适宜性、充分性和有效性”。

GB/T 23331 能源管理体系标准的 4.6.3“能源管理体系的内部审核”中规定“组织应定期进行内部审核，确保能源管理体系：（1）符合预定能源管理的安排，包括符合本标准的要求；（2）符合建立的能源目标和指标；（3）得到了有效的实施与保持，并改进了能源绩效”。在 4.7“管理评审”中也规定，“最高管理者应按策划或计划的时间间隔对组织的能源管理体系进行评审，以确保其持续的适宜性、充分性和有效性”。

在信息化和工业化融合管理体系的 8.4 中规定了“内部审核”。

13.2.10　持续改进

GB/T 19001 质量管理体系标准的 8.5.1“持续改进”中，要求“组织应利用质量方针、质量目标、审核结果、数据分析、纠正措施和预防措施以及管理评审，持续改进质量管理体系的有效性”。

GB/T 24001 环境管理体系标准的 3.2“持续改进”中，规定“不断对环境管理体系进行强化的过程，目的是根据组织的环境方针，实现对整体环境绩效的改进”。

GB/T 28001 职业健康安全管理体系标准的 3.3“持续改进”中，规定“为了职业健康安全绩效的改进，根据组织的职业健康安全方针，不断对职业健康安全管理体系进行强化的过程”。

GB/T 23331 能源管理体系标准的 3.2“持续改进”的定义中也提出，持续改进为“不断提升能源绩效和能源管理体系的循环过程”。

在信息化和工业化融合管理体系的 8.7.1“持续改进”中，规定“企业应依据两化融合的方针和目标，以及评估与诊断、监视与测量、审核、考核、管理评审等结果，采取纠正措施或预防措施等，持续改进两化融合管理体系的有效性”。

13.3　管理体系整合的作用

整合质量、环境、安全、能源与信息化和工业化融合管理体系，不仅必要而且可能，因为这些管理体系都是国际通用的，虽然职业健康安全管理体系标准是欧洲的，信息化和工业化融合管理体系标准是我国的，不是ISO标准，但是也国际有很多国家采用。这些管理体系标准，不仅格式是通用的，而且结构也是相同的。这些管理体系都采用PDCA持续改进的模式，都要求策划方针、目标和方案，实施和控制运行体系过程，检查运行情况，对不符合提出纠正、纠正措施和预防措施，而且都要求进行内审和管理评审。文件和记录的管理程序也是相同的。如果进行整合管理不仅节约人力、物力和财力资源，而且有利于管理的一致性、完整性和协调性。

整合管理使得最高管理者不仅只关心经营效益，也重视质量、环境、安全、能源管理与信息化和工业化融合，使企业的发展具有符合国内外市场要求、法律法规规定和员工利益的要求。有利于管理机构的职责和权限更明确、具体和协调。在有些企业通过整合管理，可以使管理扁平化。在企业管理机构分工的基础上，趋向于系统性，减少管理层次，加大控制幅度，并有利于信息化和工业化管理。

整合管理有利于资源的综合利用，对员工进行全面完整的教育和培训，有助于能力的提高，满足企业全面发展的要求。不仅具有特性的专业能力，而且也具有整体管理的意识，有利于企业文化向现代化发展。

整合管理有利于文件和记录管理的规范化和有效化。所有文件都必须进行统一的编制、审查、批准、发放、使用、评审、修改或作废。可以将各管理体系的文件进行一致性和统一性管理，可以对所有记录按规定进行统一的策划、标识、贮存、保护、检索、保留和处置。

整合有利于信息沟通和交流，在企业内部，员工不仅了解质量要求和水平；也清楚节能减排的要求和绩效；更有利于在各工序和岗位的职业健康和安全。有员工代表参与交流，加强上下沟通。在企业外部与政府、顾客和相关方交流和沟通质量、环境、安全、能源与信息化信息，有利于遵守法律法规和执行社会责任。

整合有利于企业全面识别和遵守适用的法律法规要求，不仅应识别和执行质量的法律法规要求，也应识别和执行节能减排和安全生产的法律法规要求，使企业和员工具有全面和完整的合规性水平。

整合有利于企业对不符合进行全面的和统一的控制和管理，针对不同的不符合均采用统一规定的纠正措施、预防措施并持续改进。

整合有利于企业对质量、环境、安全、能源管理与信息和工业化融合进行规范性或一致性的内部审核和管理评审，在审核和评审过程既关心质量，也关心节能减排和安全生产。

目前有一些企业的各管理体系仍然独立运作，尽管在某些方面有一定的整合过程，但仍然没有兼顾和包容，未纳入体系整合的管理，不能适应建立现代企业制度和加强管理的要求。对现有管理体系进行系统整合，将企业各项管理全面纳入体系范畴，统筹兼顾，合理规划，认真实施，规范运行。通过检查、改进和评审等措施，持续改进企业管理方式和方法，能够发挥企业管理和管理体系的实力，对企业现代化管理和质量经营将起到积极的促进作用。

13.4 管理体系整合方案

管理体系整合是一个综合性的系统工程，并不是一件容易的事情，具体做法可以根据企业实际（包括类型、规模和水平）进行。

13.4.1 方针、目标和指标的整合

企业首先在贯彻实施 GB/T 19001 质量管理体系时，为了实现以质量为主要对象的管理体系中，曾经制定过长期或年度质量方针目标，充分调动全体员工积极性，通过个体与群体的自我控制与协调，以实现个人或部门目标，从而保证实现企业总体目标和绩效的一种科学管理方法。

在《朱兰质量手册》中把方针目标管理叫做“战略展开”。所谓“战略展开”是将以顾客为关注焦点的全体系内的改进活动与战略计划方案整合在一起的一种系统的方法。

在管理体系整合制定方针时，应充分了解和认识本企业的现状，找出质量、环境、安全、能源管理与信息化和工业化融合中存在的问题作为方针输入。方针应逐级展开，使方针落到实处。

质量、环境、安全、能源管理和信息化与工业化融合的方针必须转化为目标。只有质量、环境、安全、能源管理和信息化与工业化融合各相关职能和层次的目标完成了，企业的总体质量、环境、安全、能源管理和信息化与工业化融合目标才能得以实现；总体质量、环境、安全、能源管理与信息化和工业化融合方针才能得以落实。目标与方针是不可分的。但是，方针与目

标仍然有所区别，方针侧重于战略或宏观，而目标偏重于战术或微观。方针目标管理是自上而下的管理，两者相互补充，构成了企业经营管理的重要支柱。

质量、环境、安全、能源管理和信息化与工业化融合的方针目标管理也必须遵从过程方法原则和 PDCA 循环的方法。过程方法要求明确输入和输出，规定职责职权和资源支持，规定管理方法和检验方法，并根据检查结果进行处置和改进。质量、环境、安全、能源管理和信息化与工业化融整合的方针目标管理也必须有明确的职责与权限的分工，不然就会流于形式。首先应从最高管理者做起，因为方针管理是最高管理者实行领导的主要内容和方式。最高管理者不仅应组织制定和发布方针，而且应亲自检查方针目标进展和完成情况。目标的展开是将目标分解为子目标后再将它分配到基层去，在展开和分解时应当注意由谁来展开和分解，应当采用什么样的过程和需要什么样的资源，规定具体进度和验收方式，其实也是一个 PDCA 循环。成功的展开要求形成一个基本的架构，不仅能够保证目标的展开和分解，而且能够对目标的实现过程进行控制。例如上级和下级、部门与部门、单位和单位之间充分交换意见。将目标展开和分解的意见上下左右充分传递和交换意见，不仅有利于上下之间的理解，还有利于左右之间的沟通，树立整体观念和协作精神。这种沟通也便于了解为实现目标，包括有哪些过程或项目，有哪些部门或单位参加，本部门或单位有哪些参与的过程或项目，如何完成和协作等。

13.4.2 文件和记录控制的整合

管理体系的文件有手册、程序文件和作业文件。目前钢铁企业的程序文件和作业文件基本上是以质量管理为主。为了实现节能减排和安全生产的目标，管理体系整合应将有相同的或一致的要求包括在程序文件和作业文件中。另外，对文件和记录控制也进行整合，不应当不同的管理体系采用不同的控制程序，或者同样的控制程序规定在不同的管理体系文件中。内容相同，文件重复是不可取的。

手册可以分别编制，把质量、环境、安全、能源管理与信息化和工业化融合放在一个手册中是非常复杂的，不一定合适，甚至缺乏针对性、符合性和有效性。

程序文件、作业文件和记录控制的整合是必要的和可行的。

13.4.3 人力资源管理的整合

传统的人力资源管理主要是对人员的进与出，升与降、奖与罚等进行管理。当代企业竞争的实质是人才的竞争，人是企业最宝贵的资源，如何充分发挥人的作用，对企业质量、环境、安全、能源管理和信息化与工业化融合都非常重要。企业应根据战略规划和目标，建立以人为本的人力资源管理系统，包括人力资源的开发和管理，建立适宜的质量、环境、安全、能源管理与信息化和工业化融合绩效考核和激励机制、员工培训与教育体系，提高员工的能力和意识，营造充分发挥员工能力的良好环境，保护员工合法权益，充分发挥和调动员工的潜能，提高员工满意程度，发挥人力资源的积极性和创造性，为企业质量、环境、安全和能源管理水平提高贡献力量。

13.4.4 信息化管理的整合

管理体系整合包括将基础自动化、生产过程控制、在线作业管理、生产计划管理和经营决策管理整合，从合同订货到产品交付全部用计算机管理。近年来，自动化技术在钢铁企业的能源系统也得到了应用，并建立起能源管理中心，利用监测技术、信息技术和计算机技术，优化能源管理，达到节能减排的目标。

企业信息化管理的核心是信息集成，建立数据采集平台，并通过信息管理系统把企业的设计和开发、采购、生产、财务、营销、质量、环境、安全和能源等各个管理环节集成起来，共享信息资源，达到提高产品质量、降低生产成本、准时交付、降低库存、快速应变、环境保护、安全生产、节约能耗、信息化和自动化有效地支撑企业领导的决策、增强企业的市场竞争力的目的，信息化和工业化融合对管理体系整合管理具有重要作用。

13.4.5 合规性管理的整合

建立、实施并保持程序识别适用于企业活动、产品和服务中环境因素、危险因素、危害因素和能源因素的法律法规和其他应遵守的要求，并建立获取这些要求的渠道，企业应确保在建立、实施和保持环境管理体系、职业健康安全管理体系和能源管理体系时，对这些适用的法律法规和其他要求进行识别和合规性评价，应是整合管理的内容之一。

13.4.6 内审和管理评审的整合

内审是为获得审核证据并对管理体系进行客观的评价，以确定满足审核准则的程度所进行的系统的、独立的并形成文件的过程。为了对管理体系评价是否满足审核准则要求和满足审核准则的程度而获取证据的过程就是审核。

管理评审就是最高管理者为评价管理体系的适宜性、充分性和有效性所进行的活动。

将质量、环境、职业健康安全、能源管理体系与信息化和工业化融合的内部审核和管理评审整合在一起，进行一体化的审核、评审和评价质量、环境、职业健康安全、能源管理体系与信息化和工业化融合的适宜性、充分性和有效性具有完整的和全面的作用。

13.4.7 设计和开发的整合

我国钢铁工业经历了以数量扩张为主的发展时期后，已进入了加速结构调整、全面提高竞争力为主的阶段。未来我国钢铁事业的发展，如何由钢铁大国发展成为钢铁强国，对我国国民经济稳定起着极其重要的作用。为了适应当前宏观经济形势，我国的钢铁工业应加大淘汰落后产能力度，发展绿色钢铁产业；加快国内钢铁产业区域布局，调整钢铁企业经营结构；纵深发展产业链经济，加快实施全球化战略，更好地开拓国际钢材市场开展多元化经营策略。钢铁企业在设计开发过程中，也应将提高质量、节能减排、安全生产、信息化和工业化融合作为设计和开发的整合内容，才能走出目前困境和向可持续发展。

13.4.8 过程控制的整合

生产过程控制是产品实现或服务提供过程的主要过程，产品生产或服务提供过程是否受控，不仅应对产品或服务质量进行控制，也应包括节能减排、安全生产管理与信息化和工业化融合的控制。生产过程控制的基本要求不仅将产品标准和技术条件作为生产过程的输入，也应将节能减排、安全生产与生产过程信息化和工业化融合作为生产过程的输入。从产品标准、工艺规程和检验准则等方面系统地进行控制外，也应按环境、安全生产、节约能耗与信息化和工业化融合进行控制。产品生产过程要求明确技术规程、也应明确环境保护，安全生产、节约能耗与信息化和工业化融合过程的要求。没有先进的生产设备、检测装置和信息化控制就无法实现生产过程。为了满足顾客对产品特性的要求和节能减排与安全生产的要求，应根据这些过程管理对过程参数的要求，配备适宜的技术设备、检测装置和信息化控制，并进行维护使其能够满足上述要求。

为了证实生产过程是受控的，提高顾客的信任度，满足相关方要求，符合节能减排、安全生产与信息化和工业化融合的要求，应在生产过程中不仅监测过程参数和产品特性，也应监测节能减排、安全生产和信息化。应建立过程控制点的方法来监控生产过程受控状态。过程控制点应尽可能选择重点控制的过程特性、关键过程或薄弱环节的过程特性。不同的过程的过程控制点的特点和方法也不一样。对任何一个过程控制点都应当明确职责、形成文件、规定控制条件和验收准则。如果进行过程能力分析，应采用适当的统计技术，例如直方图或控制图等。

13.4.9 对应急准备和响应措施的整合

应急准备和响应措施是环境管理体系和职业健康安全管理体系的要求，主要作用是识别对环境和安全能够造成影响的潜在的紧急情况和事故，以及如何应急准备和一旦发生时应如何及时响应，以预防或减少影响。能源管理体系在运行控制过程中，也要求策划意外事故、紧急情况或潜在灾难的预案。环境因素、危险因素、危害因素和能源因素都存在应急问题，也应统一协调地规定和执行应急准备和响应措施。

13.4.10 对纠正和改进整合

质量管理持续改进的重点与企业实际情况有关，可能各有不同，但是也有类似的情况。例如有的提出“废品为零”，有的提出“废品减半”。节能减排和安全生产也是企业的社会责任和管理目标，要达到国家法律法规要求也必须进行持续改进。为了降低能源消耗，除节约工序能耗外，回收利用二次能源，对钢铁企业来说也是持续改进的课题，既要从设备和技术上采取对策，也应在操作上开展持续改进活动。

钢铁企业存在的风险之一是粉尘，如果处理不好不仅容易使员工患尘肺病和发生安全生产事故，也会对环境产生污染。环境保护和安全生产必须

“软硬兼施”，在设备上应实现环境保护和本质安全的同时，员工的安全意识也必须同时提高，环境与安全教育必须进一步加强。有些企业员工流动性大，对清洁生产和安全生产缺乏认识和经验，如何将环境因素和危险源预知作为班前活动和按预知防范生产过程的风险以及信息化和工业化融合也应是持续改进的重要内容。

13.5 积极稳妥地推进管理体系整合

在建立和完善市场经济过程中，质量已经成为企业竞争的核心要素，而且质量不仅仅指产品质量，还包括服务质量和工作质量。产品质量也不仅要考虑生产制造质量，更应考虑设计开发质量。因此有许多的企业在质量认证时，将设计开发作为提高核心竞争力的条件之一，建立了企业的技术中心，加强了研究开发力度，提高了满足顾客要求的能力。我国钢铁企业都是非常讲究设计开发质量的，从而赢得了顾客，赢得了市场。但是，在我国加入WTO后，为了提高企业在国际市场上的竞争能力，企业还需要进一步树立广义的质量观念，即质量经营。将质量管理与职业健康、安全管理、环境管理以及与信息化和工业化融合，也是质量经营的重要内容。企业在生产产品和提供服务时，不仅仅要考虑满足顾客的要求，同时还应考虑满足员工和社会的要求。牺牲员工利益和社会环境而生产出来的产品不是好产品，与信息化和工业化不进行融合，在产品进入国际市场时必然会遇到技术壁垒，没有竞争力。因此推进管理体系的整合势在必行。

质量管理、环境管理、职业健康安全管理、能源管理与信息化和工业化融合的不同点主要在于管理所关注的焦点不同。质量管理关注的是产品形成过程，并使其受控，从而生产出满足顾客要求的产品或服务；环境管理关注的是污染源（环境因素），并使其受控，从而实现对环境的保护和可持续发展；职业健康安全管理关注的是危险源，并使其受控，从而实现员工健康和生产安全能源管理关注的是节约能源和充分利用再生能源；信息化和工业化融合管理关注的是以信息化带动工业化，以工业化促进信息化，破解当前发展瓶颈，实现工业转型升级。这些目标是企业总目标的重要组成部分，是相互关联和相互依存的。管理体系的整合有利于企业协调发展和整体优化。目前，有一些钢铁企业开始对质量、职业健康安全和环境管理体系进行整合，取得了一定成效，但也存在一些问题。主要有以下几个方面：

（1）是先分别建立然后再整合，还是一开始就整合。从理论上讲应当一开始就整合，但是难度很大。一般来说，钢铁企业虽然也存在安全管理、环境管理、能源管理和信息化管理，并设有安全、环保、节能和信息管理机构，但是管理机构与质量管理是分开的，而且在管理方式上，多数企业也没有按国家标准的模式进行。现在基于管理或商业目的谋求认证，才开始按国家标准在建立质量管理体系后，又建立了职业健康安全管理体系、环境管理体系和能源管理体系。从建立方针目标开始，进行危险源、环境因素和能源评审、评价和分级，制定和实施管理方案，并准备应急措施，通过监视测量、分析和持续改进，使职业健康安全、环境和能源管理的绩效不断提高。对多数企业来说，这是一项新的管理模式，从文件化到运行需要有个过程。从实际情况出发，先分别建立然后再整合，比较现实。

（2）是对全部管理活动整合，还是对部分管理活动整合。虽然有部分钢铁企业质量管理、职业健康安全管理和环境管理标准从模式和结构上融合了，但是仍然有各自的管理对象，监视和测量方法也不一样，全部整合有一定的难度。首先对质量管理、职业健康安全管理、环境管理、能源管理与信息化与工业化融合管理等体系的方针目标管理、管理职责、资源（包括人力资源、基础设施和工作环境）管理、文件控制、记录控制、内部审核、管理评审、不合格品、事故、事件或不符合项的控制、纠正和预防措施或应急措施的控制、内部和外部沟通、数据和信息分析以及持续改进等可以先进行整合。至于有关过程策划、管理方案、实施和运行、过程控制、监视和测量等可以在全部管理体系有效运行后再进行整合比较稳妥。

（3）整合不是简单的合并，而是管理体系的系统优化。将质量管理体系、职业健康安全管理体系、环境管理体系与信息化与工业化融合管理从片面的、孤立的和重复的管理，整合后成为协调的、互补的和综合的管理，是管理体系的增值优化过程，而不是简单的合并。整合可以实现管理上的精干、顺畅和高效。整合过程将涉及组织机构和职责权限的重组，减少部门和层次的障碍，优化管理程序和统一管理方法，减少文件的种类和数量，有利于沟通与协调，使方针目标管理贯穿和融合于各管理体系中。整合后，企业不仅以顾客为关注焦点，同时考虑所有相关方的利益，以人为本，在生产或服务提供过程中，实现废品为零，人身事故为零，设备事故为零，节能减排、无污染，无公害，以信息化带动工业化，以工业化带动信息化，向顾客和社会提供一流的产品和服务，促进企业提高质量和效益，运行质量经营，实现转型升级。

（4）政府职能转变和认证机构整合是企业整合的必要条件。目前，有些钢铁企业正在或已经进行三或四个管理体系的认证，也取得了一定的成效。但是，整合存在一些问题，主要是受政府职能分割和行政干预的影响，使某些企业的管理体系整合变成了“貌合神离”、“同床异梦”。机构设置没有精简、文件没有减少、过程没有优化，认证没有统一，反而增加了工作量。如果政府机构干预过多，甚至插手认证，并且企业又不能在同一个认证机构进行认证，管理体系的整合是很难实现的。为了管理或商业的需要，企业在完成质量管理体系认证后，积极对职业健康安全管理、环境管理和能源管理与信息化与工业化融合管理进行策划，建立、实施、保持符合标准要求的管理体系，并取得认证是必要的。而整合工作应视企业的内部和外部环境进行，切忌盲目推进或形式主义，否则就有悖于整合的宗旨。

第14章

过程设备管理

GB/T 19001 标准要求企业应“确定、提供并维护为达到符合产品要求所需的基础设施。”基础设施包括：建筑物、工作场所和相关的设施、过程设备（硬件和软件）、支持性服务（如运输、通讯或信息系统）。在基础设施中，过程设备是主要的。对钢铁企业来说，主要包括焦化、烧结、球团、高炉、转炉、电炉、精炼炉、连铸和轧钢设备等。

质量经营也重视过程设备管理，过程设备的有效管理有助于企业的质量经营。

14.1 过程设备管理的内容

基础设施管理包括基础设施运用的全过程，从确定、采购、验收、安装、调试、使用、维护、保养、检修、改造、报废和更新等过程。基础设施管理的主要内容有：

（1）正确地选择、采购和提供技术先进和经济合理的基础设施，满足顾客对产品的要求。

（2）保证基础设施处于正常的技术状态，功能正常，高效运转，满足生产过程的技术要求。

（3）对基础设施进行维护、保养、检修、改造和更新，满足生产对基础设施的使用要求。

（4）不断改进和创新，使基础设施的运行达到节能减排、减低成本和提高效率的要求。

在基础设施中，对产品质量影响最大的是过程设备。过程设备的技术状态直接影响生产过程的正常运行和产品的质量水平。近年来，我国钢铁行业生产工程的机械化、自动化和信息化程度不断地在提高，过程设备也在向大型化、机械化、自动化、高效化和精密化方向发展。设备的投资越来越大，设备的维护保养检修的费用也在不断提高。设备使用、维护保养和折旧的费用在产品成本中的比例也在不断增加，既影响产品质量，也影响产品成本，因此对设备的管理对质量经营也非常重要。质量经营中对设备的管理已经淘汰传统的管理方法，推行全面的设备管理模式（TPM）。把设备管理不仅看作是一个过程，更重要的一个体系，从技术和经济两个方面进行控制，提高设备寿命周期内的技术功能和经济效益。

过程设备管理也不仅仅限于维护，也包括，选择、采购、提供、检修、改造和更新等过程。

14.2 过程设备的选择、采购和提供

为了向顾客提供满足要求和增值的产品，必须选择、采购和提供技术先进、经济合理的设备。

一般在采购和提供过程设备前，先进行选择评价。选择和评价的方法有费用效率法、现值法和投资回收期法。

（1）费用效率法：费用效率法是通过设备的系统效率与其寿命周期费用的对比来进行评价。

费用效率是单位寿命周期费用支出所取得的效果。寿命周期费用最小，而系统效率最大的设备是费用效率最佳的选择。系统效率可以采用生产效率来表现。寿命周期费用包括原始费用（投资或采购费用、安装和调试费用）和使用费用（经营费用或维持费用，包括能源消耗、维护保养、检修改造等费用）。费用效率可以用单位费用的生产效率（例如万元的日产量）来衡量。

（2）现值法：现值法是一种经济分析方法，即在设备功能、生产效率和使用寿命均可以满足一切时选择寿命周期费用最低的设备。把设备不同时期开支的费用，通过现值系数折算成期初的费用，然后进行对比。最经济的设备是包括采购费用和各年开支的经营费用的现值寿命周期费用最低。

（3）投资回收期法：投资回收期是设备投资费用于采用该设备后每年的节约费用之比，在满足要求的前提下，应选择投资回收期最短的设备。

上述选择方法是比较传统的方法，在当前和今后，对过程设备的选择和评价，应增加环境保护、节约能耗和安全生产的要求。

14.3 过程设备的使用

过程设备使用状况能够反映设备使用的经济效果。反映过程设备使用水平的指数有现有设备实际使用率、实用设备安装率和已安装设备利用率等。过程设备利用率低是一种浪费，应尽可能提高设备的利用率。具体措施包括：选择企业适宜的设备，积极组织设备投入运行，开发市场增加生产任务，提高设备时间利用率。连续作业设备和间断作业设备的时间利用率计算方法不同，但是都可以表征设备的时间利用状况。另外，也可以用设备能力利用率来评价设备的使用效果。使设备满负荷使用，可以提高设备利用效果。

为了充分发挥设备能力和利用效率，应尽可能降低设备故障，例如慎重地搬运、精确地安装、严格地验收和认真地试车，可以降低设备运行初期的故障；加强日常维护保养和设备检查，可以应对偶发故障；进行预防性维修或改进维修，可以预防劣化故障。如果设备出现事故，能够认真分析原因，采取针对性措施，坚持“三不放过”：事故原因未查明不放过，责任者未经处理和员工未受教育不放过，无预防措施不放过，对设备的有效利用具有重要作用。

为了保证过程设备正常运转，必须预防设备故障的发生。为了预防故障的发生，必须对引发故障的原因进行深入的分析。在设备的整个寿命周期，在使用初期，故障比较多，主要是因为设计、制造、运输、安装和调试等原因造成的，所以在设备投入使用初期应找出设备可靠性低的原因进行调整和控制，保持设备故障率稳定。在设备投入正常运转后，不再容易发生故障，但是由于操作失误或维护不好等原因，也会引发偶发故障，应对操作者进行适当的培训提高操作技能和技术水平，关注维护保养，减少或杜绝偶发故障。在设备运转的晚期，由于零部件的老化、磨损或腐蚀，故障容易多发。这时应强化对设备的点检、维护和检修，防止设备故障对产品质量、能源消耗、环境保护和安全生产的影响。

14.4 过程设备的维护保养

过程设备在使用过程中，有可能会出现一些不正常的现象，如果不及时处理就会引发设备过早损坏。为了避免不应有的损失，应对设备保持清洁、润滑、紧固、调整等作业，保持设备在正常状态运行，这就是设备的维护保养。

过程设备的维护保养按工作量大小可分为：

（1）日常维护保养：重点是进行清洗、润滑、紧固容易松动的零部件海外检查零部件。日常维护保养由设备操作人员负责执行。主要要求是操作者应严格执行操作规程使用设备，经常观察设备运转情况，并在班前或班后记录。保持设备完整，零部件齐全，安全防护设施正常，线路管道完整无损，保持润滑和油路畅通。

（2）一级维护保养：除日常维护保养外，还包括部分地对设备的调整，主要内容是检查、清扫、调整电器部位和机械零部件，发现故障隐患和异常时要及时采取措施，予以排除。一级维护保养以操作人员为主，由专业维护保养人员配合进行。

（3）二级维护保养：主要是进行内部清洗、润滑、局部解体检查和调整、更换或修复磨损的零部件，局部恢复精度，二级维护保养由维护人员执行，操作人员协助。

（4）三级维护保养：主要是对设备主体部分进行解体检查和调整，同时更换一些零部件，并对主要零部件的破损情况进行测量分析。三级维护保养由维修人员执行，操作人员协助。

14.5 过程设备的修理

设备的修理是指修复由于正常或不正常的原因而形成的设备损坏或精度劣化，经过修理更换已磨损、老化或腐蚀的零部件，使设备功能得到恢复。设备修理的方式有：事后修理和预防修理。预防修理又称为“预防性计划检修”。

预防性计划修理是一种比较科学的制度，主要体现在计划与设备实际使用情况和零部件损伤情况规定修理计划、周期和内容，但是设备不同、条件不同和主次不同，统一按预防性计划修理也存在一定的问题。

预防性计划检修按修理程度和工作量又分有小修、中修和大修。

小修是工作量最小的修理，通常只需修复、更换部分磨损较快和使用期限等于或小于修理间隔期的零部件，调整设备的局部机构，以保证设备正常运转到下一次修理时间。

中修是对设备进行部分解体，修理或更换部分主要零部件和数量较多的其他磨损件，并校正设备的基准，恢复达到技术要求。中修后的技术性能应与大修基本相同。

大修是工作量最大的修理，大修把设备全部拆卸、调整、更换和修复所有的磨损零部件，全面恢复设备原有的精度、性能、效率，达到设备出厂的水平。

由于设备的结构、性能和用途不同，上述三种修理应包括的具体内容和要求也不完全相同。

预防性计划检修的方法有三种：检查后修理法、定期修理法和标准修理法。

检查后修理法是事先规定设备检查计划，根据检查结果和以前的修理信息，确定修理的日期和修理的内容。

定期修理法是根据设备实际情况，参考有关检修周期，编制修理计划和工作量。具体的时间和内容，则根据每次修理前的检查来确定。

标准修理法是根据设备的磨损规律和零部件使用寿命，对设备的修理日期、类别和内容预先制订具体计划，并严格按计划进行。

在设备修理时可根据实际情况，采用各种先进的组织技术方法，包括部件修理法、部分修理法、同步修理法和网络计划技术等方法。

14.6 过程设备的维修制度

一般对设备的维修分阶段进行，例如事后维修、预防维修和生产维修。在20世纪70年代，日本推行全面生产维修制（TPM）。该管理是以提高设备的全面效率为目标，建立以设备寿命周期为对象的生产维修系统，实行全效益、全系统和全员参加管理的一种设备管理和维修制度。

全面生产维修制主要内容为：

（1）首先由企业领导决定全面生产维修制的基本方针和目标，按方针目标进行管理，符合质量经营的管理模式的要求。

（2）由最高管理者到基层建立推行全面生产维修制的管理机构，体现发挥领导作用和全员参与的原则。

（3）企业对全面生产维修制规定有明确的职责权限和分工，有利于提高维修工作效率。

（4）对设备进行分类，明确哪些设备是重点设备、主要设备、一般设备和次要设备，针对不同类型的设备采用不同的维修对策和措施。

（5）开展日常点检、定期点检和精度点检等预防性检查，为定修提供具体信息和依据。

（6）对所有维修建立和实施标准化管理，特别是对重复性的维修规范、维修过程和活动。

（7）实行设备维修目标管理和建立生产维修小组，将目标逐级分解，让维修小组工作目标和内容明确。

（8）对参与维修的员工进行培训，提高维修能力和水平，并对设备的维修技能进行传承。

（9）采用5S管理维修现场，提高员工素质，保证检修现场文明。

（10）对维修过程进行记录和分析，并在分析基础上持续改进。

点检和定修是全面生产维修制的核心和重要的组成部分。

所谓“点检”就是把设备可能出现故障的部位设定为点检对象，规定点检标准、方法、周期和人员，开展所谓“五定制”（定点、定标、定法、定期、定人）进行点检。

定点：包括功能下降设备的状态点检和突发事故设备的倾向点检。

定标：有企业标准和行业标准。

定法：一般有解体点检和非解体点检。

定期：分为日常点检、定期点检和精密点检。

定人：日常点检由操作人员进行，定期点检由专业点检人员进行，精密点检由专职技术人员进行。

所谓“定修”就是在点检的基础上，根据设备的实际情况规定检修计划，一般每月定修时间是固定的，每次定修时间不超过16小时。

点检定修制的目的是通过对设备按规定的检查点，定点、定标、定法、定期、定人进行预防性检查，取得设备状态信息，制定有效的维修措施，将设备维修做在发生故障之前，这对保障设备正常运行，发挥设备应有的效能，延长设备使用寿命，具有重要的作用。

点检定修制具有以下特点：

（1）点检定修制与一般大中小修不同，预防设备故障。

（2）点检定修制是以点检为核心的设备维修管理制度。

（3）点检定修制是以预防措施为主的维修管理制度。

（4）点检定修制是可以采用外包实现检修过程社会化。

（5）点检定修制依靠点检、维修和生产三方密切配合。

（6）点检定修制也实行目标管理，与公司目标相结合。

（7）点检定修制强调设备检修计划的严肃性和准确性。

（8）点检定修制要求与生产计划结合减少停机的损失。

（9）点检定修制强调良机获得率对延长设备寿命有利。

（10）点检定修制包括信息反馈、数据分析和持续改进。

另外，在20世纪70年代，英国在设备工程学的基础上，创建一种新的设备管理模式，叫做“设备综合管理”，近年来受到很多国家的重视和采用。所谓“设备综合管理”是以设备的整个寿命周期为对象，研究如何提高设备利用效率，达到以设备寿命周期费用最经济为目标的综合性管理科学。“设备综合管理”的主要内容是：

（1）实行设备全过程管理，将设备的整个寿命周期作为一个整体系统进行综合管理，即对设备从规划、设计、制造、安装、调试、使用、维护、改造和更新直至报废全过程进行综合管理。

（2）追求设备整个寿命周期费用最低和综合效率最高的目标，加强设备管理，提高使用效率，降低设备折旧和维修检修成本，将设备的有效利用成为企业的经营目标之一。

（3）对设备从工程技术、财务与组织三个方面进行综合管理，即对设备进行可靠性、保养性和维修性设计，尽可能消除设备故障。保证设备具有良好的技术性能和经济效益；在组织管理方面应采用适合设备的组织、人员和管理方法；在财务方面要降低设备制造费用、运输安装费用、维护保养费用和折旧费用，使设备具有经济寿命。

（4）进一步加强设备使用阶段的维护工作，探索最佳的检修技术和方法，使设备处于最佳状态，保证产品质量、过程参数和经济效益。

（5）实行设备的全员管理，从规划、设计、制造或采购、运输和安装、调试和使用、维护和检修各过程的员工都参与设备管理。

14.7 过程设备的更新和改造

设备更新是企业技术创新的内容之一。设备更新不是简单的更换，而是以先进淘汰落后，以高效代替一般，以经济取代浪费，延长设备使用寿命。设备的寿命包括物质性寿命、经济性寿命和技术性寿命。为优化上述三个寿命而策划设备的更新和改造，达到投资少、时间短、收益快的目标。不同的企业，对设备更新有不同的要求，可以采用不同的设备更新形式。有的是在原型设备已磨损到不能继续使用的程度时，以相同的设备进行替换。有的采用先进技术改变现有设备的结构或改善现有设备的性能，使其达到新设备的水平。有的以技术先进、经济合理、节能减排、本质安全的新设备，淘汰落后的设备。对多数企业来说，应以技术改造与技术更新为主要形式。现有设备仍然是完成生产任务的主力，所以应加强对现有设备的管理，在做好对现有设备维护修理和改造的基础上，必要时，再考虑设备更换（引进或设计制造新型设备）。

14.8 设备维修的安全管理

钢铁企业的设备检修过程面临很多危险因素和危害因素，其中比较重要的因素有设备拆卸、安装和吊运过程产生的伤害，高空立体交叉作业引起的伤害，作业环境恶化形成的伤害，清洗、修磨、更换、安装过程的伤害等。为了防止和消除在维修过程中对检修人员造成伤害，应采取一些安全技术和管理制度。

宝钢在十年前建立的检修安全管理体系是以设备点检定修制为依据，针对检修过程中的危险因素、危害因素和伤害特征采取对策；以检修安全有关的法律法规为标准，以检修安全计划为中心，以安全组织为保证，一方面推进检修工程设备停机、开机、试运转与使用工器具的安全化；另一方面进行安全教育、纠正习惯违章，租金人的行为安全化。推进的方法是危险预知活动、类似事故防止活动、标准化作业、安全巡视、班前五分钟安全讲话、安全学习、事故案例等，以达到减少、免除检修中发生人身伤亡事故，保持并增强检修人员的身心健康，促进高质量、高效率地完成检修任务。

宝钢的检修安全管理体系是在国家、行业与地方的法律法规的基础上，以生产现场管理为主，设备、安全、环保管理等部门参与监管，以设备管理、生产操作和设备检修三方安全联络为纽带，由检修单位自主管理的安全管理体系。年修、定修、日修和抢修的安全体制由检修工程量的大小、检修范围、危险程度、工期长短和紧急情况而定。

检修安全规章制度是检修制度的重要组成部分，也是整个安全规章制度的重要组成部分，为设备检修过程的顺利进行起着保证作用。检修安全规章制度包括有安全管理规章制度、消防保卫规章制度和安全技术规章制度。为了贯彻实施检修安全管理体系，必须对员工进行检修安全教育，包括三级教育、特种作业人员的安全教育、职业健康教育、各工种安全教育等。在设备检修过程中将安全与检修进行一体化管理，另外对检修的外协或外包单位也进行安全管理。

检修安全标准化是检修过程标准化的组成部分，也是检修安全管理体系重要内容中，检修安全工作标准化能够有力地推进检修工作安全、有序、规范和有效地运行，对提高员工素质和检修质量，具有重要作用。检修安全标准化包括规范检修工程委托单，规定检修的安全组织，进行现场调查和安全交底，安全确认和联络挂牌，危险预知和定置管理，安全巡视和安全会议等是推行检修安全管理体系有效运行的基本准则。

第15章 无形资产管理

15.1 什么是无形资产

无形资产是以知识形态存在的经济资源（例如知识、技术、技能、人才和信息等）。一切与企业生产经营有关，能够给企业带来经济效益的、没有物质实体的资产，都属于无形资产。无形资产也是固定资产，它与有形资产一样，为企业提供所有权利或竞争优势。企业无形资产的开发包括：技术创新与专利权，企业知识产权及著作，商标设计和注册，品牌策划、运营与管理策略，供应链关系开发与管理以及和客户关系管理等。

无形资产可分为四大类：一为知识型无形资产，包括专利、专有技术、版权、品牌、商标、计算机软件等；二为权利型无形资产，包括土地使用权、特许经营权、优先贷款权、租赁权等；三为关系型无形资产，包括顾客关系、雇员关系、营销网络、商业秘密等；四为结合型无形资产，主要指企业的商誉等。

专利是发明创造，专利也是一种产权，具有创新性和实用性，对保护技术创新和市场竞争具有重要作用。商标是品牌标志，可以促进市场竞争力和质量经营战略。

无形资产具有独立性、转化性、增值性和交易性特点：独立性是可以不依赖有形资产而独立发挥作用，或取得经济效益的能力。转化性是无形资产与有形资产可以相结合与转化，并产生巨大的经济效益。增值性是无形资产能给企业带来增值效益，而本身并无损耗。交易性是无形资产可在市场上进行有偿转让等交易活动。潜在性是无形资产中的经验、技巧、精神、素质和信誉等潜在地存在于企业中。

任何无形资产不可能完全脱离有形资产而存在，例如专利和品牌与产品有关，计算机软件也离不开硬件，任何操作技能也不能离开装备与设施。无形资产是可以转化为有形资产，例如生产技术可以形成品牌产品，专利出售和品牌营销会带来一定的效益，所以质量经营非常关注无形资产的管理和经营。

15.2 无形资产的培训

企业领导应提高员工对无形资产的认识，通过培训提高开发和创新无形资产的意识和能力，与企业技术水平和管理水平相结合，提高质量经营效益。我国有的钢铁企业管理人员缺乏外形资产管理的理论知识和经验，不了解无形资产的内容和价值，也没有对无形资产的应用和保护经验，特别是对专利、商标等无形资产的贸易和保护缺乏了解，没有形成无形资产管理体系，不会应用法律手段保护企业的无形资产，因此加强无形资产的培训，对加强无形资产的管理具有重要作用。

为了有助于无形资产的开发和运用，重视无形资产价值，并发挥其效益，企业应就无形资产进行培训。无形资产的培训内容包括：无形资产的概念、无形资产的创新、无形资产的信息、无形资产的管理、无形资产的评估和无形资产的经营等，使员工熟悉无形资产对企业质量经营的重要性，提高无形资产的创新的方法和技巧，提高无形资产开发和创新的水平，提高利用无形资产进行融资的经营效益。培训可以进一步提高了企业对知识产权商品化、产业化和资本化运作的意识，对促进企业建立和推广科学合理的知识产权质押融资和风险分担机制，推动企业创新发展发挥了积极的作用。

15.3 无形资产的开发

无形资产是以知识形态存在的经济资源，知识必须不断地开发。只有不断地开发才能增强企业竞争力。无形资产开发是以开发新产品、新技术和新工艺的知识为重点。无形资产的开发也属于技术创新范畴，但在创新过程应注意提升和形成无形资产具有实用性、创造性、差异性和增值性。也就是说，研究开发过程的输出不仅仅限于有形的产品，也应关注无形的资产——知识产权（包括专利和诀窍）。无形资产有的可能是实用技术，有的可能是发明创造。如果不加以总结和提升，就会影响研究开发过程的有效性和效率。

我国钢铁行业对某些技术的研究和开发，并不晚于外国，但是有些技术仍然需要从国外引进，其中重要的原因是没有形成无形的资产——知识产权。例如在20世纪50年代我国钢铁工业的技术经济指标与当时的日本相比不相上下，但是我国没有对氧气顶吹转炉、连铸和连轧技术进行创新，较长时间固守平炉、模铸和初轧技术。尽管我国在1954年就开始研究氧气顶吹转炉，但是因为没有形成创新的成果，到了20世纪80年代宝钢还得从日本引进了300t的氧气顶吹转炉。又如20世纪70年代前世界上80%取向和无取向硅钢全是引进美国阿姆柯公司的专利技术。而70年代后美国等11个国家又引进了日本的高磁感的Hi-B硅钢专利技术，我国武钢也在1974年从日本新日铁引进了冷轧硅钢生产装备和技术，为了扩大生产能力，1992年又与新日铁签订合同。无形资产的开发——硅钢专利为新日铁创造了巨大的经济效益。

无形资产的开发的关键是对市场需求和自身条件进行综合分析，并把市场分析作为第一要素进行思考。在对市场进行分析后，找出开发和创新的目标。我国钢铁行业在高炉炼铁中坚持“大风、高温、精料和顺行”的强化冶炼技术。我国在高炉冶炼方面一直处于领先地位；但是在炼钢方面，我国淘汰平炉进度慢，采用转炉时间晚，精炼技术应用少，使得我国的钢铁产品精细化程度低。到目前为止，我国的钢铁产品多为开发和创新的“追随者”而非开发和创新的“领跑者”。无形资产的开发比较少。

无形资产的开发的机制也对质量经营有重要作用。无形资产的开发的机制就是为无形资产开发所建立的组织机构、运行程序和管理方式。虽然有些钢铁企业在贯彻实施GB/T 19001过程中，也建立了设计和开发的组织机构、运行程序和管理方式，但是并没有将决策、开发、生产、销售、服务和信息化管理融合在一起，为技术创新增强活力。将技术创新形成企业的无形资产的企业也比较少。

无形资产的开发过程是一个完整的、系统的和优化的过程，包括设想的形成、技术的获取、技术的创新和技术的扩散。同时相对地也应有信息管理、决策管理、计划管理、创新管理和营销管理等。目前的无形资产开发已经从技术推动型和市场拉动型发展到战略经营型。

宝钢坚持以市场为导向，瞄准技术领先，持续实施知识产权战略。2013 年我国有效专利拥有量榜单发布宝钢股份跻身企业十强，宝钢在有效专利拥有量以 1436 件位列全国企业第九位。宝钢坚持实施知识产权战略，进一步提升专利质量，着力推进专利结构优化和海外专利布局，实施专利后评估常态化管理，加快技术创新步伐，发挥宝钢在国有大型企业中的创新骨干作用，成为钢铁技术领先者。

鞍钢实施“四个转变”战略的核心是实施技术领先战略，关键在于建设创新型企业。大力推进科技创新工作，不断提升自主创新能力，为鞍钢由钢铁核心技术“追随者”向“领跑者”转变提供强有力保障。他们的主要做法是建立起比较完整的知识产权管理网络和规章制度，将知识产权战略的运用贯穿企业科研、生产、经营、对外技术交流的全过程，并以知识产权管理的专业化、规范化、实用化为目的，重视知识产权宣传、培训和普及工作。

武钢的科技创新是以推进科技进步为重点，从产品、工艺、设备等方面认真策划与开发，在解决生产工艺、设备问题和增强市场竞争力中发挥了重大作用。武钢的高磁感系列无取向电工钢及生产方法专利荣获第十届中国专利奖优秀奖。该专利的产品、技术标准及生产方法填补了国内空白，与武钢引进的日本专利无取向硅钢相比，具有明显优势，创造了巨大的经济效益。

唐钢的“辊底加热炉板坯自动对中装置”和“镀锌线炉鼻子抽锌渣装置”也分别获得国家实用新型专利。马钢的“8.8 级高强度冷镦钢用热轧免退火盘条的生产方法”专利也被评为中国专利优秀奖。无形资产形成有形资产，减少生产过程中对能源的消耗，降低了企业生产成本，简化下游企业的生产工序，因此具有很强的经济效益。

国资委要求中央企业进行品牌建设，品牌建设是具有内强素质、显示外塑形象的系统性工程，也属于无形资产的开发和创新。为了加强品牌建设，企业的领导要亲自抓，分管领导要深入抓，其他领导要协助抓；还应设置专门机构、配备专业人才、安排专项资金，大力推进品牌战略。国资委正研究对包括品牌价值在内的无形资产进行考核。希望到 2020 年末，能涌现一批品牌战略明晰、品牌管理体系健全、品牌建设成果显著的企业，形成一批产品和服务质量，具有广泛影响力的知名品牌，开发和创新一批拥有自主知识产权和国际竞争力的自主品牌。

15.4 无形资产的转化

使无形资产转化为有形资产，可以获得巨大的经济效益和社会效益，包括健全转化机制和增强转化动力。高新技术和新产品的研究和开发在转化为生产和经营过程时，会具有明显的增值作用和提高质量经营效益。宝钢在强化专利申请的同时，积极推进专利技术在企业内部的应用，专利成果转化率不断提升。据说宝钢已有75%以上的专利得到实施，10%以上的专利技术在相关单元推广运用，3%以上的专利实现对外许可贸易。专利成果快速和有效的转化，不仅提升了宝钢股份的核心竞争力，而且创造了可观的经济效益。例如具有世界先进水平的“高炉喷煤技术”，转化为有形资产，提高了宝钢的能源利用率，每年创效3亿多元；无铬耐指纹电镀锌、钢管的水淬设备、钢管张力减径孔型、抗腐蚀油套管、滚筒渣处理、管线钢、模具钢等专利技术都得到很好的转化和运用，为宝钢创造了可观的效益。

使无形资产由一次性开发创新向持续性开发创新拓展，即由个别产品开发创新向系列产品开发创新转变；由单一的技术开发创新向区域间的技术主体克服创新转变；由相互竞争封锁向联合技术开发创新与共享市场资源开发转变。鞍钢集团将实行“数质并重、重点布局”的专利战略，改变目前专利数量分布不均衡、布局不尽合理的现状，由个别产品创新向系列产品创新转变，进一步提升知识产权参与市场竞争的能力，以科技进步助推扭亏增效和转型升级。新的专利战略明确提出，到2015年，鞍钢集团累计拥有的有效发明专利数量要达到行业先进水平，完成汽车用钢、钒产业等专利布局，非钢产业专利拥有量要达到集团总量的15%以上；到2020年，发明专利申请数量进入中央企业前列，发明专利授权量、累计拥有有效专利数量均达到行业领先水平，完成“十大领先系列”、钒钛产业产品、节能环保技术等专利布局，由单一的技术创新向区域间的技术主体创新转变，非钢产业专利拥有量达到集团总量的20%以上。由相互竞争封锁向联合技术创新与共享市场资源转变。

15.5 无形资产的运营

无形资产的运营不仅比有形资产具有更大的运营空间，也比有形资产更高的运营价值，尤其名品牌、好名牌更具有运营的有效性。无形资产的运营主要是利用无形资产提高企业竞争力、提高企业的经济效益和提高企业的生存和发展的实质价值，所以质量经营更关注无形资产的运营。

武钢的冷轧硅钢片厂生产冷轧硅是在1974年从日本新日铁引进冷轧硅钢的生产专利和成套设备；该厂产品也从建厂初期的3个品种4个厚度规格24个牌号，现在已经发展到4个品种14个厚度规格152个牌号。经过多年的努力，该厂有多项技术获国家级和冶金行业成果，7项成果获得国家专利，其中2项专利技术向国外转让。多年来，该厂始终做到"研究一代、试制一代、构思一代、推广一代"，大大加快了科技成果的无形资产向现实生产力的有形转化。在硅钢厂的发展实践中，坚持在线改造，消化、吸收、创新引进技术，向无形资产运营的方向发展。

宝钢汽车外板的轻量化研发已经拥有6项专利，10多项技术秘密，包括上汽最新的荣威轿车在内的国内几乎所有自主品牌汽车，都开始使用宝钢的轻量化、高强度钢板，而众多合资企业也采用宝钢的轻量化钢板来替代进口，统计数据显示，宝钢的高强度汽车板在性能提高的同时，比传统汽车板平均减重10% ~15%。

无形资产的运营是企业资产运营的高级阶段。利用无形资产的运营，可以减少有形资产的投入。无形资产的运营是企业质量经营的核心。有助于转换经营机制、提高管理水平。无形资产的运营是指企业通过对所拥有的专利权和商标权誉等各类无形资产进行策划，使其增值。无形资产对企业的发展将会很重要，并且可能成为企业资源中的一个主要部分。

无形资产的运营应利用无形资产的开发和创新，研究和开发新产品、新技术和新装备，与竞争对手实现差异化，提高竞争优势和经营效益。无形资产具有产品或技术的知识产权，可以阻止竞争对手进入本企业市场，确保在本企业市场的竞争优势，保证效益的最大化。另外，也可以向其他企业转让或交换无形资产，合理划分市场和稳定经济效益。另外，利用技术专利或知识产权等无形资产的运营，也能够提高企业的竞争优势。例如美国是国际上最主要的技术输出国，特别是尖端技术收益非常大。日本在技术贸易中也具有一定的优势，获取过明显的经济效益。日本无形资产的运营多是在引进、消化、吸收和创新过程中运行的。我国宝钢也具有很多技术创新，并形成专利技术，宝钢的企业声誉和品牌形象也属于无形资产，其竞争力也多来自对先进技术和设备的引进、消化、吸收和创新。宝钢和鞍钢等钢铁企业已经开始从跟踪型向原创型创新转变，估计今后技术的商品化和贸易化的比例将逐步增大。

15.6 无形资产的信息

无形资产的信息是企业无形资产管理的内容之一，也是企业信息管理的重要组成部分。无形资产的信息包括产权属性信息、保护客体信息、法律信息和经济信息等。特别是知识产权有共享信息和非共享信息。共享信息有适用的法律法规、市场信息和专利技术信息等。非共享信息主要指企业秘密、个人秘密或商业秘密等。无形资产的信息管理为本企业的无形资产的创新、经营（引进或转让）和保护服务。在企业的组织构筑和职能分配上应考虑无形资产的信息管理。信息管理包括信息的收集、分析和利用。

共享信息管理有助于技术和技能的传承，应建立适宜的方法和制度，形成企业特有的知识积累、技术创新和持续改进。非共享信息管理的关键是保守秘密。一方面应建立和执行严格的保密制度，另一方面培养员工遵守保密规定和关心企业利益的精神。在工业发达国家的钢铁企业，职工的职业发明专利，不论是否形成经济效益，只要获得专利权就得到奖励。退休的员工与企业签有协议在5年内不许外聘和泄露技术秘密。

对无形资产的信息管理能够防止技术或商业秘密的流失，防止有损于竞争优势和防止影响企业的核心利益。质量经营将无形资产的经营管理作为重要内容之一，所以对无形资产的信息管理非常重视，既有利于技术市场的开发，也有利于技术机密的保护。

15.7 无形资产的评估

无形资产的创新所形成的知识产权、产品品牌、企业声誉、顾客或供方应采取不同形式或方式进行评估。评估的目的在于合理地运用这些资源发挥其重要的作用。其中对知识产权的评估尤其重要。一般对知识产权的评估分两个阶段进行。一是从创新阶段到权利化阶段；二是从权利化到商品化阶段。

从创新阶段到权利化阶段的评估主要是分析是否具有专利价值、是否具有发展价值、是否既有应用价值以及是否具有保护价值，是申请专利，还是“黑匣子”化。从权利化到商品化阶段的评估主要是分析是否具有竞争能力，是否具有经济价值，是否具有战略意义等。

企业对无形资产的评估应包括三个方面，首先应对无形资产是否能够产品化进行评价，技术水平很高，但是产品化很难，实用性就比较差。其次应对无形资产是否能资产化进行评估，能够成为企业资本、股权或融资的无形资产具有重要的经济价值。另外，还应对无形资产是否能够贸易化进行评估，能够具有产权，可以转让的无形资产具有重要的战略意义。

对无形资产的商品化评估的方法有未来价值评估、市场交易评估和资产成本评估等方法。通过评估预测未来企业的效益，计算给有形资产带来的收益以及无形资产本身的收益，包括企业握有无形资产和转让无形资产的效益等。通过对无形资产的评估，不仅能够充分发挥和利用无形资产的价值，而且也能够推动员工技术创新的积极性和创造性。目前，我国对知识产权的评估基本上是对技术水平评估较多，而对未来企业的效益，包括给有形资产带来的收益以及无形资产本身的收益评估预测很少。

世界品牌实验室是世界公认的全球三大品牌价值评估机构之一，其研究成果已经成为许多企业并购过程中无形资产评估的重要依据。日前，世界品牌实验室发布了 2011 年中国 500 最具价值品牌排行榜。宝钢位列第十八位，品牌价值较去年增加了 115. 63 亿元。世界品牌实验室认为，宝钢作为中国最具竞争力的钢铁企业，盈利水平居世界领先地位，并连续多年入选美国《财富》杂志 500 强，其品牌价值在世界范围内已被广泛认可。

攀钢在 2010 年获得 297 项专利授权，其中“钢轨热处理方法及钢轨热处理机组”还获得欧盟专利授权。攀钢形成了比较完善的专利管理制度，也包括评估制度，根据攀钢战略发展参与国际市场竞争的需要，经过评估有针对性地提交涉外专利申请，不仅能提高在国际市场的竞争力，而且有利于知识产权和无形资产的保护和交易。

15. 8 无形资产的保护

无形资产是企业宝贵的资源，应很好地珍惜和维护它。也要不断地开发创新。只有不断开发创新才能增强竞争力和满足市场需求。

钢铁企业的无形资产中的专利获取、应用和转让过程应关注知识产权的保护，防止流失。专利的知识产权包括本企业的原创技术、引进的专利技术、企业重组兼并获得的知识产权，应采取不同的方法加以保护。为了保护企业的无形资产，我国已有适用的法律和法规，特别是在加入WTO后与国际接轨，更加重视无形资产的保护。企业内部也加强了对无形资产的管理，很多企业也建立无形资产管理制度，有些企业还设立了专门机构，配备了专业人员，对企业的固有技术进行管理和保护，包括无形资产权利化、商品化以及对外投资转让等。通过对无形资产的保护既可以减少损失，又可以提高效益。据统计，知识产权的秘密有70%是由员工流动所泄露的。国外有的企业给部分员工一定的股票期权或签订保密协议进行约束。另外，网络渠道和技术贸易也会造成知识产权的流失。

目前我国在知识产权保护方面已经具有完整的法律法规，具有知识产权的企业，在其权利受到侵害时，可以通过司法程序进行保护。另外，在我国的专利法中还规定了知识产权保护的行政途径。行政途径比司法途径简便、迅速、效率高。这种“双轨制”的保护是我国对知识产权保护的特点。钢铁企业也应熟悉行政执法保护和司法保护的规定和程序，有效地保护企业的知识产权和无形资产。

钢铁企业的无形资产的保护主要是对知识产权（包括引进的和原创的）的保护，至于品牌和商标也应属于保护范围。现在有不少企业的钢材品牌和商标被一些非法生产或经营的企业盗用，由于“地方保护主义”，对品牌和商标的保护带来了很大的困难。甚至使被盗用品牌和商标的企业对伪劣产品质量的投诉引起了很大的麻烦。从质量经营角度来看，电子商务、产品直销和授权代销会对品牌和商标的保护起一定的作用。但是，知识产权的保护主要应强化产权归属和保密工作。有的专利技术从立项开始，就应以一定的方式与主持和参加人员约定对技术资料的归档和技术诀窍的保密予以严格的规定；并对原创技术进行专利申请和保护。有的国外钢铁企业对员工退休后5年内不允许外聘的规定，实际上是对知识产权的保护。我国现在有的民营企业用高薪聘请国营企业专家或技师，主要是将国营企业的技术和技能廉价盗用，实际上是一种侵权行为，应从司法和行政两个方面加以保护。国外和国内部分企业利用利益分配机制来保护知识产权，例如在获得专利权或在专利转让获得利益时，给参与发明的员工以奖励。

为了保护知识产权，企业应界定应保护哪些技术秘密或诀窍，有哪些岗位和人员涉及应保护哪些技术秘密或诀窍，按《中华人民共和国劳动合同法》第二十三条用人单位与劳动者可以在劳动合同中约定保守用人单位的商业秘密和与知识产权相关的保密事项，与有关人员签订“竞业限制”或“竞业禁止”合同。

第16章

质量成本管理

16.1 质量成本的基本概念

质量成本的概念是美国质量专家A. V. 菲根堡姆在20世纪50年代提出来的。美国的质量专家J. M. 朱兰质量成本有两个不同的概念：一个是由于质量低劣而引起的成本；另一个是为获得质量所发生的成本。而他主张质量成本的含义是“归因于劣等质量的成本”。P. B. 克劳斯比认为企业应将预防成本和鉴定成本与故障成本一并考虑，形成质量报告，为企业高层管理者了解质量问题对企业经济效益的影响，并进行质量管理决策提供重要依据。后来人们逐渐认识了降低质量成本对提高企业经济效益具有重要的潜在作用，从而提高了质量成本管理在企业质量经营中的重要性。特别是在质量责任法制化、质量管理标准化和卓越绩效评价准则逐步实施的形势下，质量成本逐渐被重视。美国QS9000和德国的VDA6. 1已经将种类成本纳入要求内容。

质量成本是保证产品达到和保持在规定水平上所需要的有关费用，也可以说是产品稳定在满足顾客要求水平上所需要的费用。质量成本的内涵是：将产品质量保持在规定的水平上所需的费用。它包括预防成本、内部损失成本、外部损失成本，在特殊情况下，还需增加外部质量保证成本。质量成本包括工作质量成本和外部保证质量成本。工作质量成本是企业为达到和保持规定质量水平所需要的费用，其中包括预防和鉴定成本与故障成本。外部保证质量成本是由顾客或第三方为提供证据所支付的费用。

预防成本包括人员培训、设备管理、监视和测量、标准化作业、工序控制、质量改进和质量计划等用于防止产品和服务质量问题的费用。鉴定成本是产品的监视和测量、监视和测量设备的校准等评价产品和服务质量的费用。故障成本是由于发生质量问题而发生的费用。内部故障成本是指企业内部发生不合格品等质量问题的费用，包括返工、返修、报废以及更换原辅材料增加的成本；外部故障成本是指产品交付后的质量投诉、售后服务、产品召回和产品退货或报废等产生的费用。

从质量管理角度来分析，质量成本与质量管理有密切关系。预防和鉴定成本属于贯彻实施质量管理的成本，或为达到质量要求而产生的费用；而故障成本，包括内部故障成本和外部故障成本属于质量管理活动贯彻实施不好的成本，或达不到质量要求而损失的费用。

质量成本中的预防成本和鉴定成本与故障成本之间的关系是对立的，加强质量控制提高预防成本和鉴定成本可以提高产品质量。虽然可以降低了故障成本，但同时也加大了预防成本和鉴定成本；如果放松预防和鉴定，虽然可以降低控制成本，但可能又加大了故障成本。质量成本控制的原则应是增加的费用不大于损失的费用，或预防和鉴定成本的增加所带来的经济效益应抵消由于故障造成的损失“质量成本”这个术语表示两个不同的概念。一个是由于产品质量不好而形成的成本；另一个是为了提高产品质量而形成成本。前者应属于尽可能降低的成本，后者内容比较复杂，如果生产高附加值的产品，需要设计开发；如果生产高质量的产品，需要加强预防措施和检验验证，但是“质量成本”一般是属于由产品质量问题而形成的成本。

著名的质量管理专家 J. M. 朱兰认为，企业不要盲目地进行质量成本管理，应有明确的目标和计划。扩大财务系统业务范围，一定要有有效的回报。企业在明确质量成本管理目的前，首先要对质量成本进行分析，制定目标和措施，在认真进行控制和管理。特别是应识别降低成本的主要机会和途径，明确责任与分工，及时交流与沟通，解决财务管理与质量成本脱节的问题，将质量成本作为质量经营的重要内容之一。

16.2 质量成本的管理特征

（1）广泛性：质量成本管理既适用于有形的产品，也适用于无形的劳务，如服务质量、工作质量、管理质量、决策质量等，都对满足顾客要求具有重要作用。现代质量成本不仅反映物质生产部门的质量成本，而且也包括非物质生产部门质量成本。质量成本既反映现实的内容，也包括反映潜在的和隐含的内容。

（2）动态性：质量成本是个相对的、变化的和发展的概念，质量成本包括质量经营的成本，为了体现产品质量适用性，必须保持成本的动态性，随着产品质量适用性的变化而变化。例如现代产品生产和服务提供必须具有节能减排和职业健康安全等质量要求。

（3）多样性：不同的产品和服务的质量成本所要达到的目的也不相同，所以质量成本的考核方法也多种多样。质量成本除了主要采用货币计量外，还要采用其他的计量形式，从不同形式反映质量成本多样性的组成。

（4）收益性：质量成本的目的是通过核算反映质量资本投入和质量收益之间的相互关系。现代质量成本不仅应能及时、有效地反映企业的质量成本支出，而且还要反映质量收益，对质量成本的经济效益进行核算和决策，适应市场竞争、顾客需求和企业生存与发展。

宝钢在统计质量成本时，增加了由产品性能不符合要求以及改变用途所造成的质量成本，将产品内部降级损失纳入内部故障成本，细化了质量成本的构成项目，将质量成本与现场的质量控制指标紧密结合。

16.3　质量成本管理的作用

美国著名质量管理专家朱兰曾经认为21世纪将是一个质量的世纪，全球化的竞争由价格竞争转向质量竞争。质量已成为企业生存和发展的第一要素。世界上有许多企业都实行全面质量管理（TQC），全面质量管理也重视减少成本，并提高经济效益和顾客满意度。随着时代的发展，产品结构日趋复杂，顾客对产品质量的要求越来越高，使产品质量成本在产品总成本中所占的比重不断增多。成本管理的作用有以下几个方面：

（1）质量成本管理是寻求提高产品质量重要形式。对质量成本进行分析与计算，有助于推进质量改进计划的实施，提高产品的可靠性，预防潜在不合格的发生。

（2）质量成本管理有利于掌握质量管理的问题。通过质量成本计算与分析，可以了解各项费用所占的比例，更能具体地了解产品质量和质量管理中存在的问题，以及对企业经济效益带来的影响。

(3) 质量成本管理有利于拓宽成本管理范围。过去成本管理是成本形成后的计算，没有有效手段进行控制目标成本。质量成本管理可以对成本全过程进行控制，即扩大成本管理的职能和工作范围。

宝钢在经营管理中运用了六西格玛管理理念对质量成本进行了探索性实践，不断拓展质量成本管理的内涵和外延，在成本、质量、产能利用、物流运输等运营绩效方面取得了良好的效果。

16.4 质量成本数据和核算

质量成本数据是质量成本构成项目中各项细目在报告期间所发生的费用。这些数据既可以从会计账目中分出来，也可以从统计资料中取出来。质量成本核算是企业会计核算的一部分，是对生产经营过程发生的质量成本以货币形式进行记录、统计、汇总、计算和报告的过程。

质量成本的主要数据来源是凭证（包括会计分离凭证、质量统计记录凭证），将凭证与质量成本构成的项目对应，来收集有关质量成本的数据。质量成本是通过这些凭证按规定进行收集和汇总，进行统计和核算。

16.4.1 质量成本数据

为了收集和汇总质量成本数据，首先应界定质量成本的开支范围，包括不同质量成本的费用支出的收集和汇总的内容。收集汇总的方法有的按质量成本类型、有的按质量成本项目、有的按职责分工、有的按时间间隔进行。对钢铁企业来说，质量成本的费用范围为：

预防成本包括质量培训、质量管理、质量改进、质量评审和与预防成本有关单位员工的工资和奖金等。

鉴定成本包括原辅材料、半成品和产品的监视和测量、监视和测量设备的维护和检修、与鉴定成本有关单位员工的工资和奖金。

内部故障成本包括不合格品的损失、不合格品评审和处置（包括报废、降级、让步接收、再加工等）、产品质量事故等费用。

外部故障成本包括质量异议和投诉处置、仲裁、退货、折价和赔款等费用。

上述这些有关质量成本数据应按分工从会计凭证和账目、质量记录和质量统计中获取和收集，最后由财务部门负责汇总和核算。

16.4.2 质量成本核算

质量成本的核算主要是将当期发生的各类费用在各种产品之间进行分担以及在半成品和成品之间进行分担。凡是能够直接计入某产品的质量成本费用就直接承担，需要计入不同产品或不同工序产品的质量成本就分别承担。经过质量成本核算，企业可以清楚地了解质量成本费用发生在哪种产品或哪个工序，原料、半成品和成品各自投入了多少质量成本。质量成本核算后应形成质量成本核算报表，这是质量成本核算过程的输出，它将综合反映企业质量成本的发生和投入情况，质量成本的支出结构，以及寻求和控制适宜的质量成本的信息。

企业一级质量成本核算主要针对企业日常活动中发生的各项质量成本，分别将预防成本、鉴定成本、内部故障成本、外部故障成本和外部质量保证成本等三级账户进行核算。企业二级质量成本核算主要针对企业各生产单位在产品生产过程中发生的各项质量成本，按质量成本发生的性质分别设立不合格品损失和不合格品处置费用等科目。

16.5 质量成本的分析

质量成本分析实际上是对质量成本核算结果进行分析，了解在生产经营过程中质量成本的投入和质量成本计划完成的情况，为策划新的目标和指标提供科学的依据。为了提高质量成本分析效果，应由财务管理和质量管理部门提供质量成本核算报告、质量成本目标计划、质量成本对比准则，尽可能运用统计方法进行现状和趋势分析，不同产品和因素分析以及存在的问题和解决的方法。质量成本分析的结果应形成报告，提供质量成本分析信息和质量管理改进依据。一般来说，质量成本报告包括两个方面的内容：一是质量成本报表；二是对质量成本的分析。尽可能做到内容完整、数据真实、分析仔细、措施具体。报告时限可分为月度、季度和年度报告。

为了降低产品或服务的成本，首先应关心质量成本核算报告对质量成本进行的综合分析。质量成本综合分析包括质量成本总额分析、质量成本构成分析、内部故障成本和外部故障成本分析、质量成本与基数的比较分析等。根据成本综合分析找出影响产品质量成本的关键，编制适宜的质量成本计划。根据质量成本分析和质量成本计划，进行质量成本控制。

16.5.1 质量成本总额分析

质量成本总额是预防成本、鉴定成本、外部故障成本和内部故障成本的总和。

质量成本总额分析是计算本期（年度、季度或月度）质量成本总额，并与上期质量成本总额进行比较，了解质量成本动态，分析变化原因和趋势。比较完整的和系统的分析，一般包括质量成本与企业工业总产值、销售收入、生产成本、利润等相关指标进行比较和分析，既可以反映产品质量和质量管理水平，又可以分析质量成本对经济效益的影响。一般来说在质量成本总额分析应包括计算本期与上期（或基期）相关指标的统计和比较。

16.5.2 质量成本构成分析

质量成本构成分析是分别计算内部故障成本、外部故障成本、鉴定成本和预防成本各占质量成本的比率。前两项是故障损失费用，后两项是质量保证费用。两者应处于一个平衡位置。通过这些比率的分析，可以反映质量成本的投入状况，分析质量成本投入的适宜性，寻求适宜的质量成本构成和降低质量成本的途径。一般来说在质量成本构成分析应包括计算本期与上期（或基期）统计和比较。

16.5.3 外部故障成本分析

外部故障成本分析主要是找出外部故障损失最多的产品或问题，以便进一步分析原因和采取纠正预防措施，降低外部故障损失。有些钢铁企业外部故障造成的损失比较大，主要是质量投诉、折价、退货或赔款。多数发生在表面质量、包装或成分性能达不到规定水平。虽然造成了损失，但是进行外部故障成本分析的企业不多。

16.5.4 内部故障成本分析

内部故障成本分析主要是找出内部故障较高的产品、问题和单位（分厂、车间或班组），然后用统计技术和方法找出内部故障的问题，经过分析和讨论，提出改进方法。钢铁企业内部故障造成的损失也比较大，主要是半成品和成品的质量问题。例如化学成分、力学性能、表面质量和尺寸公差等问题达不到规定水平。有些企业将这些质量问题列为经济责任制考核，但没有作为质量成本提出要求和评审。

武钢将质量成本分析的内容共包括四个方面：质量成本总额的构成内容分析、质量成本总额的构成比例分析、质量成本各要素之间的比例关系分析和质量成本占预算初步比例分析。通常对质量成本应从以下两方面进行分析。

（1）对影响质量成本的因素进行分析。对质量成本水平分析要深入到质量成本构成的各要素中去，即从质量成本总额中各要素所占比例来分析质量成本构成及其变化。根据以上最优质量成本的模式分析以及国内外成功企业的经验，质量管理成本占50%，损失成本占50%为最佳质量成本构成。

（2）质量成本效益分析。质量成本效益分析是通过分析质量成本与有关指标的关系，以便从一个侧面大体反映质量经营的状况及其对质量经济效益的影响，借以说明企业进行质量成本核算和管理、开发质量成本的重要性。

武钢认为，通过质量成本分析，可以掌握质量成本变化的趋势，以及质量成本的构成项目之间的比例关系，找出影响质量成本的关键因素，为改进质量、降低产品成本提供可靠的依据。质量成本分析能在提供降低生产成本方向的同时，也能够为质量持续改进和管理水平提升提供依据。

16.6 质量成本的控制

质量成本控制是以降低质量成本为目标，把影响质量成本的因素进行控制的管理过程。质量成本控制应属于全员参与、全部过程和持续改进的活动。为了有效地控制质量成本，必须明确管理职责，一般由财务管理部门和质量管理部门共同负责，把降低质量成本的目标展开和分解到基层，并制定考核办法，与经济责任制或奖励制度结合起来进行考核。对与质量成本有关的人员应进行必要的培训，提高降低成本的意识和能力。在主管部门的支持下，策划质量成本控制系统和网络，制定降低质量成本的目标和措施，按规定进度进行检查和提出改进意见。

控制方法有按月计划进行控制、按质量成本项目进行控制或按生产经营全过程进行控制。按月计划进行控制就是对每月发生的实际质量成本与计划质量成本进行比较，找出差距，分析原因，采取措施，进行控制。按质量成本项目进行控制就是根据质量成本的构成项目分项提出降低成本的要求，以便于发现影响质量成本的因素。对生产经营全过程进行控制，如按设计开发、采购、生产、销售等几个阶段分别进行控制。

控制的形式有预先控制（编制控制计划和考核准则）、过程控制（按程序进行降低成本的控制）和反馈控制（经过核算和考核提出持续改进的目标和措施）。

对钢铁企业来说，质量成本控制应分为5个阶段，即设计开发阶段、原材料与能源采购阶段、产品生产阶段、产品质量检验和试验阶段和产品销售与售后服务阶段。

（1）设计开发中关于质量的策划，输入确定和评审，设计开发输出的评审、验证和确认（包括半工业和工业试验），设计开发的修改。

（2）采购对质量成本有影响的原材料和能源介质标准制定和合格供方评价，采购性能价格的选择，运输和进厂验收，包括部分生产过程的外包。

（3）产品生产标准和规程制定，人员培训，质量控制设备，在线性能监视和测量设备，必要的工作环境和信息系统。

（4）原材料、半成品和产品的成分分析，性能监视与测量，不合格品的处置和质量数据分析。

（5）销售与售后服务对客户质量需求的调查、确认和评审，售后质量服务，与客户沟通和投诉处理，必要时第三方的仲裁。

日本东京大学教授、著名的质量管理专家久米均先生在其《质量经营入门》一书中提到质量成本和效益的关系时，他认为“质量成本根据商品的种类、技术水平或者市场情况而发生变化。静止的状态下，质量成本需要不断降低，但从经营整体来看时，质量成本少的经营不一定就好。”如果产品质量出现问题，不仅涉及质量成本，甚至影响企业声誉。如果客户不满意，虽然没有直接影响质量成本，有可能失去市场。质量成本低，不一定经济效益好。J. M. 朱兰也认为，“生产缺陷多的产品，其代价是高昂的”，但是“生产100%好产品时，其代价也是很高的。因为越是接近完美无缺的程度，成本增加就越显著。因此，适宜的质量成本水平就是在两个极端之间的某一点”。

当所有产品均合格时，故障成本为0；当所有产品均不合格时，故障成本则为无穷大。鉴定成本曲线和预防成本之和的曲线，当产品100%是不合格品时，鉴定成本曲线和预防成本之和等于0；当产品趋向完美无缺时，该值趋于无穷大。质量成本总额曲线是故障成本曲线、鉴定成本曲线和预防成本之和，其两端都向无穷大提升，所以该曲线中间有一个最小值或最佳值。J. M. 朱兰认为，这个模型虽然在理论上是有根据的，但是如果没有实际数据，该模型就没有实用价值，于是他提出了质量成本模型的最适宜的部分。

质量成本控制是质量成本管理过程的重要环节。通过降低故障成本和提高预防与鉴定成本，达到最佳的质量状态，应是质量成本控制的关键。降低故障成本就是降低质量损失。在生产过程降低质量损失的主要措施是防止不合格品发生，在营销过程降低质量损失的主要措施是避免或降低质量异议、投诉和索赔。为此，应从与客户要求有关的过程开始，识别和确认客户的明示的要求、隐含的要求和法律法规的要求，在生产过程严格控制；如果为了满足客户的差异性、增值性、变化性和综合性的要求，用设计开发或质量计划提供策划方案，除严格控制生产过程外，还应强化监视和测量过程，提高顾客满意度。

目前钢铁企业广泛开展的QC小组活动是持续改进降低质量损失的重要方式之一。部分钢铁企业开展的6σ活动和建立的ERP系统，也会使流程优化，减少管理层次，降低成本，提高质量，改进管理的有效性和效率。

宝钢通过统计了解低效率的信息传递、缺乏协调的工序组织、低技术创新能力、不增值的高库存和补料成本、低质量异议处理速度、低资金运作能力等涉及生产经营的各种隐性成本，挖掘潜力。

鞍钢股份大型厂全面推进成本目标管理，建立岗位理论成本和标准成本模型，实现成本管理的全过程控制，提升成本管理水平。鞍钢股份大型厂围绕“提高60高速轨、60R2槽型轨的班产量和提高60高速轨的合格率”开展工作，精心组织U75VG、U71MnG高速轨，以及60贝氏体钢、60N等钢轨的生产，通过精细操作，强化轧机、矫直机的工艺关键点控制，有效降低轧痕，保证钢轨的规格、尺寸，最大限度提升万能线百米钢轨合格率。1月份百米钢轨合格率达到90%以上，创历史最高水平。鞍钢股份大型厂不断完善设备功能，强化上下游工序沟通协调，合理安排生产检修和设备大修，强化制度执行和落实，提升设备精度，保障设备工艺性能稳定，有效减少设备事故时间，提高设备完好率和开机率。1月份，这个厂热轧产量和缴库量创同期历史最高水平。

攀钢钒轨梁厂按照低成本、高质量、高效率的经营方针，将钢轨各个品种尤其是道岔轨难轧品种的班产定额进行上调，保证产量、质量、降成本等指标层层分解，落实到各个作业区、班组和个人，促进生产成本逐步降低。攀钢钒轨梁厂以质量为前提，加强生产过程中的衔接与配合，严格按标准要求和用户需求，精心组织 60NU75V 百米定尺轨、60kg/mU57MnG（B）高速百米定尺轨，UIC60、TR57SSR、TR68 出口轨等各系列钢轨品种生产，实现全月钢轨稳产、高产。攀钢钒轨梁厂不断加强对外沟通协调，使百米定尺轨等钢轨品种及时装车外发，兑现合同，为全年钢轨稳产高产打下基础。

河北钢铁集团唐钢公司热轧部明确了质量成本的总体目标，并将目标分解至各车间、班组，各车间、班组定期汇报质量成本控制情况，找差距、定措施、明确下步改进方向。确定了减少板坯氧化铁皮烧损、提高平整线薄规格成材率、减少连铸异常坯的切损等十余项焦点课题。对重点项目制定了有针对性的解决措施及相应的作业指导书，为降低质量成本提供了坚实基础。2014 年 1 ~4 月份较上年平均水平相比降低质量成本 1009 万元。

还有的企业开展精益生产管理，不仅关注消除浪费，同时还以创造价值为目标。企业生产活动中的浪费现象很多，常见的有：工作失误（提供有缺陷的产品）、产品积压（多余的库存）、过度加工（不需要的加工程序）、多余搬运（不必要的物资移动）、停工待料（上工序不能按时转序而等待）、多余活动（生产过程中不必要的活动）。努力消除这些浪费现象是精益管理的最重要的内容，对质量成本控制也非常有利。

不论企业采取什么样的管理模式对质量成本进行管理，首先必须领导重视，将质量成本管理纳入企业的管理目标或质量目标中，并加以量化和分解。各基层单位应根据分解的目标制定具体的计划和指标。在必要时策划与编制质量成本管理程序，明确职责，规定措施，严格控制，及时检验，收集数据，进行核算，综合分析，认真判断，持续改进，对改进和提高质量经营具有重要作用。

第17章

信息化管理

17.1 信息化的基本概念

企业信息化是将信息技术应用于企业的产品和技术的设计和开发、生产和制造、采购和营销、管理和经营等全部过程，对企业提高产品质量、降低生产成本、提高企业竞争力、具有非常重要的作用。企业信息化就是用信息化技术有效地管理和控制企业活动的过程。实现信息化需要开发利用信息资源，建设信息网络，推进信息技术应用，发展信息技术和产业，培育信息化人才，制定和完善信息化政策等。目前的信息化技术包括计算机技术、通讯技术、网络技术、数字化技术和智能技术等。随着计算机技术、网络技术和通信技术的发展，信息化已经在企业的生产、经营和管理等领域得到了广泛的应用，使得生产更高效、经营更流畅和管理更精细，已经成为企业实现可持续化发展和提高市场竞争力的重要保障。

信息化管理是借助计算机技术、通讯技术、网络技术、数字化技术和智能技术等，有效地运用人力、物力和财力等资源，以适量投入获取最佳效益和达到企业经营目标的过程。通过信息化可以带动企业流程优化和管理创新，包括组织机构、技术规范和管理制度的改革。信息化是手段、运营是关键、业务流程的重组和优化是核心。信息化管理对钢铁企业的结构调整、节能减排和转型发展具有重要作用，最终的目的是提高经营管理水平，增强企业的核心竞争力。最近一个时期，我国钢铁工业面临生产成本高、经济效益低，行业产能过剩等形势。在应对这些问题和挑战的过程中，信息化管理已经成为钢铁企业发展的重要手段。企业信息化管理的核心是信息集成，建立数据采集平台，并通过信息管理系统把企业的设计和开发、采购、生产、财务和营销等各个管理环节集成起来，共享信息资源，达到提高产品质量，降低生产成本，准时交付，降低库存，快速应变，有效地支撑企业领导的决策，增强企业的市场竞争力，信息化管理对质量经营具有重要作用。

我国钢铁企业信息化管理从单纯的管理信息系统（MIS）发展到管控一体化系统（CIMS），从企业资源计划（ERP）将物质流、资金流和信息流同步管理，又发展到以顾客为中心的管理系统（CRM）和供应链管理（SCM）。

工业和信息化部要求企业在“十二五”促进信息化与工业化两化融合，走新型工业化道路。生产过程自动化一般分为三级：第一级是驱动设备运转、监测过程参数和测量产品特性，第二级是控制生产设备，第三级是控制生产过程。管理过程信息化也分为三级：第一级是对在线作业管理，第二级是对生产和营销管理，第三级是对经营决策管理。目前存在的主要问题包括：“硬技术”与“软环境”发展不均衡；行业和企业发展不均衡；两化融合发展深度不够，缺少带动性强的项目；各级政府部门间协调不够，缺少合力等。在“十二五”期间要着力解决上述两化融合存在问题，使两化融合进程继续快速、健康地发展，企业是两化融合的主体，应引领各方力量积极开展企业信息化建设，实现企业生产技术信息化、生产设备信息化、管理体系信息化，以此提升企业的核心竞争力。

17.2 信息化管理的作用

信息化管理是借助计算机技术、通讯技术、网络技术、数字化技术和智能技术等，有效地运用人力、物力和财力等资源，以适量投入获取最佳效益和达到企业经营目标的过程。信息化是手段、运营是关键、业务流程的重组和优化是核心，最终的目的是提高经营管理水平，增强企业的核心竞争力。

信息化管理的特点是动态管理，是持续渐进的。因为企业内外部环境是变化的，所以企业信息化管理的系统软件也要与之相适应，实施动态管理。包括管理信息系统的设计、开发、选型、采购、实施、应用均是动态过程，并与企业的战略目标和业务流程紧密联系在一起的。例如太钢为了适应信息化二期的需要，全面引入能力成熟度模型集成（CMMMI）模式，规范开发过程、提高软件质量和降低开发成本。

信息化管理的关键管理创新，不能把信息化用于落后的生产过程和管理系统。当信息系统与现行的生产过程和管理制度发生矛盾时，必须对管理进行创新，否则信息化管理无法有效地运行。通过信息化可以带动企业流程优化和管理创新，包括组织机构、技术规范和管理制度的改革。例如济钢的 OA 系统实现网络办公；MES 实现一体化的生产与经营；ERP 实现“三流合一”；资金管理系统实现了财务结算、网上银行、信贷融资、资金预算和风险控制等；开发市场信息系统建立了统一营销管理模式。

企业信息化是国民经济信息化的基础，是提高企业生产力、经济实力、创新能力和竞争优势的基础。企业信息化能够及时准确地了解市场信息，也可以加强企业内部信息交流和的沟通。企业信息化可以及时掌握技术信息、经济信息、商业信息、用户信息和市场信息，有助于企业进一步推动技术创新和质量经营。

企业信息化管理对钢铁企业的结构调整、节能减排和转型发展具有重要作用。例如济钢在“十五”初期启动“信息化推进战略”，“十一五”时期实施“信息化带动战略”，从建立支撑企业核心业务流程的生产运营管控平台，到形成以全面融合、整体提升为主要内容的“大管控”格局，信息化不仅提高了济钢的管理水平，而且推动了结构调整、节能减排和升级转型。

17.3 钢铁企业的信息化

目前，我国大多数钢铁企业在生产过程自动化和管理过程信息化两个方面正在实现信息化管理。

生产过程自动化一般分为三级：第一级是驱动设备运转、监测过程参数和测量产品特性，第二级是控制生产设备，第三级是控制生产过程。管理过程信息化也分为三级：第一级是对在线作业管理，第二级是对生产和营销管理，第三级是对经营决策管理。

钢铁企业的生产流程长、过程多、工艺技术复杂、生产设备多样、能源资源消耗大，节能减排任务重，为了提高生产效率和产品质量，降低生产成本和能源消耗，非常需要进行自动化控制。一般钢铁企业的自动化是从自动检测、设备控制和过程控制开始陆续发展到生产管理、经营管理和决策管理，有的钢铁企业一次到位形成管控一体化系统。检测系统一般采用数字化或智能化仪表或传感器；设备控制一般采用DCS、PLC；过程控制采用小型计算机。生产过程自动化从三电（计量、电控和仪表）一体化，发展到回路调节、程序控制、传动控制和多媒体一体化，有些过程（例如高炉）采用智能控制，有些过程（例如电弧炉）采用模糊控制。生产管理、经营管理和决策管理多采用大中型计算机和微机群，例如宝钢的计算机控制系统是管控一体化的集成系统。

管控一体化就是将基础自动化、生产过程控制、在线作业管理、生产计划管理和经营决策管理整合联动，从合同订货到产品交付全部用计算机管理。近年来，自动化技术在钢铁企业的能源系统也得到了应用，并建立能源管理中心（EMS），利用监测技术、信息技术和计算机技术，优化能源管理，达到节能降耗的目标。

企业信息化管理的核心是信息集成，建立数据采集平台，并通过信息管理系统把企业的设计和开发、采购、生产、财务和营销等各个管理环节集成起来，共享信息资源，达到提高产品质量，降低生产成本，准时交付，降低库存，快速应变，有效地支撑企业领导的决策，增强企业的市场竞争力，信息化管理对质量经营具有重要作用。

为了实现信息化管理，企业必须推进管理创新。钢铁企业在进行信息化管理时采用各种不同的方式在使生产流程和管理系统优化，充分发挥信息化的作用。具体做法有以下几种：

一种是改变企业的传统管理模式，实行以顾客为中心的扁平化管理和网络化管理。这就要求重新设计和优化企业的业务流程，使企业内部和外部的信息传输便捷和资源共享，有利于上下和内外信息交流与沟通。

另一种是加强对基础设施和生产过程的自动化控制，建立数学模型优化控制系统。将计划、采购、销售、生产、质量、检测、财务、环境和安全生产等管理业务的信息统一采集、整合优化。

还有一种是加强对企业的物流、资金流和信息流进行有效控制和管理，逐步实现“三流”同步，实现信息数字化、传输网络化、结算电子化，实现资源共享和实时监控，推进管控衔接，实现系统集成，有效地支撑企业领导的科学决策。

信息化管理是以信息化推动企业生产自动化，实现企业管理现代化的过程，它是将现代信息技术与先进的管理理念相融合，转变企业生产方式、经营方式、业务流程和组织方式，重新整合企业资源，提高企业效益、增强企业竞争力的过程。

我国钢铁企业信息化管理从单纯的管理信息系统（MIS）发展到管控一体化系统（CIMS），从企业资源计划（ERP）将物质流、资金流和信息流同步管理，又发展到以顾客为中心的管理系统（CRM）和供应链管理（SCM）。

（1）MIS 管理信息系统：MIS（Management Information System）管理信息系统是企业为了将业务管理的各个环节产生的信息和数据，经过加工、处理、储存、传输和交换而建立的管理信息系统。MIS 可以划分为若干子系统，例如规划规律、生产管理、财务管理、营效管理、质量管理、采购管理、仓库管理、设备管理、人事管理、环境管理、安全生产管理以及办公子系统等。

MIS 分为三级：第一级是数据处理，第二级是数据分析，第三级是辅助决策。MIS 实质是一个数据库。

（2）CIMS 计算机集成制造系统：CIMS（Computer Integrated Manufacturing System）计算机集成制造系统是利用计算机辅助把生产过程控制和经营管理业务等整合在一起的管理系统。这种信息管理系统在制造业应用比较多。钢铁企业 CIMS 系统是管控一体化的。从基础自动化、生产过程控制和在线作业管理扩展到生产计划执行管理和辅助经营决策管理。钢铁企业多数已经建立了这种系统，并获得了明显的效果。

（3）ERP 企业资源计划：ERP（Enterprise Resource Planning）是企业资源计划的英文缩写。企业资源计划，是利用信息技术集成企业的物流、资金流和信息流，为企业决策、计划、控制、管理和经营提供全面的和系统的手段。企业为了满足顾客需求，首先应当对管理模式进行改革，将企业管理转移到以顾客为中心，通过业务流程重组（BPR Business Processing Reengineering），使流程优化，减少管理层次，提高企业竞争能力和管理的有效性和效率。ERP 可以使 BPR 的效果有效地固化。

ERP 是一个面向供应链管理的管理信息集成，包括供应商、生产、采购、销售、财务、顾客关系管理、市场需求预测等。ERP 是将供应商、制造厂、分销商和顾客形成一个供应链，在供应链上不仅有物资流、资金流和信息流在流动，同时还存在工作流和增值流。物资、资金和信息本身是不会流动和增值的，只有通过企业的业务活动（工作流），才能使物资、资金和信息流动起来，并不断增值（增值流）。根据这些业务预先设定功能模块、科目和计算方式，利用计算机软件统一计算、统一记录和统一处理，实现物资流、资金流、信息流、工作流和增值流同步。ERP的作用是为企业提供分析、控制和改进这种增值过程的能力，提高企业核心竞争力、战略优势和长期效益。

（4）CRM客户关系管理：CRM（Customer Relationship Management）是客户关系管理，是企业经营管理的重要革新，从以内部管理为主扩展到以客户为关注焦点，它不仅与质量管理结合得更紧密，而且也是质量经营的一部分。客户关系管理是采用信息技术使市场营销、销售管理和客户管理等信息及时和充分地交流，有效地利用市场和客户信息资源进行经营的系统。

客户关系管理的内涵主要在于以客户为中心，将客户看成重要的资源，将它利用于设计开发、生产制造、销售和服务的全流程。客户关系管理可以跟踪和记录客户的详细情况，包括客户信息、销售信息、售后服务信息等，通过这些信息与企业内部信息的集中管理，满足客户个性化或差异化需求，完善企业内部组织结构、加速设计和开发创新，规范生产和管理过程，提高产品和服务水平，稳定老客户，开发新客户，实现客户管理、时间管理、销售管理、价格管理、电子商务和相关方管理，并具有对市场预测和分析等功能，从而对销售活动进行动态控制，增强企业竞争力。

（5）SCM供应链管理：SCM（Supply Chain Management）是供应链管理，主要是通过信息技术，对供应各个环节中的各种物料、资金、信息等资源进行管理、控制与利用，实现对客户、中间商、生产厂、原料供应商的全部供应过程的整体功能进行管理。供应链管理的主要内涵是以链的形式将原材料供应商、生产企业、中间商和客户连接在一起，以供应链为核心，对物流、信息流、资金流、价值流、工作流进行管理与控制，目的在于建立企业和客户间供、产、销的战略合作伙伴关系，最大限度地减少供应成本，提高供应效率，实现供应链整体效益最优化。供应链管理有利于加强与供应商的集成，实现企业、供应商、重要客户之间信息共享，优势互补，共担风险和长期合作。

在ERP、CRM和CRM系统中有许多相同、相似或相近的功能，例如客户管理、订单管理、采购管理、生产管理、产品管理、人力资源管理、财务与成本管理、销售与营销管理、售后服务管理和决策支持管理等，为了做到信息共享和系统优化，应尽可能将ERP、CRM和CRM系统进行整合。整合的方法可以根据企业实际进行选择，例如采用兼容的中间件技术、在整合系统的服务器间建立数据同步复制功能或对整合系统进行修改，或在原有的基础上增设模块或进行二次开发等。

（6）EMS 能源管理系统：EMS（Energy Management System）是能源管理系统，是利用计算机技术、网络信息技术、控制理论和人工智能等对能源的采购、生产、转换、分配和利用进行管控。由于钢铁企业能源介质品种多，生产流程连续复杂，设备大型化自动化程度高，对能源质量要求不断提高，钢铁企业的能源管理是一项非常复杂的系统。采用计算机技术和信息化技术建立能源管理中心，可对传统的能源系统管理进行改造和优化，将过去条块分割的管理转化为集中一贯式管理。可以减少管理层次与环节，优化能源管理流程，提高生产效率，降低能源管理成本。如果遇到故障，可以立即响应应对。另外对能源信息会及时采集和处理，对能源设备会全面监视与控制，不仅对信息进行归档和处理，并能利用屏幕可视显示。

但是，钢铁企业的信息化，仍然存在一些问题，需要进一步改进和提高。钢铁企业的信息化和工业化的融合发展不平衡，信息化对钢铁工业的技术创新的支撑力还有待提高，钢铁企业信息化对质量经营的支撑还没有深入展开，对职能管控应用的重视程度也不高，先进企业经验的宣传和推广的力度不够，产业链集成应用还缺少国家或行业技术标准的统一性支持。

钢铁企业信息化过程中系统的完整性和协调性有待提高。MES（制造执行系统）处于企业信息系统 ERP/SCM 和过程控制系统 PCS/PLC 的中间位置。ERP 作为业务管理系统，PCS/PLC 作为生产设备控制系统，而 MES 则作为生产执行系统。国外一些先进的钢铁企业都采用了以 MES 为核心基于 ERP/MES/PCS 架构的整体信息化方案（MES 与上层的 ERP 系统和底层 PCS 系统一起构成了企业的神经系统）。我国一些企业的 ERP 系统已经建成，而 MES 系统正在建设甚至还没有建设，影响了 ERP 功能的发挥。

17.4 信息化管理与质量经营的关系

钢铁企业的信息化包括生产自动化、控制智能化和管理信息化。按功能分有六级：检测驱动级、设备控制级、过程控制级、生产管理级、经营管理级和辅助决策级。其中经营管理级主要是解决订货、生产、供应、库存、销售、财务、质量等主要是面向市场的经营问题。但是，随着信息化技术、自动化技术和经营管理的创新，信息化的功能又简化为四个系统：生产控制系统、制造执行系统、资源管理系统和数字化管理系统。

信息化管理对提高产品质量、降低生产成本、缩短生产周期、加速资金流动、节能减排和满足客户要求具有重要作用。CIMS 是以产品为中心，实现监控一体化有助于提高生产效率、改进产品质量、降低生产成本和缩短交付周期。ERP 是以资源为中心，使物流、资金流和信息流同步，有利于资源优化配置、资金有效利用、信息及时传递与交流，可以提高企业的经营效益。CRM 是以客户为中心，明确顾客需求、推进技术创新和提供个性化和差异化产品，提高企业竞争力。SCM 是以供应链为中心，优化供方-组织-客户流程，有助于建立战略合作伙伴关系。CIMS 和 ERP 偏重企业内部管理，CRM 和 SCM 将内部管理与外部关系相结合，为质量经营不仅提供全面信息，而且有助于合理利用资源、优化过程管理和及时监测绩效，提高经营管理业绩。钢铁企业的信息化不仅投资强度及数量不断增大，建设周期缩短，而且投资也能迅速回收。信息化可以提高生产技术控制水平、缩短交货期、提高准时交货率、加速资金回收、压缩库存、降低采购成本、减少用户质量异议等，对企业的质量经营具有重要作用。

今后，钢铁行业的信息化管理一定要进一步与生产过程自动化和管理过程的现代化相结合，使信息化为企业的全过程服务，包括产供销和人财物，形成系统化的管理。例如将电子商务与企业的供销系统和 ERP 系统相融合，从合同评审到产品交付全过程实现数字化管理。国外企业把战略决策、过程管理、现场信息、经营动向、部门之间沟通以及经营业绩全部实现数字化和可视化，并建立经营业绩评价模型，每天员工都可以从视屏上看到企业生产经营状况，并显示系统中各种因素的影响，从而得到及时和自动控制。即使遇到风险，也有应急准备和响应机制。

质量经营不仅要求各个部门和各个过程以标准化的管理达到预定的目标和完成规定的任务，而且还要求所有的部门和过程应相互沟通和密切配合，使人、机、料、法、环等得到科学有效管理，保证整个经营体系的质量满足发展战略和规划的要求。质量经营还强调企业与市场、顾客、供方和其他相关方的沟通与交流，使企业在战略决策、市场定位、物流配送、原料供应、资金管控、产品开发、技术创新等方面能够正确策划、规范实行、及时反馈和持续发展，信息化管理不仅能够为质量经营提供信息与分析，而且能够支持领导决策和经营运行，使经营管理智能化、自动化、网络化和可视化，提高经营质量，实现名副其实的质量经营。

17.5 信息化和工业化的融合

工业和信息化部制定的《钢铁工业“十二五”发展规划》和《信息化发展规划》提出：应完善企业信息化应与工业化融合。信息化与工业化融合发展包括技术融合、产品融合、业务融合、产业衍生四个层次。“信息化”是提高信息技术在操作或控制过程的应用过程。“工业化”主要是指工业在国经济中的比重不断提高以至取代农业，成为经济主体的过程。推进信息化与工业化融合是促进我国工业结构优化升级的重要动力。两者的融合一体是重要的发展趋势，也对钢铁企业的质量经营具有重要作用。

宝钢是中国现代化程度最高、生产规模最大、品种规格最齐全的大型钢铁联合企业。宝钢的生产和装备具有大型化、连续化、自动化的特点。这一特点决定了宝钢的生产组织和控制不能用传统的管理方式进行，而必须用现代化的管理模式来组织生产。宝钢为了实现建设精品基地的目标，在企业工业化和信息化建设方面投入了大量的人力、财力和技术，经过多年的实践，对国外引进的大量先进技术进行消化、吸收、开发和改造，使得企业的工业化和信息化水平有了很大的提高。宝钢的信息产业化能力基本形成作为宝钢信息产业的实施单位，宝信软件在ERP系统、生产控制与管理系统、自动控制系统、网络集成、电子商务等方面拥有技术和人力资源的优势。为了有效地节能减排，实现清洁生产，在完善设备装置级的节能减排技术措施之外，还借助信息化手段，将其与生产流程及企业管理充分结合，发挥信息技术高效、优化的作用进行系统节能。在信息化与工业化两化融合促进节能减排方面做了大量研究与实践，取得明显的成效。通过信息化与工业化的互融，宝钢已经取得很好的效果。为实现钢铁主业跨地域、多基地的一体化经营，有效发挥协同效应、快速提升管理水平和产品竞争能力，宝钢建设了一体化经营管理系统。为提高能源综合利用率，节能降耗，保护环境，宝钢各主要生产基地都建设了能源管理系统。为环保环境监测管理系统提供全方位的支撑，宝钢还建设了环境在线自动监视/监测系统。不仅强化了集团管控，加强了单元与单元的协同；也提高了软件的产品化和标准化程度，提高软件的适应性，对企业的生产经营发挥了重要作用。

鞍钢也在建立在冶金行业具有重要影响力的、国际一流的冶金工业化和信息化融合的发展目标。鞍钢将信息化进入节能环保自动化、业务国际化、机电一体化和对外合作化等方面实现新突破。企业的管理也由形体的管理转变为数字的管理，企业管理数字化、计算机化和信息化。鞍钢的信息化建设始终以鞍钢成为最具国际竞争力的钢铁企业、进入世界500强作为战略目标，是在主体生产线实现了基础自动化和过程自动化的基础上，使信息系统与工业化（包括基础自动化系统和过程自动化系统）紧密融合，使信息化成为生产工业化和经营现代化必不可少的支撑平台。

武钢始终坚持信息化业务驱动的原则，信息化应用于业务的有效结合。只有加大业务与信息化的融合，并根据业务经营模式和发展的需要，充分利用信息化技术，通过管理体系的创新，实现信息化推动业务的发展，包括推动产品设计和开发的创新、产品生产模式和方法的创新、企业业务模式和流程的创新，将“两化”融合真正落到了实处。用信息化改造传统的工业化过程，促进了企业节能减排，推进了清洁生产，取得了良好的社会、经济效益。武钢被中国钢协评为“环保管理优秀单位”、“中国钢铁工业清洁生产环境友好企业”；工信部授予武钢是首批“信息化与工业化融合促进节能减排试点示范企业”。

马钢将信息化的ERP（企业资源计划）系统积极运用到生产经营中，开发了人力资源系统、办公自动化系统、决策支持系统、制造执行系统和基础自动化控制系统等。采用SAP（企业管理解决方案）进行企业整体的计划、财务、成本、采购、物流供应、生产、销售、技术质量、设备资产的管理。同时，信息化也进入工业化系统，包括生产作业计划编制、生产控制、质量控制、物流调度、生产实绩收集，自主设计的基础自动化控制等系统。这些系统为马钢控制生产成本、经营利润、投入产出、成材率、钢铁料消耗等关键技术指标等提供了指导依据。马钢工业化和信息化融合取得了显著的成果：铁前工艺流程通过应用在线工艺技术管理，使高炉主要技术指标进步明显；钢材加工过程厂通过应用新产品系统管理，开发了新产品，提高了经营利润。在产品销售过程，利用信息化形成流程优化和电子商务系统，为客户提供了准确、快捷、高质量、低成本的销售服务。另外通过信息化改进了管理系统，结合物流跟踪和高级排产系统，强化交货期和合同兑现，实现客户需求直接转入 SAP 系统，提高了市场竞争力和顾客满意度。

沙钢也实施信息化与工业化相融合的发展战略，围绕提高管理效率和经济效益，全面实施 ERP（企业资源计划）工程，建成了能源管理中心，先后开发实施了设备管理系统、购销一体化系统、劳动人事管理系统、财务管理系统、资金管理系统等计算机管理软件，在全公司范围内进一步实现了生产、采购、销售和节能减排等流程的统一化、标准化、集成化，将信息化技术充分运用于企业的生产、组织、经营、管理等各个环节，融合为一体，产生了显著的综合经济效益，为企业高效发展发挥了重要作用。

为了推动信息化和工业化深度融合，加快转变发展方式，促进四化同步发展，工业和信息化部提出了信息化和工业化深度融合的专项行动计划。将“企业两化融合管理体系”建成国家标准，推动建立第三方认定服务体系，开展试点和推广，加快制定支持两化深度融合的技术标准规范。

第18章

生产现场管理

质量经营不仅产品质量好、服务质量好，也要求工作质量好和管理质量好，包括节能减排和安全生产。只有质量、环境和安全好的现场才能激发员工情绪，保证生产过程受控，所以质量经营也非常强调生产现场管理。

18.1　生产现场管理概念

现场管理就是指用科学管理制度、标准和方法对生产现场进行管理，包括对人员、设备、原料、操作、环境、安全和信息等进行合理有效的计划、组织、协调、控制和检测，使现场处于良好的结合状态，达到优质、高效、节能、低耗、安全和文明生产状态。现场管理就是运用科学的管理方法对现场的各种生产环节有效地进行管理和控制，使生产处于良好的状态，以达到优质、低耗、安全、稳定的生产。现场管理的目的是使员工遵守现场管理规定，整理整顿工作环境，劳动行为规范纪律严明，设备设施完好正常运行，物资流、能源流无阻畅通，执行计划保证生产均衡，提高质量严格执行规程，信息准确可视反馈经营。

通过现场管理能够落实企业的理念、愿景、使命和战略，执行经营管理方针、目标和指标，构筑企业文化，改进企业形象，并主动寻找不足、主动分析原因、主动解决问题和主动总结提升。

现场管理的主要方法有：定置管理、看板管理、可视化管理、精益生产管理和5S管理等。

18.2 定置管理

定置管理是钢铁企业普遍采用的一种现场管理方法。定置管理是把生产现场的物品，包括原材料、半成品、零部件、工模具、设备仪器等放到规定的位置，使人与物之间实现优化组合。不仅物质流受控、信息通畅，而且使现场操作文明化、生产过程高效化、管理过程规范化。

定置管理也起源于日本。20 世纪 80 年代传到中国，并在很多企业中推广应用，对规范现场管理起到了一定的作用。但是“定置”不能理解为仅仅把物品固定地放置或放在固定的位置，其核心含义是根据现场生产的要求，为了提高生产效率和产品质量，实现安全生产和员工的生理要求，把有影响的物品放在适当的位置，便于现场操作人员有效地、安全地和心情舒畅地进行生产活动。现场生产活动的基本要素是 4M1E，即人（Man）、机（Machine）、料（Material）、法（Method）、环（Environment）。在生产活动现场，最重要的是人与物的关系，只有人与物有效结合，才能顺利进行生产。为了实现人与物的有效结合，必须采取一定方法来处理好生产空间与物的关系，生产空间与物的有效结合是人与物有效结合的基本条件。定置管理就是使生产现场的人与物之间实现优化组合。“定置”并不是把设备位置画出来挂在墙上就行了，“定置”是通过对生产现场中人与物进行作业和动作分析，按生产过程的需要、技术工艺是要求和员工的希望，科学地将物固定在生产现场的特定位置上，以达到物与场所有效结合，缩短人用物的时间，消除人的重复动作，减轻人的劳动负荷，提高人的劳动效率，有利于提高产量、降低成本和改进质量。

定置管理有不同的内容，工厂区域定置、现场区域定置和可移动物件定置等。对钢铁企业来说，主要的定置管理是对可移动物件定置，如原材料、半成品、成品、工模具、量具、文件和记录等，也包括工业垃圾容器、安全急救设施、消防器材和不合格品的定置。

定置管理也与其他管理类似，按 PDCA 程序和循环进行。

策划阶段：由企业领导主持进行现场环境调查，分析存在问题；制定定置准则和计划，必要时绘制定置管理图。定置管理图是将现场管理定置管理以图形或图标的形式表现出来，用可视的形象表示定置管理的要求。

实施阶段：由企业各级领导带头，发动员工，全员参与，贯彻执行。对现场的人、机、料按定置管理规定进行整理，使人、机、料达到有效的结合状态。

检查阶段：组织检查按准则和计划进行严格检查和验收。有的企业用定置率进行考核。

改进阶段：通过检查与考核，发现问题采取纠正措施，并不断改进和提高定置管理水平。

目前现场管理存在的问题是：现场管理涉及专业领域多，缺乏综合性或系统性的策划。现场管理层次不高，多限于卫生、标志、工装或文明作业方面。没有按工艺设计和技术要求进行策划。现场管理的检查往往流于形式，缺乏实效性。有的只把固定的设备位置画在图上，挂在墙上。多数企业的现场管理缺乏有效的考核和激励机制。

18.3 看板管理

看板管理是日本丰田汽车公司为了达到准时生产（JIT）控制现场生产流程的工具。准时生产（Just in time JIT）是日本丰田汽车公司在 20 世纪 60 年代实行的一种生产方式，是通过生产的计划和控制及库存的管理，追求一种无库存，或库存达到最小的生产系统。

企业生产活动中的浪费现象很多，例如：工作失误提供了有缺陷的产品或不满意的服务；计划不周造成了产品积压和多余库存；过度加工增加了不需要的加工程序；多余搬运造成不必要的物品移动；不能按时转序形成了停工待料；多余动作使生产程序复杂；废品使提供给顾客产品无用。准时生产要求在必要的时间，按必要的数量，生产必要的产品。坚持下道工序向上道工序提取零部件和半成品，各道工序尽可能做到在必要的时间，生产必要数量的产品，用最后的工序来调节平衡全部生产。必要时宁可中断生产，也不积压储备。要做到看板与实物一起运行，下一道工序带着看板到上一道工序领取零部件或半成品，上道工序只根据看板的种类和数量要求进行生产，没有看板不搬运、不生产、不合格品不准挂看板。

由于看板是实现准时生产的工具，具有计划和调度指令的作用，又是企业内部各工序间信息交流的媒介，起着实物凭证和核算依据的作用。在编制看板时，一定要内容齐全完整、标识清楚、便于制作，易于保管，内容与实物相符。看板总体上分为三大类：信息传送看板（工序间）、生产过程看板（工序内）和临时作业看板（维护检修等）。看板的作用主要通过减少看板的数量来实现。看板数量的减少意味着工序间在制品库存量的减少。

看板管理就是在同一道工序或者前后工序之间进行物流或信息流的传递。JIT是一种拉动式的管理方式，它需要从顾客订货合同或最后一道工序通过信息流向上一道工序传递信息，这种传递信息的载体就是看板。JIT生产方式就是看板管理方式。准时生产（JIT）采用看板管理可以杜绝或减少上述这些浪费。美国麻省理工学院教授詹姆斯·P·沃麦克等认为日本丰田汽车公司的这种生产方式是最适用于现代制造企业的一种生产组织管理方式，并称为“精益生产管理”。看板管理对现场管理也具有重要的作用，不仅能够实现人、机和料的有效结合，而且还能够减少现场积压和混乱，实现物质流和信息流同步，树立企业良好的形象。

18.4 可视化管理

以公开化和透明化视觉显示为特征的管理方式，也可称为“看得见的管理”。可视化管理也可称为“看得见的管理”。这种管理的方式的特点是以视觉信号显示为基本手段，以公开和透明化为基本原则，以可视化作为交流方式。可视化管理的方式有标牌、标语、手势、看板、灯具、图表、画线和影视等。

可视化管理的主要内容包括：

（1）将现场管理制度公开化。为了规范现场管理，提高生产效率、实现安全生产和严格劳动纪律，凡是与现场管理有关的规章制度、产品标准、操作规程和劳动定额等，都公布于众和公开展示在岗位上，如作业指导书、操作程序图、技术工艺卡等，并要始终保持简明、扼要、可视和整洁。

（2）将生产计划进度图表化。企业计划指标要量化和分解，落实到车间、班组和个人，把计划指标和时间与实际完成情况都相应地按期公布，可能的话尽可能用图表予以展示，让现场员工每个人都能了解各项计划指标完成情况和存在问题，以促使各单位和个人都能按计划指标完成任务。

（3）将定置管理要求可视化。在定置管理中，为了规范现场材料和设备的存放位置，必须有清晰和准确的标识或标志，包括标志线和标识牌。可视化管理将定置管理的要求用公开透明的方式表现出来，包括将不同区域（例如煤气作业区）、各种通道（例如消防通道）、工模具（如轧辊、导位、工具）、生活用品（更衣柜等）采用标准颜色或标记显示。

（4）将作业控制方法形象化。为了有效地进行生产作业控制，使每个生产环节，每道工序能严格按产品标准和操作规程进行生产，采用能够现场操作工作程序形象化的方法对操作人员进行管理，特别的流水作业，有的采用连环图表形式显示，使操作人员一看便知道如何操作。甚至于显示应该做什么，不应当做什么。有的在质量管理点，设置质量控制图，显示质量情况，如有异常，及时发现和及时处理。

（5）将搬运储存保护标准化。也可以利用可视化将产品搬运、储存保护实行标准化。例如，规定对方高度和位置，在库房内 X 向按 A、B、C、D 堆放，Y 向按 1、2、3、4 堆放，便于领取或发放。如果用条码标识，更有利于用红外识别和计算机控制自动搬运储存保护。

（6）将现场人员着装统一化。现场人员的着装不仅具有劳动保护作用，而且着装统一化还能够表现企业形象和员工素养。在现场的相关方（检修方或供料方）的着装不一样。日本有的企业不仅着装统一，而且在服装和安全帽上标识员工名字，每天按规定更换环保、安全和 QC 活动日胸前标识，使员工在生产现场的活动公开化和规范化，并与考评相结合，给员工的现场表现以压力和动力。另外员工还佩戴的其他标志，如胸章、胸标、臂章等，也具有类似的作用。

18.5 精益生产管理

精益生产管理，是以客户需求为拉动，以消灭浪费和不断改进为核心，使企业降低经营成本和提高经济效益的生产管理模式。精益生产的理念最早起源于日本丰田汽车公司的准时生产 JIT（Just-in-Time）管理。精益生产（LP，Lean Production）是美国麻省理工学院教授詹姆斯、沃麦克等通过对全世界 17 个国家 90 多个汽车制造厂的调查和对比分析，认为日本丰田汽车公司的 JIT 生产方式是最适用于现代制造企业的一种生产组织管理方式。实现精益生产管理，最主要的内容是消灭浪费。因为企业生产和经营活动中的浪费现象很多，要消灭浪费，首先要识别企业活动中的增值活动和非增值活动。精益生产将所有的非增值活动都视为浪费，并提出生产中的7种浪费（浪费的日文汉字是無駄，读音为 Muda），实施精益生产主要是消除这7种浪费（Muda）。长期以来，企业非常重视增值活动，并努力改进和提高效率，而忽视非增值活动中是否存在潜力和提高效率。有的研究表明，从原料进厂到产品出厂，只有10%的时间是增值的，精益生产将提高效率的关注点转移到占90%时间的非增值活动上去。

精益生产管理也与 JIS 管理相似，是以拉动式准时化生产为核心，吸收全面质量管理和 QC 小组活动的方法，对生产现场进行管理。通过消除企业所有环节上的不增值活动，使物质流、信息流和资金流连续和有效运行，从而达到降低成本、缩短生产周期和改善质量的目的。控制手段有两个：一个是靠自动化（例如 ERP），另一个是靠准时化，即在必要的时间、按必要的数量、生产必要的产品。

有的专家认为，精益管理的理念和思路是可取的，但是精益生产管理，特别是 JIT 生产管理对汽车制造等制造业比较适合，对钢铁企业这种流程性材料的企业不一定完全适用。现场管理的模式也都结合企业实际在探索，以提高企业的“现场改进力”。特别是在一些大型企业的陆续发生产品缺陷和产品召回，严重影响产品的声誉时，应更加重视企业的现场管理。

为了解决上述问题，应非常强调现场管理，并以 5S 管理为主，不断改进，提高“现场改进力”。

18.6 5S 管理

18.6.1 什么叫 5S

5S 就是整理（Seiri）、整顿（Seiton）、清扫（Seiso）、清洁（Seiketsu）、素养（Shitsuke），因为这五个词的日语拼音全是“S”开头，所以缩写成“5S”。5S 起源于日本，通过规范现场、现物，创造一个好的工作环境，培养员工良好的工作习惯，以此来提高员工的素质。

整理：将工作场所任何东西分为有必要的与没必要的，把有必要的东西与没必要的东西严格地分开，把没必要的东西要尽快处理掉以便腾出空间，使空间得到有效利用。这样做也能防止发生误用和误送现象。

例如在炼钢现场经常有一些残余的原辅材料，在轧钢现场也会有不合格品、返修品或返工品等，既占了地方又妨碍生产，包括一些使用的工具或设备，如果不及时清除，就会使现场变得非常杂乱、窄小，过通道也不方便。

为了进行整理，首先应规定“要”和“不要”的标准，将需要的留下，将不需要的清除。即使是需要的物品也要分析使用次数和用量，规定放置的位置，并经常检查是否符合规定要求。

整顿：把整理后需要留在现场的物品分别类放置，排列整齐，明确数量，清楚标识。使工作场所整洁美观，寻找物品也方便，有助于提高工作效率。

例如炼钢现场的原辅材料堆放的位置、数量和名称标识清楚，轧钢现场的工卡量具也规定保留的数量、存放的位置和标识名称和编号。甚至安全帽存放的位置和标识也应十分清楚。

为了进行整顿，首先应明确规定物品放置场所、数量、标识，生产线附近允许放置真正需要的物品，并且不允许超出所规定。在规定中对放置的物品、放置的方法、标识的方法、放置的场所应做详细的要求，以便可以操作和检查。

清扫：将工作场所打扫干净，保持工作环境整洁、明亮和美观。这种环境有助于提高产品质量，减少工业污染和人身伤害。

例如炼钢现场操作平台整洁，操作室也明亮，室内外一样清洁；轧钢现场同样应清扫干净，没有油污和废水外溢，废弃物及时扫除，并分类存放。

为了实行清扫，应建立责任制度，按责任区（室内、外）实行例行清扫，并建立清扫标准，定期进行检查。

清洁：将整理、整顿、清扫制度化、就能够达到清洁的效果。清洁是整理、整顿、清扫制度化的成果。为了达到清洁，首先要搞好前面的3S，并按规定经常检查，并建立考评方法和奖惩制度。

素养：也有人翻译成“行为”或“纪律”。实际上是指员工的文明行为和礼貌水平，按标准化规定，养成良好的习惯，并遵守纪律。这样坚持下去不仅员工个人讲礼貌，懂文明，有纪律，也有助于营造团体精神。

例如早晨见面互相问候：“早安”，在车间见面互呼“安全”，下班时互道“再见”。上班时着装整齐，标识清楚。走路注意礼让，在车间注意安全，不论是否有车辆来往，在路过路口或交叉点时，都用手指向左右，确认安全后才走。见有顾客或来访者，施礼致敬，以示欢迎。

为了形成有素养，懂礼貌，守纪律的行为，应制定服装、仪容、标识等标准以及应共同遵守的有关规则，并对员工进行培训。在新员工的进厂培训中列为必读课程。对在职员工也通过组织各种活动（例如QC小组活动），提高员工的素质和职业道德，逐渐变成一种企业文化。

18.6.2 如何推行5S

学习了5S的基础知识，并不意味着就具备了推行5S活动的能力。有不少企业很久以前就喊实行5S管理，实际上只是停留在嘴上或口号上，没有见之于行动。因为缺乏适当的推行步骤和方法，走了形式，没有效果。

5S活动推行的步骤：成立推行组织、制定推行方针及目标、拟订计划和推行方法、培训、宣传与动员、实施、检查评比和奖惩、处置和改进。

各部门根据检查中发现的问题进行纠正，或采用纠正或预防措施进行改进。

18.6.3 5S的顺序变了

日本已经把5S的顺序做了改变。不是以整理（Seiri）打头，而是将素养（Shitsuke）放在第一位。过去，将"5S"活动作为打造有利于作业的工作环境为目的，但是往往因为没有把培育素质作为前提，缺乏持续改进和形成习惯的素质。"5S"活动的核心应是素质，如果员工素质得不到提高，"5S"活动往往处于形式，难以长期坚持下去。新的5S的目标是打造能够去做应当做的事情的团队，目的在于培育人才和提高效益。

新的5S是以提高员工素质为出发点，不仅对现场起到整理、整顿、清扫和清洁的作用，而且还有7大效果：安全第一（伤亡为零），质量保证（废品为零），降低成本（浪费为零），缩短交付期（拖期为零），生产维护（故障为零），降低库存（积压为零），多品种化（交替为零）。

5S管理不仅仅局限于现场管理，已成为质量经营的重要组成部分。

18.6.4 以5S构筑企业文化

通过5S管理规范现场，创造一个好的工作环境，培养员工良好的工作习惯，以此来提高员工的素质。在我国有不少钢铁企业把5S也作为质量管理中重要的现场管理方法，对生产现场的人、机、料、法、环进行管理，目的在于想使现场处于优质、高效、低耗、均衡、安全和文明的生产状态。通过现场管理期待实现遵守规定整理工作环境，劳动行为规范纪律严明，设备设施完好正常运行，物资流能源流无阻畅通，执行计划保证生产均衡，提高质量严格执行规程，信息准确可视反馈经营。现场管理有助于落实企业的理念、愿景、使命、战略、方针、目标和指标，构筑企业文化，改进企业形象。

宝钢以体系、竞赛、诊断和规范为重点，根据问题、目标、举措和评价，采用指唱确认、列队交接、定置管理和看板管理，通过有效管理职能、信息交流制度、纳入管理服务和发现问题及时解决，以标准化作业为核心的现场基础管理提升工作，促进了标准化作业工作的规范、科学和员工行为养成。

鞍钢各单位将对本单位质量管理制度进行一次自检自查，包括质量意识、质量水平、保证体系、标准执行、计量检测、现场管理、质量损失及访问用户的“七查一访”活动，引导职工学习应用全面质量管理、现场管理、质量功能展开等先进方法和工具。

武钢为全面提升现场管理绩效，确保方针和目标的落实，全面启动争创“全国五星级现场管理”评价活动。目的在于引导企业加强基础管理，实现管理科学、方法先进、成本减少和绩效提升。这种管理模式主要以顾客需求为出发点，包括生产组织、物流控制、质量管理、成本控制、现场管理和现场改善等在内较为完整的生产现场管理体系。

太钢为了进一步优化现场管理工作，在不断提升现场 5S 管理水平的基础上，从作业区自主管理、现场可视化管理、员工自主改善等方面进一步改进，提升了作业区的基础管理水平。

第19章

坚持持续改进

19.1 持续改进的基本概念

持续改进是企业的永恒的目标。为什么强调领导应重视持续改进？因为质量是满足顾客和相关方对产品、过程或体系要求的能力，而顾客和相关方对质量的要求是在不断变化的和不断提高的，为了取得竞争优势必须不断地改进和提高产品和服务质量。坚持质量改进是使质量管理从追求符合发展到追求最佳化，持续改进使企业的质量管理思想从单纯的管理发展到创新，坚持质量改进反映了当代质量管理的理论和实践发展动向。在质量管理体系中，改进指产品质量、过程及体系有效性和效率的提高。持续改进应包括：了解现状，建立目标，采取措施和分析结果，把更改纳入文件等活动。为了在整个企业内能够始终如一推行持续改进，必须给对员工提供有关持续改进的方法和工具的培训，使产品、过程和体系的持续改进变成每个人的目标。为了跟踪持续改进和测量改进目标，应及时承认改进的效果，并对员工给予表扬和奖励。

持续改进也是每一个质量经营的企业永恒的追求。企业的领导应主动地和不断地寻求对企业经营过程的有效性和效率的改进，而不应是在出现了问题以后才进行改进。持续改进的范围可以包括日常的持续改进和战略的持续改进，企业应建持续改进的管理程序。用于识别和管理持续改进活动。持续改进的结果不仅可以使企业的产品或过程改进，也可以对质量经营过程进行修正或调整。

持续改进可以理解为增强顾客满足要求的能力的循环活动。持续改进的对应包括改善产品和服务的特征、过程的有效性和效率，例如重视设计和开发，缩短生产周期，改进工艺流程，压缩控制界限，降低生产质量成本，改善顾客满意程度，优化企业经营管理等活动。持续改进企业的总体绩效是企业的一个永恒的目标。

19.2　持续改进的主要方法

为了有助于确保企业质量经营的效果，持续改进的程序和方法包括有：识别存在的问题，明确持续改进原因；收集和分析数据，确定持续改进目标；分析和识别并验证产生问题的原因；确定可能解决问题的持续改进的方法；确定持续改进的目标和评价持续改进的效果；针对已完成的改进措施，评价过程的有效性和效率：为进一步持续改进过程制定具体目标和解决办法。

持续改进的工具也很多，一般包括有新、老七种方法。

老七种方法有：检查表、层别法、柏拉图、因果图、散布图、直方图、管制图。新七种方法有：关系图法、KJ 法、系统图法、矩阵图法、矩阵数据分析法、PDPC 法、网络图法。新七大手法的推广应用远不如旧七大手法，也从未成为质量经营持续改进的重要方法。

持续改进也是日常的改进，通常通过 QC 小组活动对持续改进活动也要进行控制。为了提高员工参与持续改进的意识，企业成立改进小组，允许员工对他们的工作岗位进行控制和改进。

企业应选择和使用适用的工具和方法进行调查表现不佳的原因。为了分析表现不佳的原因，企业应有效地进行持续改进应选择和使用适用的工具和方法，SWOT 分析方法是对企业内外部条件各方面问题的优势（strength）、劣势（weakness）、机会（opportunity）和威胁（threats）的方法，其中，优劣势分析主要是针对企业的实力和同竞争对手的比较，而机会和威胁分析主要注重外部环境的变化及对企业的可能影响。这种方法可以评估企业的长处和短处，找出发展机会和威胁、提供改进目标和行动计划，对持续改进具有重要作用。

19.3　QC 小组活动形式

持续改进是任何企业的永恒的目标。它是一种提高产品或工作质量的渐进的、循环的群众活动。但数据分析和持续改进并不是自发的活动，单位领导和职能部门应当号召和引导员工参与这些活动，并有激励机制或鼓励措施，使其形成一种长效的活动。武钢是由工会企业领导开展这一活动的。宝钢是由管理创新部管理，自主管理性的持续改进活动更加活跃。他们在活动过程中都采用了 PDCA 循环和统计技术，有相当多的成果解决了降低成本、提高质量、保证安全和保护环境问题，获得了很好的经济效益和社会效益。

QC 小组活动程序与质量管理体系标准持续改进的活动程序是相同的，所以说，QC 小组活动是进行持续改进的好形式。如果将 QC 小组活动用于持续改进，有利于将 QC 小组活动与贯彻实施 ISO9000 标准结合起来，防止两层皮。为了使 QC 小组活动与持续改进活动融合得更好，QC 小组活动更应注意通过使用质量方针、质量目标、审核结果、数据分析、纠正和预防措施以及管理评审的机会来寻找课题，持续改进质量管理体系的有效性。

为了使 QC 小组活动与持续改进活动融合得更好，QC 小组活动更应注意通过使用质量方针、质量目标、审核结果、数据分析、纠正和预防措施以及管理评审的机会来寻找课题，持续改进质量管理体系的有效性。目前有些 QC 小组已经跳出自主管理的小圈子，放眼企业质量经营大局，选择题目，甚至向企业领导“请战”，把企业的难题作为 QC 小组活动的重点。例如提高产品实物质量、降低质量经营成本、减少和消除安全隐患、治理可能形成的环境污染等等，受到了企业领导的重视和支持，使 QC 小组在企业中的地位有了提高。在我国加入 WTO 以后，提高企业核心竞争能力成为当前、乃至今后相当一个时期的关注焦点。

在当前形势下，必须从为质量经营做贡献的方针出发，利用一切机会，进行持续改进，QC 小组才会具有新的生命力。为此，今后的 QC 小组应围绕企业的质量经营方针和目标，寻找课题，甚至请企业领导出题目，领导“招标”和“悬赏”，QC 小组“投标”和“请战”。这样，把 QC 小组活动与企业的质量经营紧密联系在一起，用持续改进来提高企业质量管理体系和其他管理体系的有效性和效率，QC 小组活动一定会有新发展。

但是，由于企业的情况各异，QC 小组的活动内容和形势也会有不同。各企业应根据本企业的实际情况，以解决问题和创新发展为目标，从实际出发，以事实为依据，方法越简单越好，程序越方便越好，关键是讲究实效。通过 QC 小组的活动，为企业的持续改进和技术创新，为提高核心竞争力贡献力量。

19.4 钢铁行业存在的质量危机

(1)“以效益为中心”淡化了“以顾客为中心”。企业经营必须讲效益，但是顾客毕竟是企业生存发展的前提。在市场形势比较好的时候，有些钢铁企业忘记了“以顾客为中心”的基本原则，甚至失去了诚信。表现在超资源订货，收了顾客的货款，不能按时交付产品，合同兑现率低。有的企业甚至向顾客明示合同兑现率85%。还有的企业收了顾客采购硬线的预付款，却不安排生产，反而去生产效益更好的焊条钢了。顾客多次上门催货，不理睬，不兑现，顾客抱怨颇多。长此下去就会失去顾客，丢掉市场，也就没有了长远效益。

(2)“最低生产成本”降低了“产品固有特性”。质量是“一组固有特性满足要求的程度”。降低成本也是企业永恒追求的目标。但是，有些企业用牺牲质量的办法来降低成本，甚至还把这种做法当成一种“成功的模式”，是不可取的。任何一种产品必须具有满足顾客要求的固有特性，而生产这些固有特性必须具有一定的成本。我们应当追求“合理成本”，而不是“最低成本”。过分地降低成分下限，过多地控制负偏差，实际上是降低了产品的实物质量。

(3)“让步接收”形成了“合法管理程序”。“让步接收”是对使用或放行不符合规定要求的产品的许可，“让步通常仅限于在商定的时间或数量内，对具有不合格特性的产品的交付”。但是，现在有些企业对不符合规定要求的产品（就是不合格品），包括原材料和半成品的不合格品随意使用或放行，甚至在顾客有质量异议时，也采取让顾客让步接收的办法（包括赔款），形成了一种“合法程序”。特别是目前焦炭、矿石和废钢供应紧张和铁水质量下降的情况下，让步接收使产品的冶金质量存在巨大的潜在危机。

(4)“高效率生产”缺乏“系统优化原则”。常常听到这样的口号：“以连铸为中心，以炼钢为基础，以设备为保证”，那么对炼铁和轧钢过程的要求是什么？这是一种以产量为核心的高效率生产思想，没有体现产品实现全过程的系统增值和优化原则。在策划扩张产能时只重视主体设备，系统配套不完整，特别是对产品质量有直接影响的设备，例如精炼和精整设备，计量和监测设备，往往被忽视。生产出来的产品不但内部质量有问题，表面质量也很差。市场决定产量和规模，顾客决定品种和质量，以此为输入，按人、机、料、法、环进行系统配套，才能得到满足顾客要求的输出——产品。

（5）研究开发缺乏创新技术的能力。企业的核心竞争力就是企业的创新技术，即“标准 + α”中的α。目前很多企业建立起技术中心，承担着研究开发企业创新技术的工作。但是其中很大一部分没有研究和开发创新技术的能力。最糟糕的是技术中心的牌子挂上了，新产品和新技术没有开发出来，现有的生产技术也没有人管了。有些技术中心只热衷于试制一些具有暂时或局部效益的“新产品”（其实是本企业没有生产过的标准化产品），对现实存在的质量问题和未来的品种开发，没有兴趣。即使有些研究开发性质的工作，也没有执行设计和开发程序，缺乏创新技术的能力没有积累成企业的知识产权，这种倾向必将影响企业的发展后劲。

（6）没有形成持续改进意识和机制。持续改进是质量管理的基本原则，是企业永恒的目标。持续改进是渐进的、循环的和持久的。持续改进支持着产品质量的提高，并具有广泛的群众基础。企业管理者应建立支持持续改进的机制，例如 QC 小组活动等，利用它来提高满足顾客要求的能力。遗憾的是不少企业对此并不重视，反而热衷于某些管理形式，什么时髦喊什么。一会儿搞 5S，一会儿搞 6σ，不是这些管理方法不好，而是经常“变调”不结合企业实际，收效甚微。虽然多数钢铁企业已经完成了 GB/T 19001 的认证，但只是规范了质量管理体系的基本要求。为了满足顾客要求，适应市场竞争形势，还有很长的路要走，也就是说，应持续改进，向质量经营方向转移，防止潜在质量危机的发生。

19.5 持续改进范围的进一步扩大

质量经营与质量管理的区别在于不仅仅局限于产品质量的管理，而扩大到企业经营管理的所有领域，因此质量经营的持续改进应进一步扩大。宝钢向日本新日铁学习，将 QC 小组活动，改为 JK 活动，JK 是日文“自由管理”发音的英文字头。“自由管理”是以持续改进为永恒的目标。范围不局限于产品质量或质量管理，扩展到节能减排、安全生产、降低成本、现场管理和企业文化等。

（1）“废品为零”：持续改进的重点与企业实际情况有关，可能各有不同，但是也有类似的情况。例如日本钢铁企业早在 20 世纪 70 年代就提出“废品为零”，而国内企业不仅达不到“废品为零”，而且不少企业还将废品作为“让步接收”产品交付给客户或中间商；很多企业的顾客抱怨的钢材表面质量或尺寸公差有问题，但是抱怨持续存在；有一部分企业的建筑用螺纹钢，竟以“负公差”或“瘦身材”来提高企业效益，显然是不符合质量经营要求的。如何减少废品并达到废品为零的水平仍然是钢铁企业持续改进的主要内容之一。莱钢通过采用钒氮微合金化的三种不同的处理方法改进工艺，发现强制穿水冷却工艺，可以获得高强度精轧螺纹钢筋，适合莱钢中小型生产线高强度精轧螺纹钢筋的生产。

（2）节能减排：节能减排是钢铁企业的社会责任和经营目标，要达到国家法律法规要求也必须进行持续改进。为了降低能源消耗，除节约工序能耗外，回收利用二次能源，对钢铁企业来说也是持续改进的课题，既要从设备和技术上采取对策，也应在操作上开展持续改进活动。武钢能源动力公司燃气厂根据气柜的柜位及时调整煤气输送量，控制风机出口管网压力提高了二炼钢转炉煤气回收率。马钢将炼焦装炉原料煤的水分从 10% 调整到 6% 左右，可以降低干馏热量、提高生产效率和焦炭质量。达到增产 8%，节能 5%。安阳钢铁公司调整氰化氢分解槽进料配比、降低液体夹带量和降低进入脱硫吸收塔煤气含萘量，使得脱硫开工率由 67.1% 提升到 82.3%，合格率提高 15.2%。但是现在还有不少企业将含油棉纱和手套到处乱扔，在垃圾箱中生活垃圾和工业垃圾混在一起，如何将生产现场的固体废物分类回收和处理，需要全员参与和持续改进。

（3）安全生产：钢铁企业存在的风险之一是安全生产事故，安全生产必须“软硬兼施”，在设备上应实现本质安全的同时，员工的安全意识也必须同时提高，安全教育必须进一步加强。有些企业员工流动性大，对安全生产缺乏认识和经验，如何将危险源预知作为班前活动和按预知防范生产过程的风险，也应是持续改进的重要内容。宝钢多年来一直坚持将安全生产列为自主管理的重要内容，包括安全管理、安全设施、安全检修、行车与交通安全、煤气与防火防爆、4S 与工业卫生自主管理。通过安全生产的自主管理，提高了员工的安全意识、整体安全素质、安全管理水平、设备的安全化程度，并改善了生产和劳动环境。莱钢动力部供电车间检修 QC 小组改变接地方式和更换不合格电缆降低电力电缆故障停电时间。

（4）降低成本和提高效益：降低成本和提高效益是企业的重要追求目标，并有相当大的潜力和空间。目前多数QC小组降低成本的课题是通过提高成材率和生产效率来实现的，对质量成本的改进不多。当前生产过程形成的不合格品、产品交付后顾客投诉和质量异议的损失（赔款）给企业带来的损失也比较大，所以降低内部故障成本和外部故障成本也应成为降低成本的目标。承德钢铁公司提钒炼钢一厂针对结晶器质量不好、冷却强度偏大、二三段争水严重、喷嘴堵塞和足辊冷却效果差等问题分别采用措施，使连铸坯脱方和内裂现象明显降低，内部故障损失明显减小。

（5）精益生产管理和5S管理：将精益生产管理和5S管理作为持续改进的管理的手段。精益生产的思路是由顾客确定产品价值结构，由顾客拉动生产，变“成批移动”为“单件流动”和消除产业价值链的muda（浪费，日文汉字为無駄，发音为muda）。产业价值链中存在的浪费，有的认为有7种，即过量生产、动作浪费、等待浪费、运输浪费、加工浪费、库存浪费和返工返修浪费，有的认为有8种浪费，即多一个：没有创意也是浪费。消除没有价值活动，减少差错机会，减少后续改进过程中的资源投入是精益生产管理的主要思路。精益生产管理能够大幅降低库存，减短生产周期，稳定提高质量，提高各种资源（能源、空间、材料、人力）等的利用效率，减少各种浪费、下降生产成本，增加企业利润。同时，可以提升员工士气、企业文化、领导能力、生产技术和企业的竞争力。精益化生产管理的方法很多，包括有价值流程图（VSM）、5S管理、可视化管理、生产单元设计布局、标准化工作（SW）、快速换模（SMED）、精益维护（TPM）、物料拉动系统（看板）、日常管理（DM）、生产准备过程（3P）、质量流程改善（QPI）、防错（Poka Yoke）等。但是对流程性产业的钢铁企业来说，QC小组或JK活动是最合适的方法。

经过PDCA循环完成的改进的过程一定要经过SDCA（S是Standard标准、D是Do执行，C是Check检查，A是Action总结）标准化，只有把持续改进的成果标准化才有可能长期坚持和规范管理。持续改进是没有终点的，但是每次的改进必须是有成果的，而且成果不仅是应发表的，更重要的是应标准化的，使持续改进活动对质量经营是有效的，改进的水平才能不断地提升。

19.6 钢铁行业应坚持持续改进

我国钢铁工业为了贯彻落实“十二五”规划，要加快四个转变，即在生产经营上，要由追求产量扩张，靠增加资源投入的粗放经营，向注重品种质量效益提高，靠技术进步、科学管理、人才成长的集约化经营转变；在企业发展上，要由只注重钢铁主业发展，向既做强钢铁主业又向钢铁上下游产业链延伸的一业为主，适度发展相关多元产业转变；在新增产能和产业布局调整上，要由过多在内陆发展，向沿海和靠近原料、靠近用户的地区发展转变；在科技创新上，要由消化引进技术集成创新，逐步向更多的原始发明创新、能引导行业发展转变。这四个转变是建设钢铁强国的必由之路。

目前，钢铁行业面临六个方面的压力和风险，包括产能严重过剩，市场供大于求；自有资金不足，股市融资困难，财务成本过高；铁矿石供应存在竞争压力；环境保护投入不足，环保成本日益增加；增值税率逐年提高，经济效益不好；钢材出口贸易摩擦增多，出口难度加大。

面对上述形势，钢铁企业应坚持持续改进的方向，坚持持续改进，实行质量经营具有重要意义和作用，包括进行适当的结构调整、积极促进改革创新和提高创新能力，为企业面对的挑战，进行持续改进，寻求发展的新机遇。

（1）结构调整：钢铁企业结构调整的措施包括：钢铁工业应把化解产能严重过剩矛盾作为结构调整的重点，企业的并购重组，将中小企业整编重组或淘汰，以提高钢铁产业集中度和实现规模经济效益。企业的结构调整，包括企业结构调整和产品结构调整。向高附加值和高技术水平的钢材产品转移，这是大型企业的长期战略性任务。在引进外资时应首先考察其技术和环保问题，并将资源和能源消耗问题放在重要和突出的位置。我国钢铁市场已经融入了世界市场，所以我国钢铁企业结构调整的影响将不仅仅局限于国内，也会影响在国际市场上的竞争力。

当前钢铁业面临的主要矛盾是产能过剩，面临的最大任务是钢铁行业的结构性转变，主要包括钢铁产业的集中度和现代化，其中一个重要的方面就是要努力实现钢铁行业的节能环保。”在“十二五”期间大规模的基础设施的发展可能趋缓，而城镇化的建设和制造业的发展将有较大增长，拓展跨国经营，面临全球挑战，这种市场需求的变化必然会对钢铁工业的发展产生重要影响。我国钢铁工业必须实现结构性转变，不仅包括产品的结构性转变，也包括提高产业集中度和现代化水平，实现节能减排和安全生产目标，提高钢铁企业在全球市场的竞争力。

（2）改革创新：当前钢铁企业所面临的产能过剩、集中度低下、市场同质化竞争、节能环保等问题，钢铁企业除战略调整、转型变革、改革创新、商业模式转变等外，推进钢铁企业兼并重组也是钢铁企业持续改进的重要内容。钢铁企业的转型发展是企业根据外部市场环境的变化，对发展战略的调整，通过对发展理念、发展目标、市场布局、产品结构、产业结构、管控模式和商业模式等进行系统的变革，最终实现可持续发展或者持续盈利的目的。

在“十二五”期间我国将改造提升制造业。制造业发展重点是优化结构，改善品种质量，增强产业配套能力，淘汰落后产能。发展先进装备制造业，调整优化原材料工业，这对钢铁产品的要求将会有结构性的和升级换代的变化，钢铁工业也将进入一个必须依靠改革创新发展的新阶段。但是我国钢铁工业的产品创新仍然以“跟踪性”居多，“原创性”比较少。对具有“商品力”产品的核心技术仍然处于跟踪或追随阶段。

（3）提高创新能力：企业是市场经济参与的主体，企业了解市场竞争需求，在推动技术创新，加快科技成果向生产力转化可以提高创新能力地位和作用。只有钢铁企业成为了自主创新的主体，我国钢铁企业的自主创新会有强大的原动力，自主创新能力会发生质的提升。钢铁企业成为技术创新的主体，就是要使钢铁企业作为技术创新的决策和投资主体，研究开发的主体和科技成果转化的主体。

当前钢铁行业处于产能过剩和微利经营，为了扭转这种形势，钢铁企业必须提高经营管理改革创新。依靠优胜劣汰和市场竞争化解产能过剩；依靠节能减排和绿色环保保证生存发展；依靠紧缩信贷和降低成本提高经营效益；深化经营改革和灵活反应机制提升运营效率。

中信泰富特钢集团总裁谢蔚认为，我国特钢企业转型发展、创新驱动须坚持“六个持续”。第一，高品质特殊钢现代化流程的持续优化。第二，高品质特殊钢工艺技术的持续创新。第三，高品质特殊钢产品的持续开发。第四，以用户为核心的高品质特殊钢产品使用技术的持续改善。第五，以现场为核心的高品质特殊钢产品制造技术的持续提升。第六，以企业、员工同步发展为理念的员工素质、收入和企业效益的持续增长。

“质量改进永无止境”是质量经营的基本信念。持续改进也是质量经营的基本原则之一，是企业永恒的主题。

质量经营的持续改进与质量管理的持续改进相比，范围更宽、档次更高、速度更快、成果更大。质量经营特别重视经营管理层的持续改进，不限于解决现场问题，更重要的是解决和改进经营管理中存在的问题。质量经营的持续改进包括提高产量、降低成本、提高质量、节能减排和安全生产。

通过持续改进能够使质量形成过程的各环节水平有所改进，使产品、服务质量不断提高，从而使企业不断地保持竞争的优势。

质量经营的持续改进，不仅仅是员工参与改进的方法，也应当是部门、单位以及管理者持续改进经营和绩效的方法。将持续改进从全员参与提升到领导作用中去，成为质量经营的持续改进。

第20章 结束语

我国钢铁企业面临转变发展方式的严峻形势。产能严重过剩，经济效益严重亏损。在这种形势下，质量管理不能再只局限于产品生产或服务提供过程，应向经营管理中渗透。关注的焦点，不仅是顾客和向顾客提供的产品或服务，还应关注相关方（投资方、员工、供方和社会）的利益和要求、工作质量和经营业绩，也就是说今后的质量管理应向质量经营方向发展，包括方针目标管理过程、与顾客有关的过程、供方和外包方管理过程、人财物资源管理过程、设计和开发过程、产品生产和服务提供过程、产品和服务检验过程、活动、过程和体系考核过程、消除废品和持续改进过程等。质量经营将用市场竞争力和经营业绩来衡量企业的产品质量、服务质量、工作质量和经营质量。质量经营应是转变发展方式的重要管理模式之一。

为了将质量管理向质量经营转变，应做到以下几点：

（1）树立质量经营理念。质量经营中的质量不仅包括产品和服务质量，而且还应包括作业质量、管理质量和经营质量。产品和服务质量也不仅仅是符合或满足标准或合同要求，而是考虑到产品和服务的适用性、变化性、超值性、差异性和综合性等要求向顾客提供增值和满意的产品和服务。质量不仅涉及顾客利益，也与投资方的收益、员工的待遇、相关方的互利共赢关系、与社会责任具有重要影响。不是只追求企业效益最大化，而是保证相关方的利益最大化。

（2）充分发挥领导的作用。质量经营要求企业领导组织制定愿景、理念、使命、战略、方针和目标，并履行对顾客和其他相关方的承诺。领导作用中非常重要的是策划和设置精简和高效的管理机构，建立创新、学习、激励和沟通的机制。

企业领导应履行对各相关方的承诺，并带领员工为顾客提供使用价值提升到为顾客创造价值，并进一步提升到为相关方创造价值。领导者还应带头树立适应建立和谐社会的人生价值观、道德行为、经营能力和素质。

(3) 明确企业发展战略。企业发展战略是一种计划，用以整合组织的主要目标、政策与活动次序。钢铁企业发展战略，是指企业面对激烈变化的环境，严峻挑战的竞争，为谋求生存和不断发展而做出的总体性、长远性的谋划和方略，是企业家用来指挥竞争的经营艺术。中国钢铁工业协会会长徐乐江认为，钢铁企业要紧紧抓住钢铁行业结构调整、转型升级的新机遇；要紧紧抓住改革创新的新机遇；要紧紧抓住需求结构变化的新机遇；要紧紧抓住发展绿色钢铁的新机遇。关键是如何转变成动力，转变为企业发展的机遇。这也是明确企业发展战略的关键。

(4) 关注顾客的要求。企业的生存和发展依存于顾客。没有顾客，企业就无法生存和发展。企业是通过向顾客提供产品或服务，使顾客受益或增值，企业从顾客的受益或增值中得到回报才能够继续生存和发展。企业和顾客通过产品或服务而形成利益共同体，有的形成战略伙伴关系。以顾客需要为出发点是企业市场营销策略，根为顾客提供满意的产品和服务，可以实现企业的方针和目标。顾客不仅是指当前的顾客，也包括或潜在的未来的顾客。

我国钢铁行业受产能过剩，固定资产投资增速趋缓，下游行业需求增速回落的影响，供大于求的局面很难改变，所以钢铁企业更应了解市场需求和加强顾客沟通。顾客是企业生存发展的基础，企业的基本使命就是提供客户需要的产品和服务，客户的需求就是企业的追求。

(5) 加强人才培养与开发。人才培养与开发有助于提升公司质量经营水平和企业核心竞争力。对质量经营来说，人力是重要的资源。不仅应重视人才选择（人员招聘和调配）、使用（绩效评估和能力分析）、稳定（报酬和奖励）和提升（发展机遇），更重要的是培养和开发。人才培养和开发既是质量经营的核心内容，又是质量经营其他要素发挥作用的必要条件。人才培养和开发中最重要的质量经营能力和质量文化水平，不同企业基于各自的特点和所处的环境，应创建和形成各具特色的质量经营能力和质量文化水平。企业应重视人力资源的管理。人力资源管理应包括员工培训与教育、创建发挥员工能力的良好环境、保护员工合法权益、充分发挥和调动员工的潜能、提高员工满意程度、发挥人力资源的积极性和创造性以及建立绩效考核和激励机制。

（6）建立互利供方关系。质量经营原则也要求采购和供方管理，建立“互利的供方关系”。供方的产品形成过程的第一个环节，是质量经营体系的组成部分，产品质量中有供方的贡献。企业与供方建立互利、双赢的战略伙伴关系有助于从供应链源头提供质量保证。为此，对所有采购和分包的供方应当进行评价和选择。绝对不从合格供方以外的单位采购或外包。为了提高质量经营体系的有效性，钢铁企业应与供方建立评价和选择准则，对形成产品的物资、对影响产品质量的过程和活动，实现供方和外包方管理。质量经营模式要求企业与供方和顾客建立长期战略合作关系。合格的供方和忠诚的顾客是企业的无形资产，能够维持这种战略关系的关键是互利共赢。如果缺乏正常的互利双赢的关系，会使部分冶金辅料企业陷入困境，而一些浪费能源和资源的供方又应运而生，甚至假冒伪劣产品也进入钢铁企业。

（7）提高技术创新能力。我国是世界上钢材产量和消费量最大的国家，虽然产能总量过剩，但是还有相当一部分产品，特别是高技术含量和高质量等级的钢材仍然依赖进口。目前我国进出口钢材结构差异较大，进口高技术含量和高质量等级的钢材比例高，出口中低档钢材比例高。这表明我国钢铁企业技术创新仍然有一定的差距。为了提高国际和国内市场的占有率和竞争力，技术创新是关键。技术创新关键不仅在于对未来市场的判断，更重要的是技术创新水平，应从跟踪型向原创型发展开发高档次产品，提高企业经营竞争力。

（8）重视经营的标准化。质量经营与标准化虽然是两个不同的学科，但两者有着非常密切的关系。标准化是进行质量经营的依据和基础，标准化的活动贯穿于质量经营的始终，标准与质量在循环过程中互相推动，共同提高。标准化与质量经营都是现代科学技术与现代科学管理相结合的综合性学科，它们的学科基础以及与社会学、经济学、环境学等的交汇点都有许多相同之处。因此质量经营必须依靠标准化。

企业质量经营的规划、生产、技术、质量、安全、环保、节能、营销、采购、物资、设备和运输等过程应全部进行标准化管理。宝钢的标准化管理包括基准、标准规范化、管理方法标准化、行为动作标准化、时间系列标准化、工作程序标准化、安全工作标准化、礼仪环境标准化和服装、标志标准化。标准化管理提高了宝钢的核心竞争能力。

(9) 严格生产过程控制。生产过程控制是企业质量经营的重要内容，它要根据企业质量经营决策所确定的一定时期内的经营战略和计划任务，组织生产活动，并保证实现战略和任务。生产过程控制的实质是有增值转化过程的有效管理、资源的高效集成（技术上可行、经济上合理）和满足产品和服务的特定需求。生产过程控制是将质量经营目标通过产品生产过程转化为现实。在市场经济条件下，生产过程控制对竞争力具有重要作用。现代化钢铁企业的质量经营必须实行现代化管理制度。先进的技术装备也必须与先进的管理相结合，才能促进企业生产力的发展，走可持续发展的道路。钢铁企业的质量经营战略发展目标是高质量、高效率和高产出，达到世界一流水平的目标，必须对生产过程进行控制。

为满足不断增长的市场需求，宝钢打破常规，确定了高质量产品跨过“精整”直面用户的思路，将生产过程控制作为释放产能、提高产品水平的重点。在 05 板生产组织上，宝钢充分发挥新产线、新装备优势，并在过程质量控制中加大硬件和软件投入，确保 05 板在完成电镀锌机组处理后即达到“零缺陷”质量要求。经过不断完善，最终形成了无须精整的“一次出成品”技术秘密和标准化操作规程。

(10) 安全生产“以人为本”。钢铁企业的质量经营主要是依靠激发和调动人的主动性、积极性和创造性。健康是生活质量和工作环境的最佳状态。企业要激发员工的主动性、积极性和创造性，就要为员工创造职业健康、安全的工作环境。为了强调健康的重要性，在贯彻实施新标准的过程中，钢铁企业不仅要关注对职工有人身伤害的危险因素，也应控制对员工健康有损害的危害因素。

从危险因素和危害因素的辨识和风险评价来看，钢铁企业安全生产中存在的风险主要是冶炼伤害、机械伤害、电气伤害、防火防爆、中毒窒息、起重运输伤害和特种设备伤害以及职业病伤害。为了实现安全生产应对上述风险进行有效控制。

(11) 发展“绿色钢铁”。质量经营也非常强调发展“绿色钢铁”。这对于每一个钢铁企业来说都是压力，关键是如何转变成动力，转变为企业发展的机遇。“绿色钢铁”是清洁生产的概念，不仅限于废气的净化与利用、固体废弃物的回收与利用、建立封闭的水循环系统、设计短流程、开发直接还原、熔融还原、高效连铸或直接炼钢等。而是将自然生态体系引入并建立人间生态体系，达到“节能降耗，减污增效”，生产出绿色产品的目的。将资源—生产—社会作为动脉系统，将废弃物—再生利用—再资源化作为静脉系统，使社会变成循环的时代，未来的钢铁工业就是实现这种循环的清洁生产。

发展“绿色钢铁”应按照国家“十二五”规划主要污染物总量减排目标责任书要求继续加大对环保投入，大力提高环保水平。企业应将有限的资金主要投入到节能环保和资源综合利用方面。鞍钢加快实施节能环保项目，计划3年投资71亿元进行环境治理改造。

(12) 提高能源管理水平。钢铁工业是高能耗、高污染的传统产业。我国钢铁工业总能耗已占全国工业总能耗的15%，而能源有效率仅为30%左右，与国际先进水平相比差距很大。目前钢铁企业产能过剩问题依然严峻。市场形势使企业切身感受到产能过剩问题对企业质量经营和产业健康发展带来的不利影响。

企业的质量经营不是片面追求效益最大化，必须关注社会责任。企业不仅应当为顾客负责，提供增值的产品，也要为环境负责，节能减排，还应为员工负责，提供安全的工作条件。在为投资方负责，提供经济回报的同时，也必须兼顾社会责任，为建立循环经济和协调发展做出贡献。环境保护、再生利用、节约能源和可持续发展是质量经营的重要内容。最高管理者应承诺以“能源高效利用、高效转换和高效回收”为核心建立、实施保持和改进能源管理体系。

(13) 整合经营管理体系。整合经营管理体系也叫一体化。整合或一体化是指多个标准化的管理体系（包括质量管理、环境管理、职业健康安全管理、能源管理和信息化与工业化融合管理）通过某种方式逐步结合成为一个单一实体的管理过程。整合或一体化是将各管理体系共同的或相同的管理（包括方针目标、资源管理、沟通与交流、文件和记录、合规性评价、对不符合的控制、纠正和预防措施、持续改进、内部审核和管理评审等）整合为统一的管理程序，有利于提高经营管理的有效性和效率。建立一体化管理体系可以提高企业管理水平和企业经营效益，也是增强企业市场竞争力的重要手段，有利于参与多元化市场竞争。

(14) 加强过程设备管理。企业质量经营非常重视经济效益，降低经营生产成本是提高经济效益的重要方法。当钢铁企业进行质量经营时，企业的设备管理工作也应及时地调整、改善和提高，以适应质量经营对设备管理工作的要求。企业应根据生产任务和品种质量要求，确定重点设备。对重点设备实行维护、修理、备件供应、改造和更新，确保企业生产任务的完成。加强过程设备管理（包括合理配置、加强维护和检修）的目的是提高生产水平和产品质量，降低经营生产成本，发挥固定资产的经济效益。因此企业必须加强过程的设备管理，只有全面落实设备维护和检修，才能提高设备的使用价值和寿命。设备的维护和检修应以预防为主，维护保养与计划检修并重，重视设备检查和维修相结合，必要时也应重视设备的改造和更新。

（15）发挥无形资产作用。对钢铁企业来说，无形资产主要是专利、品牌、商标和软件等。专利是企业无形资产，具有法律保护防止其他企业模仿的行为，具有占领和保护市场的作用，并能提高企业的知名度。专利既可以保护自己的技术和产品，又可以打击对手的侵权行为。品牌也是企业的一种无形资产，它所包含的价值、个性、品质等特征，既能给产品带来重要的价值，也可以提高产品在市场的竞争力。商标可以作为广告宣传手段，以打开市场，扩大销路，具有明显的经济效益。软件有系统软件、应用软件和介于这两者之间的中间软件。系统软件是计算机使用的功能，应用软件是根据用户和领域提供的不同的功能。中间软件是一种应用于分布式系统的基础软件。软件是人机交互的可视化基础。

无形资产不仅表征企业的形象，也有助于提高企业的经济效益。质量经营要求企业提高无形资产对技术创新和经济效益促进和保护作用。

（16）成本管理提高经营效益。成本管理是由成本规划、成本计算、成本控制和业绩评价四项内容组成。成本管理是企业经营管理的一个重要组成部分，是在保证产品质量的前提下，对企业生产经营过程进行控制和管理，以最少的耗费取得最大的生产效益。它对于促进增产节支、加强经济核算，提高企业经营管理水平具有重大意义。在市场经济条件下，钢铁企业为了生存和发展，除了依靠先进技术和雄厚资本外，成本管理的作用越来越重要。成本管理包括降低成本和增加利润，提升企业经营管理水平，增强企业核心竞争力。目前钢铁企业面临“高成本、低价格、低效益”的行业运行态势，加强成本管理，降低成本，提高效益，有助于改变生产经营困难的状况。

（17）进一步提升信息化水平。质量经营要求信息准确和灵通，并做到及时传递与沟通，并将经营信息可视化。我国钢铁企业设备的自动化程度在不断提高，网络化也有新的发展，但是多数企业的信息化水平还有很大的改进空间。局限于企业内部，缺乏与顾客、供应商、分销商集成和协同的企业间供应链系统。“信息孤岛”问题影响数据、功能和流程集成与两化的融合。业务运行系统多，决策支持系统少，普通信息系统多，战略信息系统少。质量经营要求提升信息化水平，将与质量经营有关的信息系统化和数字化，成为发展方式转变和战略经营决策的依据。

（18）强化现场执行力管理。质量经营对现场管理的要求不再仅限于整洁干净，而在于消除“浪费”，提高效率和持续改进，提高执行力。现场管理不是只对硬件的管理，更重要的是还应对软件（标准化程序）进行策划和控制。设备更新不一定执行力强，同样的装备生产出来的产品具有很大差距的原因之一，就是现场管理问题。不论是5S、6σ和精益生产管理，不能只追求表面效果，应关注员工素质和工作效率。

（19）坚持持续改进。持续改进是质量经营理念，持续改进是不断创新，应对竞争的关键。持续改进是一种简单的方法、工具和手段，持续改进是一种制度的变革、观念的转变、理念的提升和活动的改进。持续改进的关键在持续，重点在改进，成果是创新。通过不断的改善和提高的方式来获得持续渐进的发展，使所有的过程变得更加高效。持续改进要求在各个环节上持续不断地进行改善，同时通过标准化活动，将创新取得的成果持久地加以保持。持续改进工作法的关键不是满足于改善，而是不断创新。在市场竞争的形势下，钢铁企业都应不断学习和提高，以求自我改善、适应环境和应对竞争。持续改进是用新办法解决老问题，创新是用新办法解决新问题。在激烈竞争环境下生存的钢铁企业，若仅仅将目标停留在改善上是不够的，只有不断地持续改进和创新才能超越竞争对手。

（20）从质量管理向质量经营过渡。我国钢铁企业在贯彻实施全面质量管理和GB/T 19001标准的基础上，有些企业正在追求卓越绩效和全国质量奖，事实上也是在向质量经营过渡。虽然在日本和美国对质量经营已经从理论和实践两个方面在发展，但它仍然是一种探讨和创新的管理模式，既没有形成管理标准，也没有成为奖励模式。正在为不同的企业结合自身的实际，提供质量经营管理模式的思路。这种模式可能对打算超越GB/T 19001，又不想创奖的企业来说更合适。企业所有制不同、规模范围不同、产品品种规格不同，用同一种管理模式不一定是合适的。质量经营是与企业实际相结合，可增可减、可多可少，是从 TQC 向 TQM 转变和过渡的一种管理模式，在贯彻实施过程中，积累管理经验、提升管理水平，对质量管理和质量经营会从理论和实践两个方面做出贡献。

参考文献

[1] 久米均. 质量经营[M]. 马林译. 上海: 上海科学技术出版社, 1995.
[2] 久米均. 质量经营入门[M]. 马林译. 北京: 中国经济出版社, 2009.
[3] 马　林. 日本的质量经营[M]. 北京: 中国经济出版社, 2009.
[4] 相原满寿美. 管理者是企业的核心[M]. 那宝魁译. 北京: 冶金工业出版社, 1992.
[5] 那宝魁. 钢铁企业质量经营[M]. 北京: 冶金工业出版社, 2011.
[6] 汪永太. 企业经营与管理[M]. 北京: 电子工业出版社, 2007.
[7] 吴　丹. 企业经营与标准化[M]. 北京: 中国标准出版社, 1992.
[8] 张俊杰, 等. 宝钢的标准化作业[M]. 北京: 冶金工业出版社, 1993.
[9] 邵家骏. 质量功能展开[M]. 北京: 机械工业出版社, 2004.
[10] 陈放. 品牌策划[M]. 北京: 蓝天出版社, 2005.
[11] 李光强, 朱诚意. 钢铁企业的环保与节能[M]. 北京: 冶金工业出版社, 2009.
[12] 牟宝喜. 钢铁企业风险与风险管理[M]. 北京: 冶金工业出版社, 2009.
[13] 黄维明, 梁国明. 企业质量成本管理方法与实践[M]. 北京: 中国标准出版社, 2007.
[14] 漆永新. 冶金企业管理信息化技术[M]. 北京: 冶金工业出版社, 2006.
[15] 陈建龙. 生产现场优化管理[M]. 上海: 复旦大学出版社, 2008.